中国石油天然气集团有限公司统建培训资源

加油站全流程诊断与优化实务

《加油站全流程诊断与优化实务》编委会　编

石油工业出版社

内 容 提 要

本书基于加油站实际运营情况，结合成品油零售及加油站管理经验，从理论基础、诊断指标体系构建、优化措施设计、工作方法与诊断工具、典型案例分析及未来发展等方面系统阐述了加油站全流程诊断与优化方法。本书适合销售企业的各级领导、专家、管理人员、站经理和员工阅读。

图书在版编目（CIP）数据

加油站全流程诊断与优化实务／《加油站全流程诊断与优化实务》编委会编著. --北京：石油工业出版社，2024.10. --（中国石油天然气集团有限公司统建培训资源）. --ISBN 978-7-5183-6954-6

Ⅰ. F764.1

中国国家版本馆 CIP 数据核字第 202424AJ41 号

出版发行：石油工业出版社
　　　　　（北京安定门外安华里 2 区 1 号楼　100011）
　　　　　网　　址：www. petropub. com
　　　　　编辑部：（010）64255590
　　　　　图书营销中心：（010）64523633
经　　销：全国新华书店
印　　刷：北京晨旭印刷厂

2024 年 10 月第 1 版　2024 年 10 月第 1 次印刷
787×1092 毫米　　开本：1/16　印张：13
字数：328 千字

定价：56.00 元

《加油站全流程诊断与优化实务》
编委会

《加油站全流程诊断与优化实务》
编审人员

主　　编：丁少恒

副 主 编：张　蕾　　魏　勇　　王素华　　辛凤影　　曹　斌

编写人员：高鲁营　　鲁　迪　　魏　昭　　薛　磊　　张虹雨

　　　　　马崇炜　　张庆辰　　孙　强　　仇　玄　　王维力

　　　　　邵从海　　金笃军　　路洪兵　　刘小波　　洪海波

　　　　　许建勋　　王洪吉　　刘　卓　　张　斌　　裴环宇

　　　　　王　江　　丁立进　　张荆荣　　黄清河　　章　戈

　　　　　薄宝楠　　邵　莉　　刘　庚　　张浩源　　孙晓娜

　　　　　初宝权　　向志涛　　李　钢　　赵　霞　　蒋世龙

　　　　　张　野　　杨　柳　　李明轩　　宋鹏程　　王维远

　　　　　吴　琼　　付海涛　　王继业　　彭　娴　　赵　亮

　　　　　赵　洁　　向志涛　　张　强

审定人员：邢治河　　孙海洋　　曹丽莉

前　言

　　近年来，销售企业持续推广全流程诊断与优化方法体系，按季度跟踪及评价应用效果，为零售业务高质量发展提供了高效助力。全流程诊断与优化方法按照客户认知过程，以"增量、增效、降本、提升客户满意度、提升品牌影响力"（两增一降两提升）为目标，对客户消费行为流程中加油站的效率和质量进行持续改进，追求进站率、加满率、油非转化率、客户满意率和回头率（下文称"五率"）的持续提高。一是依据认知理论，将消费者行为分为客户进站、油品消费、非油消费、离站关怀4个流程，根据"六西格玛"理论，针对每个流程进行细化设计、改善和优化，分解为35个关键指标，实现了从站内到站外、油品到非油、大站到小站、人工站到全自助站的系统化、持续性管理提升工作的全覆盖。二是运用统计学工具，找到影响效率、效益和质量的少数关键因素，以现场实测数据为依据，逐级量化，确定问题及优化方向。三是通过诊断结果，针对关键要素确立最佳改进方案，把资源放在认识、改善和控制原因上。针对每项指标进行日、周、月、年的历史值分析，与商圈的竞争者比较，发现本站各项指标差异，确定关键要素，进行持续优化。近十年来，全流程诊断与优化方法在系统内加油站的应用推广覆盖面达到99%以上，积累各类优化措施12万条，为全流程诊断与优化理论的应用提供了实践验证。

　　全流程诊断与优化方法有如下创新点：一是实现了管理体系创新，形成了评估加油站零售运营水平的分析框架。按照全面质量管理理论，将客户消费行为流程按照最小环节分解，对流程的效率和质量进行持续改进，实现对加油站运营的系统性分析评估，成为加油站管理的重要抓手。二是实现了管理方法创新，设计了一系列诊断加油站运营质量的量化分析指标。将针对加油站的定性判断转化为定量分析，将一线优秀加油站经理的丰富管理经验转化为可以推广应用的测算方法，通过各个诊断指标，找到加油站运行中存在的问题及量化营销程度，给持续优化提供了方向。三是实现了管理应用创新，开发了供加油站经理和省级、地市级管理人员使用的线上诊断与优化系统并投入使用。结合大零管系统数据以及加油站经理的填报数据，可以按月生成加油站诊断与优化报告，为加油站运营提升及改造提供了决策依据，并且循环诊断、发现问题、持续改进。

　　实践表明，实施全流程诊断与优化后的加油站应用效果明显。通过不断的迭代诊断和优化，加油站的单站日销量、油非转化率、单次加油量等持续提升。针对典型省份诊断与优化的培训和交流活动效果显著，培养了一大批能够灵活应用量化方法开展针对性诊断的专家和优秀的加油站经理。

本书系统介绍全流程诊断与优化方法的理论基础、指标体系、优化措施、工作方法与诊断工具，并介绍不同类型加油站的典型案例，是在成品油零售及加油站管理业务"系统化、标准化、科学化、流程化"为核心的管理理念指导下，对近十年管理方法和手段进行创新成果的汇总和提炼。本书的主要分工如下：规划总院丁少恒负责总揽及框架设计，规划总院张蕾、魏昭负责第一章、第六章内容编写，规划总院张庆辰、吉林销售公司赵洁、湖北销售公司张强负责第二章内容编写，黑龙江销售公司张野、辽宁销售公司杨柳、甘肃销售公司吴琼、内蒙古销售公司李明轩、云南销售公司孙晓娜、江苏销售公司宋鹏程、广西销售公司蒋世龙负责第三章、第五章内容编写，规划总院高鲁营、张虹雨负责第四章、习题内容编写。

此外，感谢辽宁销售公司张斌、云南销售公司金笃军、广西销售公司初宝权、内蒙古销售公司洪海波、吉林销售公司裴环宇、甘肃销售曹晓延、黑龙江销售公司刘卓、江苏销售公司谭志海等专家对本书编制过程中的指导和帮助，使得本书得以顺利完成。同时，也感谢广大读者对本书的关注和支持，是你们的期望和鼓励，推动我们不断进步和完善。

加油站的运营和管理是一项需要不断提升、精益求精的工作，书中难免有认识不足的地方，请各位读者批评指正，我们将虚心接受，认真改进，以期更好地服务于加油站管理事业的发展。

编者

2024 年 7 月

目　录

第一章　绪论

第一节　加油站全流程诊断与优化概述

加油站全流程诊断与优化是基于质量管理方法以及其他理论的实际应用，目的是提升加油站销售潜能，解决潜在问题而服务。国内外对于流程管理的理论研究进展各异，但都在应用上取得了良好成效。在信息化浪潮下，加油站零售业务需要跟紧理论研究前沿、前瞻布局、系统总结，保持竞争优势。

一、理论基础

（一）流程优化相关理论

1. 流程优化的概念

流程优化是研究系统流程在给定约束条件下，通过特定的优化方法找到使其性能指标达到最优的方法的过程。

流程优化需要确定需要改进的流程，进行分析评估后进行相应的改善和调整。流程是不断变化的动态过程，流程优化也是一个持续的改进过程。从内容上界定，流程优化有狭义和广义之分。狭义的流程优化（Process Optimization）侧重优化方法，指对流程局部进行改进和调整，找出最优工作方法和程序，是一次性的、局部流程的改善行为，与流程再造相对应。广义的流程优化（Process Improvement）是指对流程进行持续性改进和提升的所有活动过程，包括日常的流程改善活动、狭义的流程优化（Process Optimization）和流程再造（Process Reengineering）。流程再造是流程优化的一种极端形式。

2. 流程优化的主要方法

流程优化使用较多的方法是系统化改造法和全新设计法。系统化改造法是从现有流程出发，对流程采用一定的分析方法，以发现流程中可能存在的问题，继而进一步对流程进行清除、简化、整合和自动化，实现对原有流程的优化和改造。全新设计法是围绕流程的目标对流程进行彻底性的再设计。对大部分企业来说，全新设计法过于激进，一般只在可优化流程经改造后仍不能满足企业的基本要求时，才抛弃原有流程，重新设计全新流程。因此大多数企业更倾向于采用较为柔和的系统化改造法。系统化改造法步骤如下：

（1）清除：是对流程中无效活动进行的操作。流程中的活动可分为增值活动和非增值活动。增值活动指直接为顾客创造价值的活动，包括生产产品或者提供服务。非增值活动指不直接为顾客创造价值，而是为增值活动提供支持的活动。并非所有的支持性活动都是必要的，实际没有发挥多大作用的支持性活动只会造成浪费。流程中若存在过多的无效活动，必会造成流程效率的低下和人力、物力的浪费。

（2）简化：清除无效活动后，对流程中剩下的活动做进一步分析，以使现有流程尽量简化。复杂的业务流程会占用更多的资源和时间，增加工作的困难程度。简化业务流程就是要尽可能地降低流程复杂程度，使流程运作简单易行。

（3）整合：将两个或两个以上的对象合并为一个对象。整合分为三种：第一种是将生产工序合并为一人来完成，企业可借助信息技术的支持，将分割成许多工序的流程按自然形态组装，使其结构趋于简单。第二种是将几道不同工序的人员重新组合，构造新的流程，减少交接手续，便于信息交流。第三种是将串行流程改为并行流程，将多道工序在互动的情况下同时进行，从而缩短流程周期。

（4）自动化：运用先进的信息技术加速流程运转，提高流程质量，压缩运行时间。过多使用计算机会使流程更加繁复，因此要在对流程运行活动进行清除、简化和整合的基础上采用自动化。与此同时，过程的清除、简化和整合也需要依靠自动化来完成。

（二）加油站全流程诊断与优化理论基础

加油站全流程诊断与优化的概念是立足于全员、全方位、全过程诊断加油站现有问题，用"进站率、加满率、回头率"等量化指标诊断加油站实际销售能力，通过市场调查、现场比对、数据测算、收集顾客意见等手段，提出从设施设备改造到管理流程优化的一整套全面解决问题的方法。

加油站全流程诊断与优化工作的理论基础是全面质量管理和六西格玛理论，是全面质量管理方法在成品油零售中的典型应用。全面质量管理，即 TQM（Total Quality Management），是指一个组织以质量为中心，以全员参与为基础，目的在于通过顾客满意和本组织所有成员及社会受益而达到长期成功的管理途径。在全面质量管理中，质量这个概念与全部管理目标的实现有关，具有全面性、全员性、预防性、服务性、科学性等特点。六西格玛理论是一种体现全面质量管理方法的高度有效的企业流程设计。六西格玛理论由摩托罗拉公司提出。这种策略主要强调制定极高的目标、收集数据以及分析结果，通过这些来减少产品和服务的缺陷。这一方法持续关注顾客需求、高度依赖统计数据、重视改善业务流程、倡导无界限合作，从而达到提升企业管理能力、节约企业运营成本、增加顾客价值、改进服务水平等目的。

加油站全流程诊断与优化方法，从切实解决制约加油站高效运行的突出问题和管理短板出发，充分挖掘加油站销售潜能。

"全流程"是对工作的整体范围以及管理方式进行的基本界定。具体分为两个方面："全"即横向的全面管理，包含加油站现场的全部管理工作，具体分为6个方面：基础管理、现场管理、客户管理、营销管理、非油管理、员工管理。其中，非油管理是指除加油站油品销售以外，便利店、汽车服务、新能源等相关业务的管理，具体内容包括店内商品的陈列摆放、库存盘点、便利店商品营销、充换电设施管理等。"流程"为纵向的流程管理，包括各项工作流程的分环节管理。"诊断"是指通过实地观测、小组座谈、个人访谈、数据分析等方式，从多维度的角度上进行的合成综合，发现加油站运行和管理中的短板问题。"优化"是从优化的方法和优化的力度两个方面解决单个或者多个指标的组合所反映出来的问题。

二、国内外理论研究现状及应用情况

（一）国外理论研究现状分析

20 世纪 90 年代中后期，流程管理的概念被正式提出，但其思想的萌芽却源远流长。流程管理的思想经历了三个基本的发展阶段。一是流程管理的萌芽发展时期。以泰勒为代表的科学管理学派对企业流程进行了理论探索，提倡对生产进行阶段性过程分析。同时代的甘特提出了图标进度控制方法，福特创建了流水线生产模式。二是流程管理的生产发展阶段。主要对流程进行精确控制，提高管理效率。20 世纪 40 年代的全面质量管理技术是这一阶段的代表。三是流程管理的全面发展阶段。

流程的概念没有统一的定义。20 世纪末，Hammer & Champy 在著作《Reengineering the corporation：A Manifesto for business revolution》中首次提出业务流程重组（Business Process Reengineering，BPR），并指出："业务流程重组是对企业的业务流程进行根本性的思考和彻底性再设计，从而获得可以用诸如成本、质量、服务、速度等方面的业绩来衡量的戏剧性成就，使得企业能最大限度地适应以顾客、竞争、变化为特征的现代企业经营环境"。IBM 对流程管理下的定义是，在业务流程的整个生命周期中对业务活动进行建模、开发、部署和管理，来实现业务策略的管理过程，这是一个持续的改进系统。Gartner Inc 将流程管理定义为："业务流程管理是一个描述一组服务和工具的一般名词，这些服务和工具为显式的流程管理（如流程的分析、定义、执行、监视和管理）提供支持"。

业务流程重组作为新的管理思想，很快成为欧美乃至世界关注的热点，掀起了企业重组与管理变革的热潮。但是由于认识上的局限和经验上的不足，在大规模实施流程重组的初期也出现了大量失败案例。在业务流程重组项目的实施中，失败率高达 70%。BPR 的高失败率促使学者进行反思。经过十几年的实践，业务流程优化（Business Process Improvement，BPI）由于避免了 BPR 的高失败风险而在许多领域得到应用。外国学者 Ebtehal（2018）提出了基于排队论的 BPI 动态资源分配方法，通过调节运行时的资源共享状态来降低成本，提高生产率和交付。Ebtehal 基于许多工人列表来表示服务站（任务）和资源（工人）之间的多对多关系，分配三种场景：（1）工人（资源）固定分配到各自的工作站，保持不变；（2）每个工人首先在工作站为各自的客户提供服务，然后与客户一起移动，或原地完成服务；（3）可以将工作人员分配到两个站点，根据分配的切换参数从一个站点转移到另一个站点。该方法旨在提高资源利用率，降低闲置时间、过度利用或被忽视技能的风险。

（二）国内理论研究现状分析

业务流程重组早在 20 世纪 90 年代初就已传入我国，为适应生存和发展环境的变化，我国许多大中型企业开始进行业务流程重组，希望建立起能适应激烈市场竞争的现代企业组织管理模式，以提高管理水平与经营效率，增强核心竞争力。联想、海尔、宝钢、红塔等许多国内著名的大型企业集团都不同程度地实现了 BPR 与信息化。虽然如此，BPR 仍然存在高的风险，相较之下 BPI 更为大多数企业所青睐。

目前国内对流程管理尚无统一定义，对其较有概括性的描述是：通过实施，组织可以被看成一系列跨组织连接的职能流程，在流程管理的结构下，流程所有者、小组和工作执行者对问题进行思考和执行，他们设计自己的工作、检查产出和重新设计工作系统以改善流程，从而满足顾客需求、缩短周期时间、降低成本和提高产出的连贯性等。

曹锦晖等（2023）以某市级供电企业为例，针对企业经营管理过程中存在的风险防控漏洞和管理粗放问题，利用信息化手段进行了企业全流程数字化转型。作者提出，该市级供电企业应开发统一管控平台，以全链条思维，以问题为导向，利用图表、图形等多种展现形式全面、业务多维分析，为项目部门和物资部门业务决策和管理考核提供数据支撑。同时，作者建议该企业通过加强宣贯培训、组织实地检查、落实考核评价等手段，健全长效保障机制，解决全流程管理工作中的难点、痛点问题，实现控制风险、减少浪费、提高效率。

楼玲玲（2023）强调了全流程管理模式在制造型企业的重要性，并提出应通过培养人员的全流程管理意识，建立健全思想理论依据，对提高工作开展的规范性与准确性有着举足轻重的作用。作者认为，当前制造型企业内部全流程管理工作人员的管理责任意识较为薄弱，未能积极顺应时代变化与发展的趋势，在工作方面存在诸多的不足，导致管理效率效果不佳，与预期目标存在较大的差距，造成资源浪费。因此，全流程管理工作人员的思想意识对提高管理水平与最终效果有着关键性的作用。同时，作者提出思想意识的进步可以为企业提供良好的发展空间与发展环境，在提高企业经济效益的同时，也能更好地为社会进步与发展提供服务与帮助。

基于上述学者的理论研究成果，已形成流程管理应用的标准化步骤如下：

（1）制定流程优化管理计划。建立工作小组，明确优化目标、计划，并通告利害相关人员。

（2）对流程进行诊断。流程诊断涉及批判性地分析和记录现有流程的问题症结，探索流程效率提高的空间。

（3）流程优化设计。设计新流程，设计人事组织结构、信息技术平台等。一般来说，需要优化的流程主体上都没有大问题，但存在冗余环节。对流程进行优化，就是要去除冗余环节，降低时间和成本的消耗。这种方式所需时间相对较长，但风险相对较小。目前企业实行的 BPR 项目均属于流程优化。

（4）优化方案的落地实施。运用管理技术进行流程优化的具体实施。

（5）评估成效。流程管理是一个持续不断的过程，评估得失与效率是流程持续改进的前提条件。

（三）全流程诊断与优化在国内外成品油零售行业的应用情况

从国外的应用情况来看，全流程诊断中通过量化效率指标对加油站的各项工作进行监测优化的方法有所应用。例如，对便利店盘点的时间和效率优化、对加油站各项设备维护或者卸油的时间测量、对加油站员工营销或者交流的 KPI 指标考核等。但受到西方国家需求以及行业发展基本情况的影响，现场拥堵、排队情况较少出现，鲜见关于现场效率方面的指标。

从国内的应用情况来看，美国吉尔巴克加油站优化团队使用该种方法对多个民营站点进行过这方面的尝试。比如说对加油枪效率的诊断、对场地现场顾客步数的测量等，使用量化分析方式建立加油站的分析。金盾石化进行过该类型的培训，通过公司专业人员的经验判断对站点优化提出建议，例如进站口和出站口的角度问题、加油站员工的薪酬问题等。

综合国内外现有成品油零售行业对数据分析方法的应用，其特点包括以下三个方面：一是没有形成系统的诊断体系，相关理论或者是思路贯穿于考核、管理等各个方面；二是注重实际检验，经验性内容偏多，使用数据进行诊断分析的应用偏少；三是个性化案例较多，比如吉尔巴克主要通过专业团队针对站点做定制化的报告，没有形成专业化的软件，无法进行大规模推广。

三、目的与意义

信息技术的发展从根本上改变了人类的生活方式。目前，互联网和电子商务的发展给所有企业带来了新的机遇和挑战，如何在互联网环境下为客户提供高效率的服务是每一家企业必须考虑的问题。在新的经济条件下，现代信息科学技术的广泛使用大大增加了企业管理活动的动态性和复杂性，对企业的能力提出了更高的要求。市场环境的不确定性、竞争的加剧、客户需求的不断变化、产品生命周期的缩短以及环境保护的压力，都要求企业快速识别并对环境的变化实时做出响应，否则将影响企业的健康发展和生存。因此，从企业的具体情况出发，通过分析流程与组织结构的动态变化关系，探索新的运作流程，使其具有对环境变化的适应能力、体现企业的整体优势，对于促进企业的健康生存与发展具有重要的意义。

（一）提高全流程诊断与优化工作的适用性并实现模块化

全流程诊断与优化工作是一整套系统的量化方法，在成品油零售行业的适用性较强。但是，该方法对于不同类型加油站的应用效果存在差异，比如一些诊断指标并不适用于小站，一些指标又不适用于中型站，这就需要对诊断和优化指标进行分类细化和针对性开发，提高全流程诊断和优化方法的科学性和适用性。即对加油站类别进行区分后开展指标体系研究工作，建立不同类型加油站指标参照体系。

（二）运用互联网、大数据思维实现全流程诊断与优化工作的前瞻化

当前，信息技术已经广泛应用于商业领域，全流程诊断与优化方法需要互联网思维与大数据技术的支撑。一方面，互联网思维为全流程诊断与优化方法提供了实现线上线下、前端后端应用的可能，可以借助例如移动支付、百度直达号、电子地图等新技术提供更多的优化手段。另一方面，已有的全流程诊断与优化方法主要是基于加油站管理系统内的油品零售数据进行测算，数据基础相对有限。当前大数据分析、交叉营销等新技术已经深入应用到各种商业活动中，全流程诊断与优化工作有必要借助这些新技术获取系统内外的跨界资源，取得更好的应用效果。

（三）系统总结近年来零售队伍在实践过程中的增量创效方法

至今为止，中国石油的加油站管理先后经历了从无到有、制定规范、摸索完善、百

花齐放的过程，先期制定了一系列加油站管理标准和规范。当前已经进入运营提升阶段，需要对以往好的经验、做法总结提升，固化形成中国石油零售运营标准。各地区公司也有很多好的经验和做法，但仍然还存在认识不统一、理解不一致的问题。对于削高峰、优化交接班、场地划线、油机配置、现场布局、营销服务、品牌建设等一系列工作，需要全系统、各个层面针对这些问题认真研究，共同促进、提升，要通过科学的量化分析实现精耕细作和系统总结，形成一套经得起检验的方法理论。全流程诊断是一种先进的管理理念，源于全面质量管理的六西格玛理论，每一项工作和流程可以分解到最小单元，工作和流程的质量、效率是可以持续改进的，从而实现"零缺陷"的商业追求。

（四）油品与非油业务流程协同诊断和优化是零售业务增量创效的重要途径

最早推行的加油站全流程研究和实践工作主要集中在对油品零售业务流程的诊断和优化，目标是提高油品销量。随着加油站业务的不断扩展，公司零售业务跨入了非油与油品齐头并进的新阶段，油卡非润一体化成为公司零售营销的方向，非油业务也成为公司零售盈利新的增长点。在公司推进大零售营销的思路下，全流程诊断与优化应顺应零售业务新阶段的特征，体现以油促非、以非带油，同时推进站内外油品与非油品的协同诊断，取得更大优化效果。

第二节　加油站全流程诊断与优化发展历程

加油站全流程诊断与优化工作自 2013 年由中国石油天然气集团有限公司正式提出以来，先后经历了试点探索、百花齐放、深化研究、体系建设、工具开发、应用落地等一系列阶段，是一个试点、推广、提升、再推广的往复过程。中国石油销售公司在初期形成了一套较为专业和系统的加油站诊断与优化体系，统称为"六诊断"与"八优化"。经过各地市反复实践和凝练，后推出了包含更多指标体系的"加油站全流程诊断与优化 1.0"。目前，经过进一步提升和优化，提出了"加油站全流程诊断与优化 2.0"版本，为持续助力加油站全流程诊断与优化方法的实际应用提供了牢固支撑。

一、"六诊断"与"八优化"

为提高加油站效率和效益，提升客户认同感，运用系统化、标准化、科学化、流程化的方法，研究加油站现场和周边商圈，通过测算、分析，落实整改，实现零售提量、增效的目标。销售公司经过收集、调研、讨论，在 2013 年 8 月编制形成了指导意见，正式提出了"六诊断"与"八优化"的加油站全流程诊断与优化方法。

（一）主要原则

（1）围绕车辆进站提高效率的 8 个关键环节做好提量增效，包括进站、停车、沟通、加油、消费、付款、开票、离站；

（2）围绕提升管理、提量创效的主题，改进提高 10 项基础工作，包括绩效管理、系统操作、站内巡检、计量盘点、交易支付、记录账表、接卸油品、清点现金、非油点货、设备管理；

（3）围绕客户管理，做好 4 件事情，包括开发客户、吸引客户、留住客户、赢得客户。

（二）核心内容

1. 诊断方法——"六诊断"

（1）全流程标准时间诊断，是测算制约效率提升的关键环节，找到主要症结所在；

（2）拥堵指数诊断，测算加油站车辆流动性和拥堵程度，确定优化工作应侧重的方面；

（3）高峰期诊断，测算大量车辆密集加油时，加油站设施持续运转，员工工作强度明显加大的时间段，测定持续时长、效率提升的检验标准；

（4）现有服务能力诊断，测算加油站现有接待能力和水平，通过与实际销量差异对比，确定优化的幅度；

（5）加油枪效率诊断，测算实现平均加油枪与理论最优提枪数的比值，指导品号与油枪、车位与油枪、加油员与油枪的优化调整方案；

（6）潜在销售能力诊断，说明现有条件下的最大销售量，确定提量目标，制定挖掘潜在客户、维系现有客户的策略。

2. 优化方法——"八优化"

（1）初始设计优化，要充分发挥零售业务的参与作用，加强设计的科学性，充分结合进站规律进行合理的油岛布局设计，目的是从源头上解决问题；

（2）设备改造优化，以方便、快捷、尊重客户进站习惯为原则，全力提效、上量为目标，做好出入口等现场设施，以及油枪、油机、油罐、POS 机等室内外各类设备的优化，目的是针对市场和需求变化进行调整；

（3）标识设置优化，包括车位划线、车辆行进划线、油品分区划线，设置醒目的油品标识、进站标识、临时停车位、品号分布引导标识等，目的是使客户进站第一时间了解相关信息，享受最快捷的服务；

（4）工作流程优化，对引导、加油、收银、开票、储值等业务流程进行梳理，以客户需求为出发点，突出重点、规范管理、优化程序、提高效率；

（5）岗位作业优化，结合销售规律和服务项目，对加油站岗位设置、排班规律和人员安排，进行动态调整，目的是发挥岗位、班组、员工的最大潜能，达到负荷合理化、劳效最大化；

（6）支付方式优化，研究室内支付、室外收银、混合支付、卡机连接、银行卡支付、自助加油等多种灵活的支付模式，根据加油站的实际情况合理运用，目的是方便客户付款、便于资金管理、保证资金安全；

（7）客户挖潜优化，要加强对站外周边客户的调研，主动走出去，到小区、车场、企事业单位进行走访，以此增加进站车次，目的是深挖加油站潜力、提升固定客户比例；

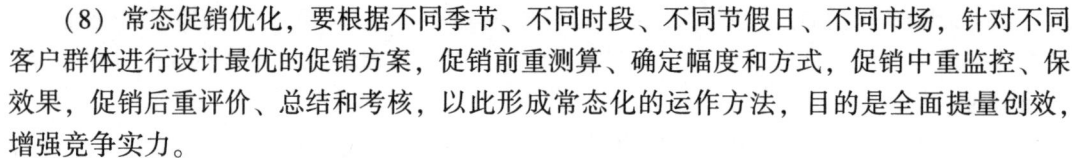

（8）常态促销优化，要根据不同季节、不同时段、不同节假日、不同市场，针对不同客户群体进行设计最优的促销方案，促销前重测算、确定幅度和方式，促销中重监控、保效果，促销后重评价、总结和考核，以此形成常态化的运作方法，目的是全面提量创效，增强竞争实力。

（三）"六诊断"与"八优化"在实践中的综合运用

1. 区分不同站点，合理确定优化方向

一是对于高峰期明显的高销站，主要适用于高速、省国道、城市中心等加油站，应侧重于硬件设备、岗位作业和促销方式的优化，来疏导高峰、缓解拥堵，提高效率；二是对于车辆进站少的低销站，应研究市场、吸引客户，侧重于站外客户挖潜优化，以提高进站车次、提高固定用户比例，达到上量创效的目标；三是对于负盈利的低效站，应用全面的经营分析，降低费用、改善结构、提高销量、提高效益，其中周边顾客需求有限、潜在零售能力低、竞争地位弱的低销低效站，可以采用小站经营目标责任制、合并管理、间歇营业等方式进行优化。

2. 考虑差异，确定投资规模

各类站都要进行加油站上量潜力的分析，潜力大但现有能力低的，可适度加大硬件改造力度，一步到位；潜力与现有能力相当的，应采取流程、作业等方面的优化方式，提升现有能力；潜力小但现有能力强，可适度优化现场，提高现场效率，力求长期维持现有销售能力，不建议进行大的投资改造。

3. 根据诊断结果，综合考虑、灵活运用

标准流程时间测定单项时间过长，即每部分单独占比超过30%的，要集中解决单项问题。如：进站时间占比达到37%，证明进站环节，出入口、引导线、标识指示等方面存在问题，要集中进行设备优化或标识优化来解决问题。

拥堵指数高、实际用时大于标准时间，且高峰期不明显的，这类加油站主要是两方面问题，一是车流量很大，但站内面积小、加油机少、条件受限，可结合实际研究改造策略；二是操作流程、人员配置、工作效率方面不够合理，应进行工作流程优化和岗位作业优化。拥堵指数高、实际用时大于标准时间，且高峰期明显的，拥堵指数1.5以上，高峰持续4h以上，远大于平均销量30%的，这类加油站主要是高峰期明显的大站，要从常态促销优化，采取错峰促销的方法，缓解高峰压力。

在加油枪效率测定中，要注意摩托车加油集中的油枪可能出现效率过高的情况，并排除此特例，可重新选择其他枪中的高效枪作为衡量标准，延伸诊断与优化的方法。

"六诊断"和"八优化"是销售公司在总结前期试点工作的基础上，形成的总体框架和研究方法，应用单位或者人员应结合当地加油站实际情况，进一步拓展思路和完善手段。例如，对加油站高峰、平缓和低谷全周期综合测定，站内量费利的经营核算运用，汽柴油结构的量化评价，营销方式和服务方式选择等方面，可在符合全流程诊断与优化方法体系范围内，结合实际的客户需求、市场情况，对测算方法进行适当补充。

二、全流程诊断与优化1.0

2013年在北京、宁夏等试点的基础上，中国石油天然气股份有限公司销售分公司（以下简称"销售公司"）精细化会议提出推进加油站全流程诊断与优化工作；2014年加油站全流程诊断与优化的理念（"六诊断""八优化"）在全国系统内推广应用；2015年，销售公司启动全流程诊断与优化深化应用研究专项工作，设立全流程诊断与优化深化应用研究专项研究课题；2016年，全流程诊断与优化研究小组开展了典型地区销售企业调研、指标研发、现场测试、工具建设、推广落地等工作；2017年，按照委托方要求和统一部署，加快推进线上诊断工具的应用工作，并结合使用情况，持续提升指标体系和工具性能。截至2017年底，形成了具备28个指标体系的全流程诊断与优化1.0。

（一）诊断指标构成

围绕提高中国石油加油站效率、效益、品牌的目标，梳理客户完整消费流程的各个关键环节，形成28个诊断指标。其中，客户进站阶段4个，客户站内体验阶段19个（含油品消费10个，非油消费9个），客户离站维护阶段5个。

（二）关键问题

（1）研究主线确立。加油站管理涉及站内、站外、员工、客户等方方面面的工作，需要关注的问题庞杂，关注的指标数量较多。针对这一情况，研究人员深入一线，调研全国300余座加油站，访谈400余名加油站经理及基层管理人员，将加油站工作按照消费者行为分为客户进站、油品消费、非油消费、离站关怀四个流程，拆分为28个指标，实现了加油站系统化、持续性管理工作的全覆盖。

（2）量化信息获取。全流程诊断指标涉及的数据包括站内数据、客户数据、现场数据、商圈数据等多种类型，需要借助零管系统、视频资料、手工统计、访谈调查等多种方式获得。针对这一问题，进行了大量的数据采集测算，并设计了多种工具，使用了一系列统计方法对数据测量和指标计算进行了简化，保证了诊断工作的简便性和易操作性。

（3）诊断逻辑设计。相关指标相互之间相互影响、相互制约，且不同类型的站点存在不同的问题和诊断侧重点，这就对诊断体系和策略优化的逻辑带来了挑战。针对这一问题，设计的全流程诊断与优化围绕一条主线、三个方面、四个阶段开展。以"追求客户满意体验"为主线，围绕"客户进站""站内消费""客户离站"三个方面进行量化管理。其中，站内消费又分为油品消费体验和非油消费体验。针对客户体验，具体划分为四个诊断阶段，即进站诊断、油品消费体验诊断、非油消费体验诊断、忠诚度维护诊断。在诊断后的策略建议方面，诊断实施以油品业务和非油业务为两条主线，根据指标间的关联关系，逐级向下诊断，发现问题；同时结合数据分析以及现场调研、沟通交流等，提出优化方向与建议。

（4）成果应用转化。全流程诊断与优化体系理论性较强，指标设计复杂，直接交给一线员工使用存在较大困难，且诊断后的优化措施能否落地也有不确定性。针对这一问题，

使用四种方法解决：一是驻站诊断，在典型站点与当地员工同吃同住，组成诊断小组，共同开展工作。二是交流互动，带动不同省区的诊断人员在传授自己经验和技能的同时，也积极汲取当地公司好的做法。三是集中学习，各交流单位分别派出业务副经理带队的集中学习团队，三期培训学习人员累计210人，这些学员成为了当地公司全流程诊断与优化的中坚力量，为开展更大范围、更深层次的全流程诊断与优化做好了人员储备。四是建立优化策略库，通过归集在大量站点实施优化的方案，形成了一整套优化策略数据库，可以针对不同诊断指标的输出结果，匹配相应的优化建议措施。

（三）主要创新点

实现了理论体系创新，形成了评估加油站零售运营水平的分析框架。按照全面质量管理理论，将客户消费行为流程按照最小环节分解，对流程的效率和质量进行持续改进，实现对加油站运营的系统性分析评估，成为加油站管理的重要抓手。与传统的零售管理仅关注加油站现场作业效率服务不同，诊断和优化实现了四个方面的扩展——站内到站外、油品到非油、大站到小站、人工站到全自助站。站内到站外扩展是指从仅关注站内的服务，延伸到关注客户进站和离站后的维护，从地理区位上实现了扩展；油品到非油扩展是指从仅关注油品消费体验，延伸到关注客户的站内便利店消费体验，从商品类型上实现了扩展；大站到小站扩展是指从仅关注大站提量增效，延伸到小站的运营提升；人工站到全自助站扩展是指从以往的不做自助站区分，延伸到区分全自助站和非全自助站，部分指标可以适用于全自助站。

实现了研究方法创新，设计了一系列诊断加油站运营质量的量化分析指标。将针对加油站的定性判断转化为定量分析，将一线优秀加油站经理的丰富管理经验转化为可以推广应用的测算方法，通过各个诊断指标数据的结果，找到加油站运行中存在的问题及量化营销程度，给持续优化提供了方向。按流程分类是诊断指标测算的基本思路和依据，在提取数据和测算的过程中按照这一思路逐步完成；按目标分类是诊断结果分析的基本思路和依据，是根据数据测算结果对站点的主要问题进行诊断的方法。

实现了管理应用创新，开发了供加油站经理和省级、地市级管理人员使用的线上诊断与优化系统并投入使用。结合加管系统数据以及加油站经理的填报数据，可以按月生成加油站诊断与优化报告，为加油站运营提升及改造提供了决策依据，并且循环诊断、发现问题、持续改进。

三、全流程诊断与优化 2.0

2020 年以后，需要进一步提升原有全流程诊断与优化平台 1.0 的体系架构，丰富平台的功能应用，增强各层级零售业务管理人员和基层加油站经理的使用便捷性和感受友好性，持续助力全流程诊断与优化方法的实际应用。因此，开始了在指标、系统、方法等方面的全面升级，称为全流程诊断与优化 2.0。

（一）方法与指标升级

（1）指标体系方面，完成运营站指标体系的改进完善，将原有 28 项指标升级为 35 项，覆盖范围更全面。围绕加油站生命周期开展新建加油站指标体系研究，以投资效益、预期效果为切入点新增了市场有效度、内部收益率、投资回收期、量效预估、汽服开设指数、快餐开设指数等相关评价指标。以强营销为原则，围绕商圈特点，对单站指标体系进行了筛选，利用横向及纵向的对比，优化了部分诊断指标。以量效平衡为原则，构建了地市、省区层面的体系框架。

（2）量化方法方面，形成基于多维数据分析的加油站潜在销量评估方法，以地理信息数据、加油站属性数据、诊断指标数据、运营数据为基础，研究分析影响加油站潜在销售能力的客观因素；研究基于投入—产出的营销分析模型，对营销策略进行分类识别，融合加油站经营数据、诊断指标数据、竞争数据等，建立定性评估和定量分析模型，通过评价后给出目标站的营销方案和实施力度。

（3）外部评价方面，初步完成以 PESTLE—SWOT 模型为基础的外部环境评价体系，选取汽油刺激消费政策、新能源补贴政策、光伏技术发展、碳中和实施进展等因素，采取定性定量相结合的方式进行量化测算，制定评价标准和细则。

（4）战略选择方面，以行业发展趋势、公司战略目标等为基准，引入宏观经济指标、政策导向及区域市场占有、地方新增产能、储运形势变化（管网公司）等，通过量化处理，初步使用 SWOT 分析和层次分析法，建立战略选择模型。

（5）应用平台建设方面，按照优化拓展后的诊断指标体系，同步升级线上应用平台。重新定义后台编码规则，设计优化逻辑输出规则，优化数据库与后台处理逻辑，对页面前端功能进行升级优化，提升用户体验。

（6）现场深度应用方面，在天津、内蒙古地区开展线上线下联合诊断应用，通过现场调研、线上沟通、市场调研、理论分析等多种方式，将理论成果最大程度应用于现场运营，并形成科学差异化的单站运营优化和营销策略建议，诊断站点汽柴油、非油销售提升显著，竞合关系明显改善。

全流程理论体系和应用平台为地区公司提升加油站综合管理水平、实现提质增效目标提供了有力抓手，各销售企业在具体实践应用中各有侧重，部分重在提升现场运营效率、部分侧重于处理竞合关系等，因地制宜、精准把控，全面有序推进加油站精细化管理水平。

（二）应用效果与提升

在前期积累的基础上，全流程诊断与优化工作于 2021 年迈上了新台阶，诊断率首次突破 50% 大关。线下诊断青海、吉林、广西等地 26 座站点，实现产研结合双提升。在福建、河南、重庆、陕西、新疆等地，以线上线下多种形式开展了 40 余节培训课程，多点开花确保全流程顺畅落地。系统后台通过建立多方沟通机制，完成服务器升级，确保系统运行顺畅。

线上系统操作的客户使用感受有明显改善。距离 2016 年底全流程系统上线已有 7 年时间。随着全流程系统的不断应用和推广，根据操作人员的反馈，结合实际调研及讨论研究，并与维护人员以及后台硬件提供方持续沟通优化系统解决方案，2023 年顺利实现服务器的迁移升级。从系统交互性上不断提升用户感受，操作者使用更加顺畅方便，系统的实际适用性和操作便捷性有了较大的提升。

全流程线下实施打开了新局面。在现场应用方面，在青海、吉林、广西等地区开展了

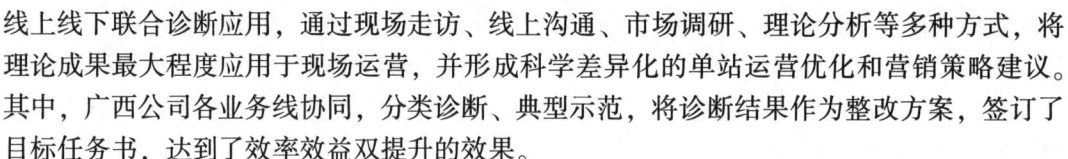

线上线下联合诊断应用，通过现场走访、线上沟通、市场调研、理论分析等多种方式，将理论成果最大程度应用于现场运营，并形成科学差异化的单站运营优化和营销策略建议。其中，广西公司各业务线协同，分类诊断、典型示范，将诊断结果作为整改方案，签订了目标任务书，达到了效率效益双提升的效果。

全流程交流应用工作达到新高度。全流程诊断与优化作为 2021 年"三大提升"的抓手之一以及 15 项重点工作之一，销售公司加强了全系统的专项督导工作，定期将各家诊断率与指标提升情况进行通报。支持团队除了继续做好面对一线加油站经理的线上答疑及系统维护工作外，还开展了旨在提升加油站经理对全流程方法和理念的认识、熟练掌握线上诊断工具的交流培训 12 场，总体效果明显。

第二章 诊断指标体系

本章以用户消费行为为基准，详细阐述了全流程诊断与优化 2.0 中进站诊断、站内体验（油品）、站内体验（非油品）、离站诊断 4 大板块的 35 个指标（图 2-1），包括概念界定、测算方法、诊断和优化方法，并为每种指标提供了实际案例，以供读者在实际诊断过程中对照参考。

进站诊断	站内体验（油品）	站内体验（非油）	离站诊断
• 外观条件 • 商圈类型 • 进站率 • 潜在销量 • 促销指数	• 单车加油量 • 油品销售高峰期 • 高峰期拥堵指数 • 加油枪效率 • 人均提枪次数 • 流程标准(平均)时间比 • 枪量匹配比例 • 卸油影响率 • 枪位匹配比例 • 人枪匹配比例 • 通行顺畅率 • 小时最大服务能力	• 非油客单价 • 吨油非油收入 • 坪效指数 • 品效指数 • 商品贡献率 • 商品陈列效率 • 未动销商品序列 • 非油销售高峰期 • 分时段油非转化率 • 人均油非量效关联指数 • 非油潜在销售能力	• 客户净推荐值 • 支付结构 • 油品卡销比 • 固定客户比例 • 合理用工数量 • 合理排班人数 • 员工激励指数

图 2-1 诊断指标体系

第一节 进站诊断指标

以用户进站消费前的体验和站点对用户进站的吸引能力为诊断主题，筛选出 5 个进站诊断指标，完成进站诊断板块的诊断与优化。

一、商圈类型

商圈类型是反映加油站所处外部环境的综合指标，考虑了加油站的位置类型、道路类型及客户构成比例。该指标主要给后续指标的诊断和优化效果提供支撑，还可根据不同商圈类型实施不同的产品和营销策略。数据口径为横截面数据，要求以最新数据为准。加油站商圈统计情况见表 2-1。

表 2-1　加油站商圈类型统计表

位置类型	一类□　二类□　三类□　四类□
道路类型	高速公路□国道□省道□城市快速路□城市主干路□城市次干路□城市支路□县乡道路□
客户构成比例，%	单位车辆：　货运：　私家车：　其他：
商圈类型	社区型□旅游型□乡村型□旗舰型□物流型□高速型□

注：（1）一类站商圈范围以半径范围 1km 进行判断；（2）二类到四类站以半径范围 5km 判定商圈范围，商圈类型多单项。

二、潜在销量

潜在销量指在当前条件下，加油站应达到的理论销量，主要用于诊断加油站销量提升空间。分析加油站潜在销量的目的是测定现有条件下加油站本身的销售潜力，用以判断站点是否有继续优化和提量的潜力。重点解决两个问题：一是固有的加油站影响范围，即加油站商圈的范围划定；二是在划定的商圈范围内，准确估计加油站潜在销售量。考虑数据的可得性和计算的方便性，使用可见竞争对手与本站的销量进行综合统计，并通过位置与品牌系数进行调整。

测算方法：潜在销量是加油站日均油销量与品牌系数和位置系数的乘积。其中，品牌系数指所在区域的中国石油零售份额占中国石油加油站数量份额的比例。位置系数指诊断站商圈内下游加油站数量减上游加油站数量之差的 0.1 倍加上 1，一般站前道路有隔离带的情况，按系数公式计算，其他情况位置系数均为 1。数据口径为日均数据，取最近 1 个自然月的平均值。

诊断和基本优化方向：若加油站实际销量≥潜在销量，说明该站点在周边区域的市场占有率高于系统内同类站点平均水平，维持现有客户规模和品牌效果即可；若加油站实际销量<潜在销量，说明该站点在周边区域的市场占有率低于系统内同类站点平均水平，应进一步加大客户开发、加强竞争，提高车辆进站率。

例如，湖北的中国石油某加油站所处的三环线处范围内还有加油站 3 座，分别为中国石化 A 站、道达尔 B 站、尤加 C 站。这几站目前共占据了该地区市场约 65% 的份额，其中本站日均销量是 32t，中石化 A 站日均销量 30t；道达尔 B 站日均销量 28t，尤加 C 站日均销量 25t。根据加油站管理系统和零售份额以及加油站份额，测算出品牌系数为 1；根据上下游加油站相对位置关系，测算出位置系数为 0.8。根据指标测算公式，可以算出本站日均潜在销量为 25.6t（表 2-2）。该加站油实际销量大于潜在销量，维持现有客户规模和品牌效果即可。

表 2-2　某站油品潜在销量计算表

周边站点名称	所属公司	日均销量，t	品牌系数	位置系数	潜在销量，t
中国石油某站（诊断站）	中国石油	32			
中国石化 A 站	中国石化	30			
道达尔 B 站	道达尔	25	1	0.8	25.6
尤加 C 站	尤加	28			
所在地区中国石油零售份额，%		28%		—	

周边站点名称	所属公司	日均销量，t	品牌系数	位置系数	潜在销量，t
所在地区中国石油加油站份额，%	25%			—	
所在地区中国石化零售份额，%	26%			—	
所在地区中国石化加油站份额，%	25%			—	
下游站数量，座	0			—	
上游站数量，座	2			—	

三、加油站外观条件

加油站外观条件是吸引顾客进站加油、消费的外部条件，主要指硬件条件。用于诊断加油站外部条件是否构成制约客户进站的影响因素，一般配合进站率等指标使用。加油站外观条件包括能见度、进出口宽度等指标，加和计算。

测算方法：针对能见度、进出口宽度、标识标牌完整性、地面破损程度和夜间亮化程度等指标进行打分，之后求和。能见度得分用实际值与标准值的比值测算，最大值为1；进出口宽度用进口宽度和出口宽度之和的1/20计算。

诊断和基本优化方向：若外观条件指数<6，说明外观条件存在一定缺陷，需进一步诊断能见度和进出口宽度，针对分项得分小于1的科目重点优化。若外观条件指数=6，说明该站点外观条件良好，无须优化。

例如湖北某加油站，诊断结果显示，进口宽度分项得分0.35<1，出口宽度分项得分0.45<1，能见度也较差，分值为0.5（标准值为1）。最终得出诊断结论：本站进出口宽度不足，同时能见度也需要改善（表2-3）。

表2-3　湖北某加油站外观条件计算表

类别		标准值	实际值	分值
能见度	站类型：普通站	300	150	0.5
进出口宽度	进口	10	7	0.35
	出口	10	9	0.45
类别		条件1	条件2	分值
标识标牌完整性		无破损☑	未严重褪色☑	1
地面破损程度		进出口未破损☑	车道未破损☑	1
夜间亮化程度		罩棚亮化好☑	便利店亮化好☑	1
综合得分		—	—	4.3

四、促销指数

促销指数是指平均单车加油量、纯枪量、非油收入、与竞争对手价格比四个指标环比增速的平均数。通过促销指数来诊断某加油站现阶段是否有必要开展促销活动。

测算方法：赋予单车加油量环比、纯枪量环比、非油收入环比这三个指标各0.25的权重，竞争对手价格比值环比汽油和柴油0.125的权重计算总和。例如，以汽油为例，9月竞争对手价格比值为1.1，10月竞争对手价格比值为1.2，竞争对手比值环比为1.2-1.1=0.1。

促销指数计算公式：

促销指数=单车加油量环比/4+纯枪量环比/4+非油收入环比/4+与竞争对手价格比值环比（汽油）/8+与竞争对手价格比值环比（柴油）/8

诊断和基本优化方向：若-1≤促销指数≤0，需要开展促销活动；若0<促销指数≤1，可不开展促销活动。

湖北某加油站促销指数统计见表2-4，由于促销指数小于0，有必要开展促销。

表2-4 促销指数统计表

	平均单车加油量 L	纯枪量 L	非油收入 元	与对手价格比	
				汽油	柴油
上月	30.14	528359	289989	1.2	1.1
前退1月	30.43	500735	420206	1.25	1.3
环比	-0.01	0.06	-0.31	0.05	0.2
促销指数	-0.01×0.25+0.06×0.25-0.31×0.25+0.05×0.125+0.2×0.125=0.03375				

五、进站率

进站率指站前道路车辆进站消费的比例。用于诊断加油站品牌形象、站容站貌、服务水平等对顾客的吸引程度。

测算方法：进站车流量与站前车流总量的比值。站前车流量取值方法是周一到周五取1天，7：00—8：00、11：00—12：00、17：00—18：00各一次，每次10min，乘以6记为该小时内对应车辆数。进站车流量是上述时间内的提枪次数。进站率要通过与标准进站率的对比进行诊断。标准进站率用所在地区实名卡客户人均年消费次数与诊断站商圈范围内可比加油站实名卡客户年均数量的比值计算。

诊断和基本优化方向：对高进站率（实际进站率>标准进站率）、中进站率（实际进站率=标准进站率）的站点，重点做好现场服务，适当加大站点宣传和促销活动力度；对低进站率站点（实际进站率<标准进站率），需从重点诊断加油站的能见距离、进出口便利性、站容站貌、服务水平、品牌宣传等方面进行二次诊断。能见距离：司机能够看清加油站的最大距离，高速站能见距离要求1000m以上，路口站能见距离要求300m以上，其他要求500m以上。进出口便利性，直交开口站，大货车要求13m以上的宽度，小车型相应缩减；斜交开口站进站方便程度优于直交站。站容站貌：外观形象整洁、夜间灯光明亮、商业氛围浓郁。服务水平：态度热情友善、积极开口营销、引导顾客消费。品牌宣传：加大走出去营销的力度。

例如，湖南某加油站的诊断结果（表2-5）表明，进站车辆低于标准水平。站门前车流量大概7万辆/天，进站约1159辆。除能见度造成进站率较低外，站门前往来高铁站车辆较多也是原因之一。

表 2-5　进站率统计表

	车辆类型	提枪次数，次	道路车辆数，辆	进站率，%
07：00—08：00 取 10min	汽油汽车	11.5	725	1.7
	柴油汽车	1.3	108	1.3
	摩托车	0	0	0
11：00—12：00 取 10min	汽油汽车	9.15	565	1.6
	柴油汽车	1.2	98	1.2
	摩托车	0	0	0
17：00—18：00 取 10min	汽油汽车	13.8	859	1.6
	柴油汽车	1.2	110	1.1
	摩托车	0	0	0
汽油汽车合计		34.45	2149	1.6
柴油汽车合计		3.7	316	1.2
摩托车合计		0	0	0
总计		38.15	2465	1.5
所在地中国石油实名卡客户年消费次数		—		
所在地市有交易的实名卡数量		—		
商圈范围内可比加油站数量		—		
标准进站率		4.26		

第二节　站内体验（油品）诊断指标

以用户进站油品消费体验和站点提供油品消费服务能力为诊断主题，筛选出 12 个站内体验（油品）诊断指标，完成"站内体验（油品）"板块的诊断与优化。

一、单车加油量

单车加油量是指加油站平均每辆车的加油升数，可以作为顾客加油加满程度的衡量指标。横向来看，可以在相同区域的不同站点间比较，重点诊断平均水平以下的站点；纵向来看，该指标的变化可以作为站点优化的切入点和效果评价指标。

测算方法：油品销量与提枪次数的比值。

诊断和基本优化方向：若总单车加油量处于上升态势，该站加满率不断提升，则应进一步维护现有客户，继续提升现场服务和开口营销；若总单车加油量处于下降态势，该站加满率有所降低，则应进一步分析各品号单车加油量趋势图，对应下降的品号开展针对性加满促销活动，提升客户现场感受。同时可与地区平均值做比较，看本站车辆加满率情况。

某加油站不同品号油品单车加油量统计见表 2-6。以汽油为例，单车加油站量处于上升态势，说明该站汽油加满率不断提升，可继续保持。趋势见图 2-2。

表 2-6 单车加油量统计表

年月	92号			95号			0号		
	提枪次数	销量 L	单车加油量, L	提枪次数	销量 L	单车加油量, L	提枪次数	销量 L	单车加油量, L
6月	3101	101544	33	2129	98009	46	8777	856669	98
5月	3185	104285	33	1941	99917	51	7622	621657	82
4月	3038	99732	33	2077	95161	46	7461	552964	74
3月	2629	88559	34	1738	80261	46	6393	422060	66
2月	3323	111111	33	76	3746	49	5732	303772	53
1月	3972	133926	34	200	9400	47	7341	385306	52
12月	2964	102263	35	334	15747	47	6741	497783	74
11月	2397	78950	33	1356	64861	48	6790	542369	80
10月	3814	126082	33	2221	102111	46	10983	912197	83
9月	3526	119283	34	2030	97088	48	8332	643030	77
8月	4860	164320	34	2476	116021	47	10491	803457	77
7月	4451	149332	34	2322	107676	46	9904	778967	79
平均	3438	114949	33	1558	73392	52	8047	610019	74

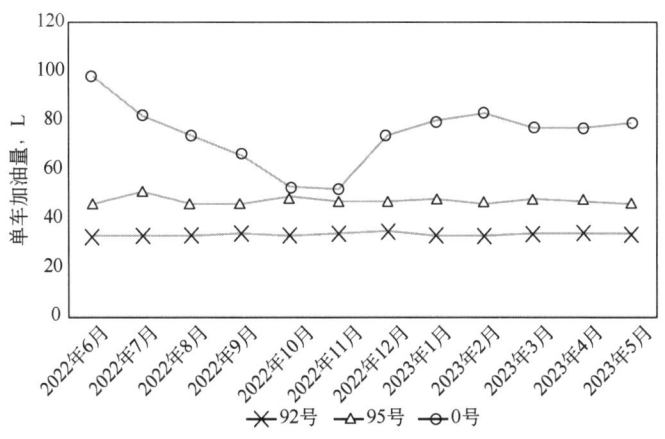

图 2-2　单车加油量趋势图

二、油品销售高峰期

油品销售高峰期是指大量的车辆密集加油，加油站设施高频次运转，单位时间内员工工作强度明显加大的特定区间。油品销售高峰期需要重点诊断和优化。

该指标可科学地测定高峰低谷时段，有利于对加油站采取合理的劳动组织方式；结合销售规律，制定有针对性的促销策略。

测算方法：将销量分时段曲线图上明显的波峰时段认定为加油高峰期，可以按照高于平均值30%的时段界定。数据主要统计过去1个自然月提枪次数分时段平均数。

诊断和基本优化方向：若加油站的高峰期持续时间长且加油站内车辆拥堵严重，建议采用错峰优化、移动支付、预约加油等方式，提高效率；若加油站高峰期持续时间较短，应结合拥堵和效率情况适当削峰填谷。

某加油站油品销售高峰期统计如表2-7所示。由图2-3可知，该站销售的高峰期为8：00-10：59，14：00-15：59，19：00-21：59，共持续8个小时。

表 2-7　油品销售高峰期统计表

时段	油品	
	提枪次数	销量，L
0：00—0：59	12	426.05
1：00—1：59	7	585.79
2：00—2：59	7	141.79
3：00—3：59	6	256.21
4：00—4：59	5	318.09
5：00—5：59	11	594.81
6：00—6：59	31	1127.06
7：00—7：59	67	2436.99

时段	油品	
	提枪次数	销量，L
8：00—8：59	80	2856.18
9：00—9：59	77	3224.62
10：00—10：59	72	2595.11
11：00—11：59	49	1749.17
12：00—12：59	61	2001.92
……	299	10855.58
17：00—17：59	69	2254.1
18：00—18：59	79	2683.8
19：00—19：59	78	2492.88
20：00—20：59	71	3001.83
21：00—21：59	44	2227.56
22：00—22：59	36	1046.99
23：00—23：59	17	751.52
合计	1178	43628.1
平均值	48.83	1817.8375

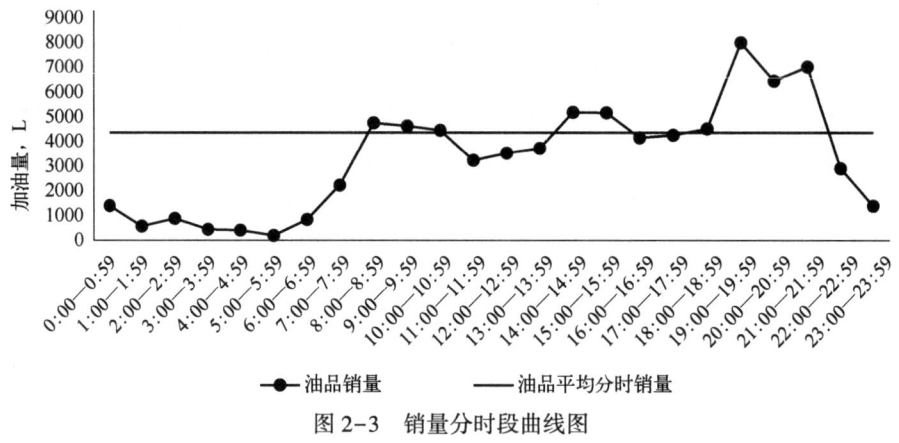

图 2-3　销量分时段曲线图

三、拥堵指数

拥堵指数是测量加油站拥堵程度和拥堵持续时间的综合性指标。这一指标可以确定拥堵情况、研究拥堵疏导的措施以及选择合理的舒缓拥堵情况的方式。

测算方法：期初加油区内车辆数与5min内出站的车辆数的比值，主要考虑服务一辆汽油车的用时约为5min。数据的测算方法是，选取对应月份内某个工作日数据，取高峰时段的整点及之后平均服务周期时间，如 12：00—12：05 分出站的车辆数。通过人工填写、现场采集等方式测出各时间段期初站内车辆数和平均服务周期内出站车辆数。

某加油站拥堵指数如表 2-8 所示。

表 2-8　拥堵指数统计表

时间	期初站内车辆数	平均服务周期内出站车辆数，辆	拥堵指数
0：00—0：59	1	1	1
1：00—1：59	2	2	1
2：00—2：59	1	1	1
3：00—3：59	1	1	1
4：00—4：59	1	1	1
5：00—5：59	2	2	1
6：00—6：59	4	4	1
7：00—7：59	6	5	1.2
8：00—8：59	8	6	1.33
9：00—9：59	6	5	1.2
10：00—10：59	6	6	1
11：00—11：59	5	5	1
12：00—12：59	3	3	1
13：00—13：59	5	4	1.25
14：00—14：59	5	5	1
15：00—15：59	6	5	1.2
16：00—16：59	8	6	1.33
17：00—17：59	10	7	1.43
18：00—18：59	8	6	1.33
19：00—19：59	6	5	1.2
20：00—20：59	5	5	1
21：00—21：59	4	4	1
22：00—22：59	2	2	1
23：00—23：59	1	1	1

诊断和基本优化方向：拥堵指数小于 1 时加油站内车辆进出顺畅，拥堵指数处于 1~1.5 时加油站内轻度拥堵，拥堵指数处于 1.5~2 时加油站内中度拥堵，拥堵指数大于 2 时加油站内重度拥堵。表 2-8 中，7：00—10：00、15：00—20：00 属于轻度拥堵区间，在加油站运行过程中要着重调整排班，避免长期拥堵。总之，如果拥堵指数大于 1.5，就可以认为本时段内整体效率偏低，应进一步研究现场布局和营销方式，结合流程标准（平均）时间比确定问题环节。

四、加油枪效率

加油枪效率是指单位时间内加油枪实际提枪次数与最优提枪次数的比值，是诊断加油站空间利用效率的指标，也是诊断枪量匹配、枪位匹配、枪人匹配效率的指标。

测算方法：实际提枪次数与最优提枪次数的比值。

该站当月最优提枪次数为 1158 次，加油枪效率平均值为 47%。其中 2 号、4 号、5 号、6 号、7 号、8 号、11 号、12 号、14 号、15 号、16 号加油枪效率有待提升，要结合现场情况进行分析优化。

诊断和基本优化方向：加油效率明显低于平均水平的加油枪，应通过调整各油枪的品号配置、合理安排现场人员分布、加强现场引导、优化车位设计等方式实现优化。若仍难以改进，应考虑是否需要减少加油机或加油枪，实现控费。

某加油站加油枪效率统计如表 2-9 所示。

表 2-9　加油枪效率统计表

油枪号	平均单日提枪次数	最优提枪次数	加油枪效率
油枪 1	1158		1
油枪 2	162		14%
油枪 3	995		86%
油枪 4	260		22%
油枪 5	453		39%
油枪 6	299		26%
油枪 7	480		41%
油枪 8	421		36%
油枪 9	733	1158	63%
油枪 10	750		65%
油枪 11	413		36%
油枪 12	466		40%
油枪 13	815		70%
油枪 14	417		36%
油枪 15	397		34%
油枪 16	521		45%
平均值	—		47%

五、人均提枪次数

人均提枪次数是指各个时段平均每个当班员工的提枪次数。横向来看，该指标可以用于对比相同区域同类加油站人员的效率情况；纵向来看，可以作为评价人均劳效的诊断指标。

测算方法：提枪次数与现场当班人数的比值。例如湖北某加油站人均提枪次数统计，如表 2-10 所示。

表 2-10 人均提枪次数统计表

时段	提枪次数	当班人数	人均提枪次数
0：00—0：59	12	2	6
1：00—1：59	7	2	3.5
2：00—2：59	7	2	3.5
3：00—3：59	6	2	3
4：00—4：59	5	2	2.5
5：00—5：59	11	2	5.5
6：00—6：59	31	2	15.5
7：00—7：59	67	4	16.75
8：00—8：59	80	4	20
9：00—9：59	77	4	19.25
10：00—10：59	72	4	18
11：00—11：59	49	3	16.33
12：00—12：59	61	4	15.25
13：00—13：59	72	4	18
14：00—14：59	74	4	18.5
15：00—15：59	79	4	19.75
16：00—16：59	74	4	18.5
17：00—17：59	69	4	17.25
18：00—18：59	79	4	19.75
19：00—19：59	78	4	19.5
20：00—20：59	71	3	23.67
21：00—21：59	44	2	22
22：00—22：59	36	2	18
23：00—23：59	17	2	8.5
合计	1178	74	15.97

诊断和基本优化方向：人均提枪次数明显高于本区域平均值的时段，说明人均劳动强度较大，应结合站内实际情况，考虑增加当班人数或优化排班；人均提枪次数与该时段内区域平均值持平，说明工作强度处于正常区间；若总体人均提枪次数低于本区域平均值，应加大油站的客户开发或者实行弹性工作制，提高人均劳效。

本区域内 20：00—20：59 人均提枪次数平均值为 20，表中相应时段人均提枪次数为 23.67，明显偏高，应结合实际情况进行优化。

六、流程标准（平均）时间比

流程标准（平均）时间比是指顾客从进站、停车、沟通、加油、付款到离站等各环节所需的时间与多个顾客不同环节的平均时间长度比值。该指标是判断现场服务效率的主要参考。

测算方法：样本顾客实际环节用时与顾客标准（平均）环节用时的比值。数据测算主要依靠现场采集或视频采集，统计1天中高峰期的15位顾客的样本时间，高峰期15位顾客的样本时间均值为平均环节用时。

取数说明：根据柴汽比求取，例如柴汽比=3∶1，则汽油的样本个数=15×[1/(3+1)]，四舍五入取整数；柴油样本=15-汽油样本数。先列出汽油样本，后列出柴油样本。

诊断和基本优化方向：若样本顾客的全流程实际时间与平均实际时间的比值大于1，反映该样本在某个分项流程的用时过长，进一步分析分项流程的时间比，找到效率较低的环节和存在问题，提升该环节的服务效率。若样本顾客的全流程实际时间较平均实际时间的比值小于等于1，应进一步观察分项流程时间比是否有大于1的情况；如果有，应对该环节的效率进行提升。滚动抽取样本测算平均流程标准时间，循环发现平均水平以下的样本顾客消费过程中存在的问题，持续优化各流程作业效率。

例如，湖北某加油站某天不同顾客的各流程时间统计情况见表2-11。该站全流程平均时间133s，顾客2、顾客3、顾客4、顾客5显著偏高。顾客5用时最长为171s，其中消费付款开票环节超时严重。

表 2-11　湖北某加油站流程标准（平均）时间比统计表

样本名称	实际时间 s	进站，s	停车 s	等待沟通，s	加油 s	消费付款开票，s	离站 s
顾客 1	158	5	8	50	50	30	15
顾客 2	128	4	20	20	60	15	9
顾客 3	121	5	6	20	60	10	20
顾客 4	119	10	9	22	60	8	10
顾客 5	171	5	12	22	62	60	10
顾客 6	127	10	13	25	40	13	26
顾客 7	129	8	11	30	45	15	20
顾客 8	127	7	7	23	50	20	20
顾客 9	134	5	12	25	53	20	19
顾客 10	116	6	11	18	48	14	19
平均（标准值）	133	6.5	10.9	25.5	52.8	20.5	16.8

原因分析：在加油及消费付费开票环节用时高于标准时间的顾客数量较多，表明进站后加油现场服务及便利店前台效率有提高空间。

七、枪量匹配比例

枪量匹配比例是指加油站配置的不同品号油品加油枪数量的比例，分为汽柴枪量匹配比例和品号枪量匹配比例两个指标。用途是科学地设置加油站各品种油品加油枪数量、各品号油品加油枪数量。

测算方法：汽柴枪量匹配比例为汽油销量与汽油枪流速的比值除以柴油销量与柴油枪流速的比值。品号枪量匹配比例的计算类似，用 92 号：95 号：98 号的销量与枪流速比值来表示。两种枪量匹配比例统计如表 2-12 所示。

表 2-12　枪量匹配比统计

汽柴枪数影响因素					柴汽枪量匹配比例（柴油枪量/汽油枪量）
汽油销量 L	柴油销量，L	柴油枪流速	汽油枪流速	—	
		L/min	L/min		
27300	11000	26.7	25		0.17
品号枪数影响因素					品号枪量匹配比例（92 号/93 号：95 号/97 号：98 号）
92 号/93 号销量 L	95 号/97 号销量，L	98 号销量 L	92 号/93 号枪流速	95 号/97 号枪流速	98 号枪流速	
			L/min	L/min	L/min	
17562	9524	214	27	25	26	2：1：1

诊断和基本优化方向：若加油站现场实际汽柴油加油枪数量比例、不同品号汽油的加油枪数量比例与诊断出来的汽柴枪量匹配比例、品号枪量匹配比例不符，应根据诊断结果对现场油枪配置进行调整。

八、卸油影响率

卸油影响率是指卸油工作对加油站销量的影响程度。该诊断指标只针对卸油停机站点，用于确定加油站卸油工作对效益的影响。

测算方法：未卸油日对应时间段正常销量同卸油日全天实际销量和未卸油日对应时间段正常销量的总和的比值。其中，有效小时加油时间＝60×平均加油枪效率。数据周期为最近 1 周。

诊断和基本优化方向：若卸油影响率大于 0，则应该注重卸油效率优化，开展卸油不停机或者错峰卸油。对于已经开展卸油不停机的加油站，可以酌情评估效果，适时调整。

例如，湖北某加油站卸油停枪（表 2-13），综合影响率为 1.52%，约影响销量 322L/d，诊断结果为卸油停机对本站销量造成一定影响。因此应当适当开展卸油不停机或错峰卸油。

表 2-13　湖北某加油站卸油影响率

时间	卸油开始时间	结束时间	未卸油日对应时间段正常销量 L	卸油日全天销量 L/d	卸油日全天理论销量 L/d	卸油影响率，%
周一	8：41：20	9：10：01	350	20076	20426	1.71
周二	11：14：44	11：28：10	451	22271	22722	1.98

续表

时间	卸油开始时间	结束时间	未卸油日对应时间段正常销量 L	卸油日全天销量 L/d	卸油日全天理论销量 L/d	卸油影响率，%
周三	12：41：10	13：10：10	336	22716	23052	1.46
周四	10：14：10	10：42：01	289	20048	20337	1.42
周五	9：25：02	9：43：02	302	20554	20856	1.45
周六	10：12：05	10：45：02	189	20193	20382	0.93
周日	10：07：02	10：35：02	336	19967	20303	1.65
平均	—	—	321.86	20832.14	21154	1.52

九、枪位匹配比例

枪位匹配比例是指加油站某品号加油枪数量与覆盖车位数的匹配程度。用于科学地判定某品号加油枪数量是否冗余、不足或车位有效程度。

测算方法：用某品号枪覆盖的有效车位数占总车位数的份额除以该品号加油枪提枪时间占全品号合计提枪时间份额，获得的比值就是该品号的枪位匹配比例。其中，加油枪提枪时间要用加油枪出油升数与该品号油枪最大流速的比值来测算。

以每个车位为单位，计算该品号枪所占覆盖该车位所有枪数量的比例并求和。例如，某站设两个车位，一号车位能够被2把92号、1把95号、1把98号加油枪覆盖，则一号车位对于92号枪的有效车位数为1/2，95号枪的有效车位数为1/4；二号车位能够被2把92号、2把95号加油枪覆盖，则二号车位对于92号枪的有效车位数为1/2，95号枪的有效车位数为1/2；则该站92号枪的有效车位数为1，95号枪的有效车位数为3/4。

诊断和基本优化方向：若某品号枪位匹配比例<0.8，说明该品号加油枪数量较车位数量冗余，应减少该品号加油枪并考虑增加其他品号加油枪，或增加该品号车位划线；若0.8<某品号枪位匹配比例≤1.2，说明该品号加油枪数量与车位数量较为匹配；若某品号枪位匹配比例>1.2，说明该品号加油枪数量较车位数量偏少，应增加该品号加油枪。

十、人枪匹配比例

人枪匹配比例是指加油站高峰期当班人数与加油枪数量的匹配程度，用于科学地判定高峰期当班人数是否充足。

测算方法为：高峰期当班人数减1后，乘以每位当班人员能负责的4把加油枪，最后计算这一数值与加油枪数量的比值。其中，数值"4"是按照1个加油员最多负责4把加油枪进行考虑。依据如下：若加油站以配置两枪机为主，1个加油员可以照看就近的2台加油机；若加油站以配置四枪机为主，1个加油员可以照看1台加油机；若加油站以配置六枪机或八枪机为主，车辆引导和选择不同品号加油枪的工作量会增加。因此，按照1个加油员照看4把加油枪较为合理。

诊断和基本优化方向：人枪匹配比例小于1，需要灵活排班，适当增加高峰期人员；反之，可考虑适当优化人员。

十一、通行顺畅率

通行顺畅率是指加油站现有条件下的通畅程度，用于客观评判加油站是否通畅以及通畅程度。

测算方法为：实际车道数量与加油机排数的三倍加上1进行比值计算。

诊断和基本优化方向：若通行顺畅率大于1，说明该加油站车道可以保障站内的顺畅；若通行顺畅率小于1，有条件下建议增加车道数量，或是改造情况下，提前考虑。

十二、小时最大服务能力

小时最大服务能力是指理论情况下加油站最大的小时油品加注量，汽油、柴油分别测算。用于科学地标定各品号的小时最大加注能力，检验是否短时服务能力短缺。

测算方法：油枪数量、油枪最大流速、有效小时加油时间、枪位匹配比例、人枪匹配比例以及通行顺畅率的乘积。其中，有效小时加油时间=60×平均加油枪效率。

某加油站统计测算结果如表2-14所示。

表2-14　某加油站小时最大服务能力统计表

指标	汽油	柴油
油枪数量，把	24	4
油枪最大流速，L/h	1500	1600
有效小时加油时间，h	0.8	0.4
枪位匹配系数	0.6	
人枪匹配系数	0.5	
通行顺畅率	0.6	
小时最大服务能力，L	5184	460.8
小时最大服务能力（总），L	5644.8	

诊断和基本优化方向：

（1）服务能力充足型：小时最大服务能力>实际分时最大销量（取高峰期销量最高时对应的单位时间段（1h），如图2-4(a)所示。

（2）服务能力饱和型：小时最大服务能力≈实际分时最大销量，二者有1~2个接触

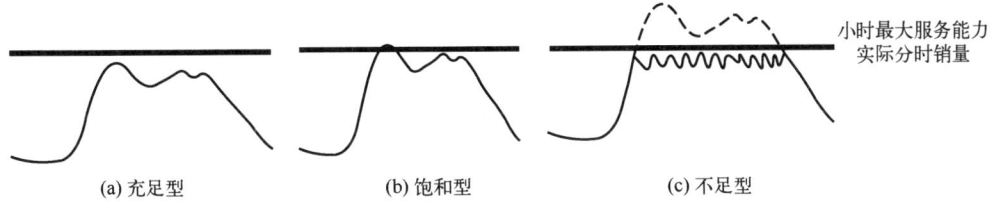

(a) 充足型　　　　(b) 饱和型　　　　(c) 不足型

图2-4　服务能力充足型、饱和型、不足型

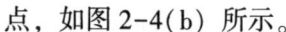

点，如图2-4(b)所示。

（3）服务能力不足型：小时最大服务能力≈实际分时最大销量，二者有2个以上接触点，出现这种情况，需增加加油枪数量提高加油站服务能力，如图2-4(c)所示。

第三节　站内体验（非油）诊断指标

以用户进站非油消费体验和站点提供非油消费服务能力为诊断主题，筛选出11个站内体验（非油）诊断指标，完成"站内体验（非油）"板块的诊断与优化。

一、非油客单价

非油客单价指每笔非油交易的平均销售额，该指标用来评估加油站非油销售水平。

测算方法：非油销售收入与非油交易笔数的比值。

诊断和基本优化方向：对该指标进行横向、纵向对比，用来评估加油站非油销售水平。与区域相同吨级站点进行横向对比，比较来看可以诊断该站非油销售水平，若指标偏低，该站则需要加大开口营销力度，提高非油销售能力。

例如某站（表2-15）前12个月平均非油客单价121.08元，各月份之间变化较大，需要结合店内促销活动等因素进行分析，同时需要与区域相同吨级站点进行横向比较。前推第7个月时出现极大值，客单价达到387.64元，发现该站当月开展力度较大的促销活动。

表2-15　非油客单价测算表

月份	非油销售收入，元	非油交易笔数，笔	非油客单价，元
前推第12个月	152504.52	3194	47.75
前推第11个月	125258.35	3103	40.37
前推第10个月	88360.08	971	91.00
前推第9个月	110513.87	443	249.47
前推第8个月	440189.17	2221	198.19
前推第7个月	586108.54	1512	387.64
前推第6个月	84573	1363	62.05
前推第5个月	108789.28	1305	83.36
前推第4个月	88128.68	1094	80.56
前推第3个月	86309.33	1125	76.72
前推第2个月	96728.73	1030	93.91
前推第1个月	39559.89	941	42.04

二、吨油非油收入

吨油非油收入是指加油站非油销售收入与油品销量的比值，用于评判加油站油品与非油销售的匹配程度或者油非转化效果。

测算方法：非油收入与油品纯枪销量的比值。

诊断和基本优化方向：若吨油非油收入处于上升态势，说明该站油非互动效果较好；若吨油非油收入处于下降态势，应进一步分析进站、进店客流及非油营销活动、商品种类、商品陈列、店内氛围等方面是否能够吸引客户购买非油商品并做出优化。

例如，某站某月吨油非油收入为 170.55 元/吨，比过去一年本站的平均值 641.80 元/吨低 471.25 元/吨；比过去半年的平均值 734.60 元/吨低 564.05 元/吨；比近 3 个月的平均值 351.41 元/吨低 180.86 元/吨。整体下降趋势明显，应进一步分析进站、进店客流及非油营销活动、商品种类、商品陈列、店内氛围等方面是否能够吸引客户购买非油商品并做出优化。

三、平效指数

便利店平效指数指便利店平均每平方米创造的商品销售收入，该指标用来评估加油站的非油创效能力。

测算方法：非油销售收入与便利店面积的比值。

诊断和基本优化方向：如表 2-16 所示。

表 2-16　诊断目标站对比标准站或区域平均水平及优化方向

便利店平效指数比较	面积比较	优化方向
低	大	丰富商品品种；提升商品陈列；加强开口营销；打造现场氛围；增加功能性服务
低	小	增加便利店纵向陈列；加大提篮销售；便利店改造或装修；加强开口营销
低	相当	优化商品品种；提升商品陈列；加强开口营销；打造现场氛围
相当	大	丰富商品品种；增加功能性服务
相当	小/相当	重新选择对标加油站或对标区域
高	大/小/相当	重新选择对标加油站或对标区域

例如，某加油站平效指数（表 2-17）70.29，比竞争对手平均水平 13.52 高 56.77，便利店面积 180，大于竞争对手平均水平 67.75，该站平效指数较好，与竞争对手平效指数有一定的优势，建议维持现状。

表 2-17　便利店平效指数统计表

站点	面积，m²	商品销售收入，元	便利店平效指数
诊断站点便利店	180	12652	70.29
A 加油站	25	278	11.14

站点	面积，m²	商品销售收入，元	便利店平效指数
B 加油站	37	613	16.57
C 加油站	29	373	12.86

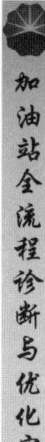

四、商品陈列效率

商品陈列效率指不同非油品类对于加油站非油收入的贡献大小和陈列空间占比的关系，该指标用来比较各品类的收入贡献与陈列面积占比是否匹配。

测算方法：收入贡献度与陈列货架占比的比值。

诊断和基本优化方向：

若品类陈列效率大于1，表明该品类利用较少的陈列面积（数量）贡献了较大收入，作为打造动线的引流商品；

若品类陈列效率等于1，表明该品类收入贡献与陈列面积（数量）贡献基本匹配，可维持陈列现状；

若品类陈列效率小于1，表明该商品浪费了陈列空间资源，可以适当减少陈列面积（数量）。

以吉林某加油站为例（表2-18、图2-5），本站家庭食品、包装饮料等陈列效率较高，该品类商品利用较少的陈列面积贡献了较大收入，可进一步加大陈列面积、陈列在黄金位置或作为动线引流商品放置在便利店远位，继续提高该类商品的营业收入。

本站速食、零食、香烟、奶类、酒类、饼干/糕点、面包、个人护理用品、汽车用品、糖果、日用品、清洁用品、通信/数码/电脑、润滑油类等陈列效率偏低，这些品类商品有较大的陈列面积但收入贡献不足，可适当减少该类商品陈列面积或加大促销宣传。

表2-18 吉林某加油站商品陈列效率统计表

商品品类代码	商品品类	销售数量个	销售贡献度	陈列货架数量	陈列货架占比	品类陈列效率
2201	香烟	1859	0.05	2	0.1	0.5
2020	润滑油	3	0	2	0.1	0
2004	奶类	1469	0.04	3	0.14	0.29
2005	酒类	449	0.01	1	0.05	0.2
2006	糖果	164	0	1	0.05	0
2007	零食	1070	0.03	1	0.05	0.6
2008	家庭食品	15417	0.4	1	0.05	8
2010	饼干/糕点	292	0.01	1	0.05	0.2
2011	面包	204	0.01	1	0.05	0.2
2012	速食	970	0.03	1	0.05	0.6
2013	日用品	15	0	0	0	0

续表

商品品类代码	商品品类	销售数量 个	销售贡献度	陈列货架数量	陈列货架占比	品类陈列效率
2014	清洁用品	67	0	0	0	0
2017	通信/数码/电脑	1	0	0	0	0
2015	个人护理用品	733	0.02	3	0.14	0.14
2019	汽车用品	833	0.02	3	0.14	0.14
2002	包装饮料	15153	0.39	1	0.05	7.8

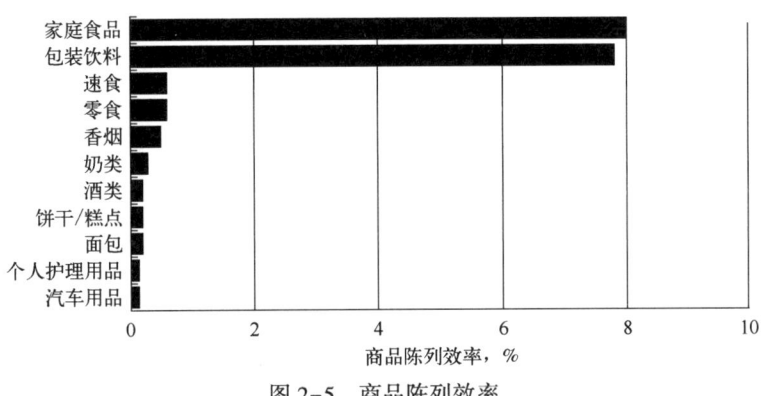

图 2-5　商品陈列效率

五、未动销商品序列

未动销商品序列是指根据未动销时长由多到少排序的商品明细，范围是过去 30 天以上没有销量的商品，该指标可以用来动态优化便利店商品种类。

诊断和基本优化方向：对于未动销时长过长的商品，可考虑促销或者下架该商品。

以吉林某加油站为例，本站超出 30 天商品 182 件，属于需加快促销商品；超出 90 天商品 100 件，属于过季商品；超出 200 天商品 55 件，属于不适合本商圈的商品。建议结合便利店实际销售情况，更换或下架以上单品。本站部分未动销商品序列如表 2-19 所示。

表 2-19　未动销商品排序统计表

单品名称	时长 d	单品名称	时长 d	单品名称	时长 d
菲米索菲雅厨房 5 件套	363	美泰托马斯朋友合金小火车	159	北大仓小小部优酒	43
昆仑天鸿柴油机油 CD 40	327	赫曼德吉伦多锅具 2 件套	155	清风超质感手帕	42
瑞德家用工具 24 件套	313	赫曼德蒸蒸宝双层蒸锅	135	金号面巾	42
金皓毛巾	313	立白天然柔护皂粉	132	昆仑天工抗磨液压油（高压）	42
尖叫（活性肽）功能饮料	270	清风原木卷筒纸 10 卷	129	清风 20AT8MB	42
星辉 1：14 宝马 I8 架每个	214	好丽友呀土豆牛排味	91	鲜乐福刀削面雪菜笋丝	41

单品名称	时长 d	单品名称	时长 d	单品名称	时长 d
玉泉酒业和谐清雅42度	204	梅林香辣凤尾鱼	84	昆仑天润 KR7 优质多级汽油机油	40
玉泉酒业和谐清雅32度	198	稻园牌国标一级稻米油	84	清风土黄金面巾纸	40
玉泉酒业玉泉方瓶	196	昆仑天威柴油机油 CH-4 15W-40	53	维达抽取式面巾纸	39
农夫山泉农夫果园30%菠萝芒果汁	191	怡口莲经典原味	50	维达盒抽面巾纸	38
昆仑天威柴油机油 CF-4 5W-30	186	昆仑之星通用锂基润滑脂3号	50	清嘴含片（草莓味）	36
清风双效湿巾绿茶茉香	171	稻园国标三级稻米油	50	立白去渍霸洗衣液	36
清风绿茶香芋手帕纸	171	银鹭好粥道玉米粥	46	达能牛奶香脆饼干原味	33
维达172克中国强卫卷	168	好奇小子滤网杯	43	恒大冰泉长白山天然矿泉水	33
美泰风火轮火辣小跑车	159	好丽友巧克力派	43	青岛啤酒12度奥古特	32

六、非油销售高峰期

非油销售高峰期指客户集中购买非油商品、交易笔数呈现高位的时段。该指标用来科学地测定非油高峰低谷时段，可结合油品销售规律进行分析。

测算方法：根据分时段曲线上某一点来界定是否为非油销售高峰期。

诊断和基本优化方向：若非油高峰期、油品高峰期匹配，可维持现状；若非油高峰期、油品高峰期不匹配，需要加大非油销售力度。例如某站非油销售高峰期如图 2-6 所示、分时段油品销量情况如图 2-7 所示。

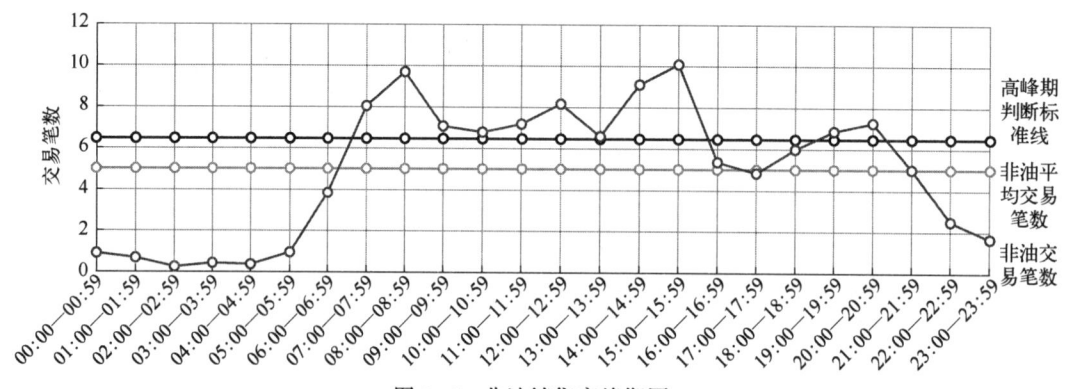

图 2-6　非油销售高峰期图

该站分时段油品和非油销售高峰时段情况较一致，其中 07：00—16：00、19：00—20：00 两者重合，维持现状即可。

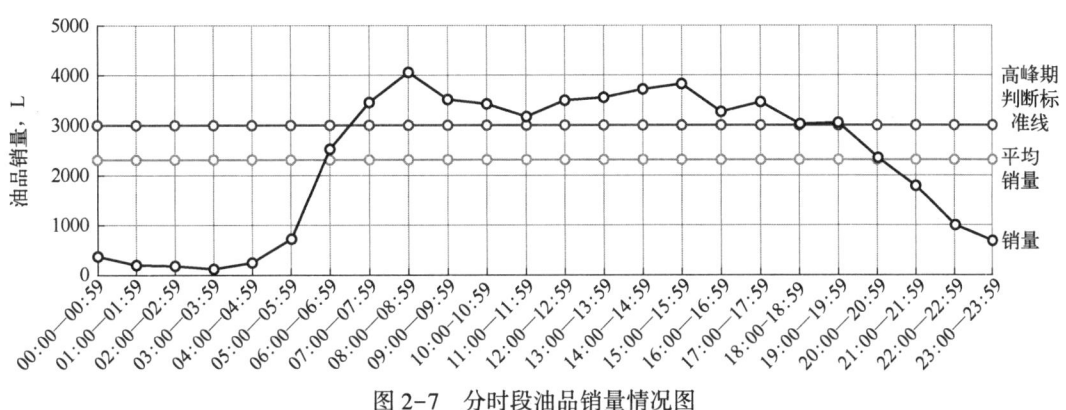

图 2-7　分时段油品销量情况图

七、分时段油非转化率

分时段油非转化率指不同时间段到站加油客户同时购买非油商品的比例，该指标用来判断各时段非油营销的效果。

测算方法：分时段非油交易笔数与油品交易笔数的比值。

诊断和基本优化方向：油非转化率低于全天平均水平的时段，应加大非油营销力度。

某站的分时段油非转化率如图 2-8 所示。

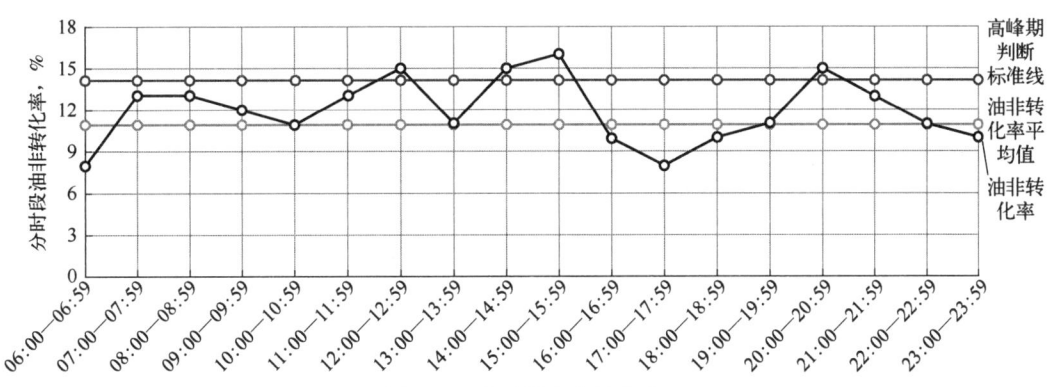

图 2-8　分时段油非转化率

该站在 6：00—7：00、16：00—19：00 等时段未能在加油顾客较多时间段内实现更多的非油转化，应加大现场开口营销或礼包推介，必要时增加临时促销人员。

该站在 7：00—16：00、19：00—22：00 等时段将进站油品顾客较好地转化为了非油顾客，油非转化率较高，应继续保持。

八、人均油非量效关联指数

人均油非量效关联指数指分别测算分时段人均提枪次数与分时段客单价的相关系数 $r(x,y)$，以及分时段人均提枪次数与分时段油非转化率的相关系数 $r(x,z)$，这两个相关系数的平均值即为关联指数。该指标用来评估员工是否能够兼顾油品、非油营销两方面的工作。

测算方法：分时段人均提枪次数、分时段客单价、分时段油非转化率在某一比例下的关系。

诊断和基本优化方向：-0.2≤人均油非量效关联指数≤0.2，表明非油营销力度全天较为稳定，维持现状即可；人均油非量效关联指数<-0.2，表明员工油品销售劳动强度较高，已经对非油销售产生了负面影响，应增加加油高峰期时段的当班人数，加强高毛利商品的营销；若人均油非量效关联指数>0.2，表明员工在油品销售劳动强度较低的时段非油销售效果不好，应加强油品销售高峰期以外时间的非油营销。

例如某站经过测算 $r(x,y)$ 系数为 0.08、$r(x,z)$ 系数为 0.73，经计算人均油非量效关联指数为 0.40，该数值大于 0.2，表明该站员工在油品销售劳动强度较低的时段，非油销售效果不好，应加强油品销售高峰期以外时间的非油营销。该站分时段人均提枪次数、分时段客单价、分时段油非转化率情况如表 2-20 所示。

表 2-20　人均油非量效关联指数统计表

销售时段	分时段人均提枪次数 x，次	分时段客单价 y，元	分时段油非转化率 z，%	$r(x,y)$	$r(x,z)$	人均油非量效关联指数
00：00—00：59	15	33.5	9			
01：00—01：59	14	12.5	9			
02：00—02：59	6	28.6	6			
03：00—03：59	7	19.5	6			
04：00—04：59	11	40.6	4			
05：00—05：59	29	36.8	3			
06：00—06：59	69	29.4	4			
07：00—07：59	103	23.6	5			
08：00—08：59	134	50.3	5			
09：00—09：59	123	47.75	8			
10：00—10：59	130	40.37	8			
11：00—11：59	1112	91.00	8	0.08	0.73	0.40
12：00—12：59	121	249.47	8			
13：00—13：59	121	198.19	9			
14：00—14：59	123	387.64	9			
15：00—15：59	127	62.05	8			
16：00—16：59	125	83.36	7			
17：00—17：59	125	80.56	5			
18：00—18：59	112	76.72	7			
19：00—19：59	107	93.91	8			
20：00—20：59	97	42.04	6			
21：00—21：59	78	57.75	8			
22：00—22：59	52	46.37	8			
23：00—23：59	34	32.9	8			
本站平均客单价		109.7				

九、非油潜在销售能力

非油潜在销售能力是以油品潜在销量为基础，按照全天24h中区域平均油非转化率的1.2倍、区域平均客单价的1.2倍测算出来的非油销售额。该指标用来评估非油销售提量空间。

测算方法：油品潜在销量与全天平均单车加油量的比值乘以区域平均油非转化率以及区域平均客单价。

诊断和基本优化方向：若站内非油潜在销售能力显著大于非油实际销售额，表明非油销售仍有较大提量空间。

例如某站当前实际收入（3094元）小于理论潜在销售能力（6044元），诊断为实际收入低于潜在销售能力，尚有挖潜空间。

十、品效指数

品效指数是指便利店经营不同种类商品的平均价值，用于了解不同加油站经营商品的收入情况，可指导加油站进行商品品类的调整，如引进新商品等。

测算方法：便利店收入与经营效率的比值。

例如某加油站品效指数明细如表2-21、图2-9所示。

表2-21 某加油站品效指数统计表

年月	非油销售收入，元	销售商品数量	经营天数	品效指数
2023-11	107527.92	3226	30	1.11
2023-10	99087.51	8789	31	0.36
2023-9	92324.85	8656	30	0.36
2023-8	119681.95	9364	31	0.41
2023-7	90642.32	6402	31	0.46
2023-6	89531.75	5360	30	0.56
2023-5	241568.24	7968	31	0.98
2023-4	504336.39	13731	30	1.22
2023-3	105275.54	6716	31	0.51
2023-2	81387.4	2558	28	1.14
2023-1	93391.48	4671	31	0.64

该站品效指数较为平稳，没有明显波动。

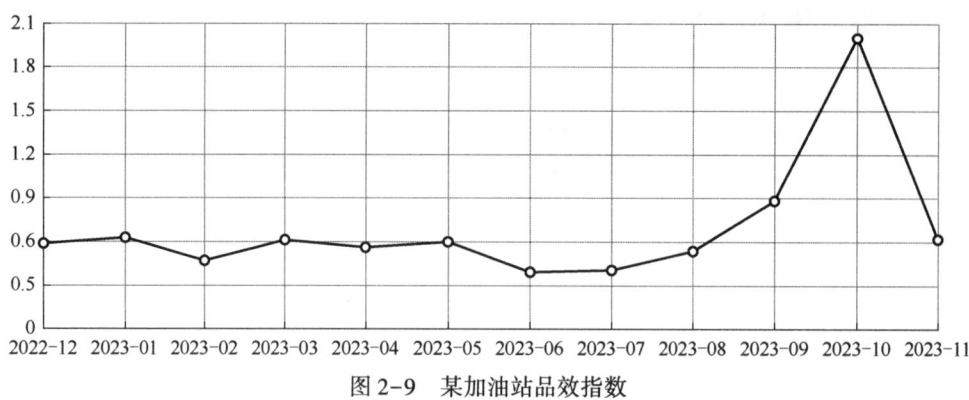

图2-9 某加油站品效指数

十一、商品贡献率

商品贡献率是指不同的非油商品为企业带来的销售效益情况，用以了解不同商品的销售效益。

测算方法：周转率与毛利率的乘积。其中，周转率=销售收入/平均库存，平均库存=（期初库存+期末库存）/2；毛利率=（销售收入-销售成本）/销售收入×100%。

例如某站的汽水等商品的商品贡献率如表2-22所示。

表2-22 商品贡献率统计表

	销售收入元	期初库存元	期末库存元	销售成本元	商品贡献率
可口可乐 汽水 330mL	56928.95	128092.03	35.89	41008.77	24.85%
昆仑之星 玻璃养护液 40℃全能型 1.68kg	54016.93	9883.45	3111.98	17555.62	561.14%
昆仑之星 AUS 32 柴油发动机尾气净化液 10kg/桶	41490.64	16596.56	2926.71	12789.85	294.02%
玉溪（软）20支	24479	891.15	2246.39	19319.03	328.92%
云烟（软珍品）20支	16041.8	768.32	183.45	12849.36	670.84%

第四节 离站诊断指标

以用户离站后的日常客户管理和站点运营管理为诊断主题，筛选出7个站内离站诊断指标，完成"离站诊断"板块的诊断与优化。

一、客户净推荐值

客户净推荐值指将持卡活跃客户作为访问对象，其中推荐中国石油品牌人数占比与批评该品牌人数占比之差，用来了解持卡客户对品牌的忠诚度情况。

测算方法：推荐者与批评者的差除以样本人数。

诊断和基本优化方向：若上述结果为70%以上，表明情况非常好，公司拥有一批忠诚度高的好客户；若上述结果为50%～70%，表明情况还不错，继续保持；若上述结果为50%以下，表明需要注意改进产品或提升服务等吸引客户，并促使客户有意愿推荐其他客户消费。

例如吉林某加油站客户净推荐值为82.1%，属于情况良好，应继续保持，维护好客户忠诚度。

二、支付结构

支付结构是指加油站现金、IC卡、银行卡、互联网支付等金额占比，用来了解加油站客户构成，并引导客户逐步转化成会员客户。

测算公式为：现金支付额、IC卡支付额、银行卡支付额、互联网支付额、积分支付、电子券支付、其他支付之间的比值。

诊断和基本优化方向：加油站支付比例数据能够提供消费者支付渠道的信息。以此为基础可有针对性地为异业及三方合作等制定广告投放策略和推广策略提供参考。图2-10为某加油站支付结构统计图。

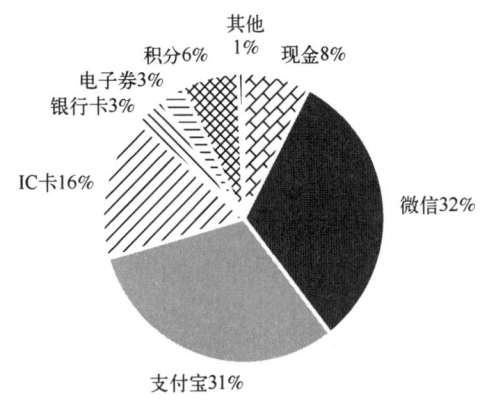

图2-10 某加油站支付结构统计图

由上图可知，该站客户通过微信、支付宝等移动方式进行支付的客户占比最大，分别为32%和31%。这表明，该站可以在支付宝和微信进行定向推广。具体而言，该站可在支付宝平台设置电子券；可在微信平台通过推送、客户服务群等形式进行针对性宣传。

三、油品卡销比

油品卡销比是指加油站持卡客户油品消费金额占全部客户消费金额的比例，用于评价加油站开发和维护客户的效果。

测算公式是：油品卡销售金额与油品总销售金额的比值。

诊断和基本优化方向：油品卡销比低于区域平均水平或有下滑趋势，应加大客户回访和维护力度，同时提升油站形象、服务水平，适时增加促销活动吸引客户。

例如某加油站，从趋势来看，2023年9月油品卡销比比过去一年的平均值21.34%高1.49个百分点；比过去半年的平均值23.07%低0.24个百分点；比近3个月的平均值22.85%低0.02个百分点。如图2-11所示。

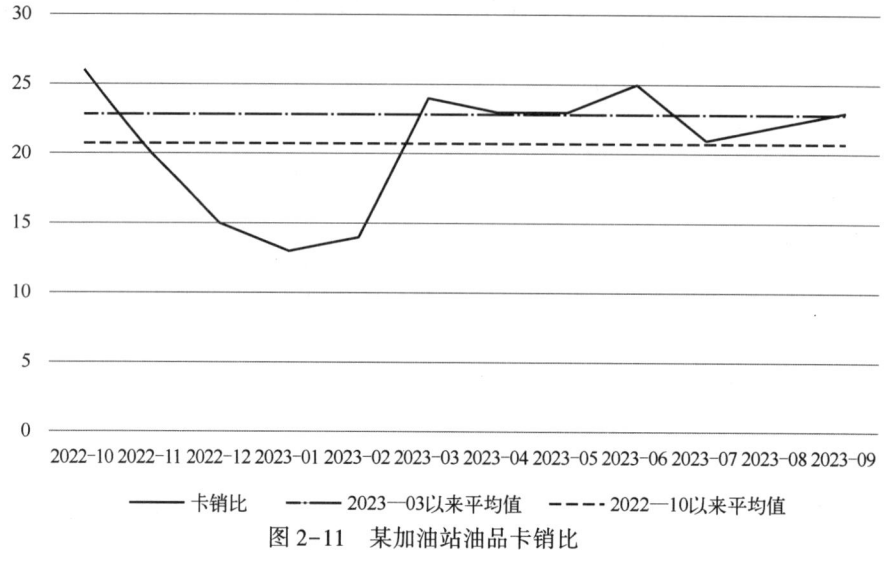

图 2-11　某加油站油品卡销比

四、合理用工数量

合理用工数量是指在目前加油站现状下最合理的员工数量，用于与加油站现有员工数量对比，作为减员或者增员的依据。

测算方法：主油业务目标用工人数与非油业务目标用工人数之和。主油业务目标用工人数等于当前用工人数与当前人均提枪次数的乘积除以人均日提枪目标，若当前人均提枪次数与目标次数差距超过20%，则按照差额的50%修正目标次数。非油业务目标用工人数等于月均店销毛利（万元）除以2。人均日提枪目标如表2-23所示。

表 2-23　人均提枪目标次数与单车加油量对应表

单车加油量，L	0~40	40~60	60~80	>80
人均日提枪目标，次	90	80	70	60

诊断和基本优化方向：若实际用工人数明显小于合理用工人数，应该考虑适当增加人员；若实际用工人数明显大于合理用工人数，结合加油站现场情况可考虑优化人员，节省费用。例如，某站当前主油业务用工人数7人，非油业务用工人数5人，当前人均日提枪次数为100次/（人·天），单车加油量为55L，便利店月均店销毛利为11.5万元。

该站单车加油量属于40~60L的区间，故人均日提枪目标应为80次。但该站当前人均日提枪次数为100次，与80次的差距为（100-80)/80＝25%>20%，因此该站人均日提枪目标数应为80+(100-80)×50%＝90次。该站主油业务目标用工人数为7×100/90≈8人。

该站月均店销毛利为11.5万元，故非油业务目标用工人数为11.5/2≈6人。

综上，该站合理用工人数为 8+6＝14 人，实际用工人数 12 人少于合理用工人数 14 人，应考虑适当增加人员。

五、合理排班比例

合理排班比例是指在现有员工数量及不同排班模式下，每班次的理论排班人数比例，用来指导加油站进行合理的人员排班。

测算方式为：班数、参与排班人数、班次时长、各小时提枪次数的比值。

例如某站合理排班统计如表 2-24 所示。该站参与排班总人数为 6 人，站经理、便利店主管、值班经理以及核算员不参与排班，作为机动人员；8：00—16：00 时段合理排班人数加上值班经理、便利店人员、机动人员等，整体较为合适；16：00—8：00 建议排班人数为 2 人，可结合管理需求适当优化。

表 2-24 某加油站合理排班统计表

参与排班总人数	6			
排班模式	3	班	2	倒
排班起始时间				
班次	排班起始时间	排班结束时间	平均小时提枪次数	建议/实际排班人数
1	8：00	16：00	24.45	4.29/7
2	16：00	8：00	9.75	1.71/2.5

六、员工激励指数

员工激励指数是指由与员工收入相关的 4 个分项指标的得分平均加权而成的指数，用于评估加油站员工收入对员工工作积极性的激励程度。

测算方法：员工收入相对当地居民收入比例、员工收入相对竞争对手员工收入的得分、员工收入中二次分配比例得分、员工收入相对站经理收入的得分之和。某加油站员工激励指数统计如表 2-25 所示。

表 2-25 某加油站员工激励指数统计表 元

分析目标	填报数据
本站员工平均年收入/所在地社会人均收入	81%
本站员工平均年收入/主要竞争油站员工年收入	93%
二次分配占员工收入的比例	20%
本站员工平均年收入/'本站经理平均年收入	56%
员工激励指数	62.5%

诊断和基本优化方向：

员工激励指数≥80%，表明本站员工激励到位，应保持现有分配方式；

60%≤员工激励指数<80%，表明本站员工激励一般，员工有流失风险，应针对得分较低的分项调整分配结构，表中激励指数62.5%，属于激励一般；

30%≤员工激励指数<60%，表明本站员工激励较差，员工流失大概率与收入有关，应提高分配总额并调整分配方式；

员工激励指数<30%，表明本站员工激励很差，应降低用工标准，并逐步提高分配总额及调整分配方式。

七、固定客户比例

固定客户比例是指月消费频次在2次及以上的客户油品消费量占比，用于掌握本站固定客户情况。

测算方法：固定客户加油升数与该加油站当月总加油升数的比值。

诊断和基本优化方向：若固定客户比例下降，且卡客户消费比例不足，应加大客户回访力度，了解客户需求或流失原因，适当开展营销活动，提高卡用户活跃度；若比例基本稳定，且大部分卡客户处于活跃状态，应继续加大非卡客户的转化率，建立客户消费长效机制；若比例基本稳定，但仍有部分卡客户活跃度不足，应加大客户回访力度，了解客户需求或流失原因，提高卡用户活跃度；若比例处于增长趋势，且部分固定客户为非持卡客户活跃度不足，应了解客户需求或流失原因，适当开展营销活动。

某加油站固定客户油品消费比例统计如表2-26和图2-12所示。该加油站固定油品消费比例与卡客户消费比例变动趋势大致相同。其中，2023年7月、2023年4月、2022年12月的固定油品消费比例与卡客户比例变动的差距均较大，应当重点分析。

表2-26　某加油站固定客户油品消费比例统计表

月份	总销量，L	出现2次消费及以上的总销量，L	固定油品消费比例	卡客户消费比例
前推1个月	13412	1746	13.02%	11.03%
前推2个月	15145	1104	7.29%	4.77%
前推3个月	13548	1457	10.75%	3.68%
前推4个月	14854	1224	8.24%	9.31%
前推5个月	13985	998	7.14%	8.08%
前推6个月	12445	1454	11.68%	9.02%
前推7个月	13254	1214	9.16%	9.22%
前推8个月	15141	1354	8.94%	8.76%
前推9个月	12681	1412	11.13%	11.08%
前推10个月	12115	1655	13.66%	9.03%
前推11个月	14410	1100	7.63%	6.05%
前推12个月	13540	1241	9.17%	10.34%
平均值	13711	1330	9.82	8.36%

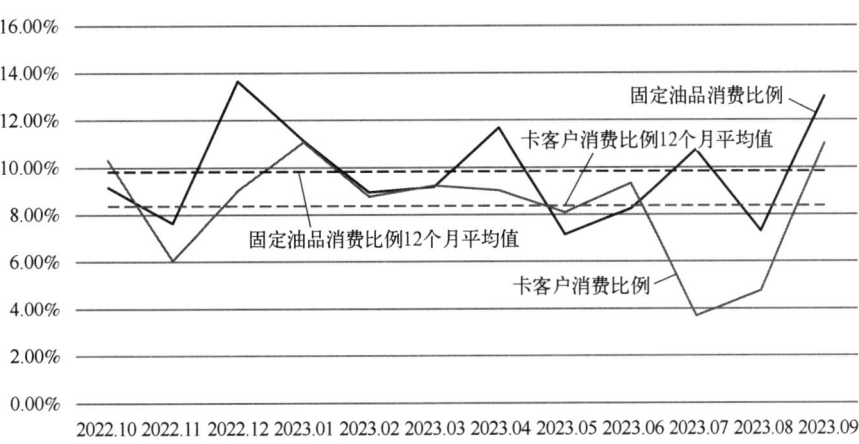

图 2-12　某加油站固定油品消费比例与卡客户比例统计图

第三章 优化措施设计

加油站诊断完成后，要对流程进行优化设计。优化设计要先从总体入手，在引客进站、油品销售、非油销售、客户维护、营销策略五类优化策略中选择并确定本站的核心优化目标，制定整体优化方案。再依据本站的具体诊断结果，提出针对性优化方案，帮助加油站增量创效。

第一节 总体优化

总体优化方案设计要求加油站利用全流程诊断与优化 2.0 系统，从整体视角找准加油站核心问题，在遵循优化原则的基础上，制定整体优化方案，充分挖掘站点销售潜力，提质增效。

一、优化原则

加油站全流程诊断与优化遵循"顶层设计、指标全面、实施科学、评价真实、增量创效"的基本原则，用于指导地区、地市公司对加油站进行整体优化提升。

顶层设计：应用先进的全流程诊断与优化 2.0 系统，立足于加油站全员、全方位、全过程诊断加油站现有问题，应用"五率"（进站率、加满率、油非转化率、顾客满意率、回头率）量化指标诊断加油站实际经营能力，提出整体优化方案，解决制约加油站运行的突出问题和管理短板，充分挖潜。

指标全面：宏观提取当地 GDP、车辆保有量等，微观测算进站率、加满率等，纵深年度经营数据，横向跨越 3km 商圈范围；内部排查设备设施、绩效管理、油非销售等方面存在的问题，外部摸排市场竞争，挖掘潜在销量。

实施科学：重在管理流程的优化，对制约销量提升的枪机匹配和现场设备设施等，实施优化改造；对提量效果不明显，改造投入大的改造项目要谨慎考虑，规避推倒重建，以投资收益为标准，以效率提升为依据。

评价真实：诊断小组成员高标准、严要求开展诊断优化工作，确保测算数据真实有效，科学测算增量空间，减少诊断误差。诊断后评价结合实际，结论真实可信。

增量创效：坚持以客户为中心，做好产品销售和市场营销，实现加油站增量创效目标。

二、优化措施

（一）引客进站优化（两个方法）

具体的引客进站引流方法分为线上引流和线下引流。线上引流包括直播引流法、福利引流法、内容引流法、社群引流法、互推引流法；线下引流包括提高站点视觉形象、提升站内氛围、加强客户开发等方式引流法、福利引流法。

（二）油品销售优化（三个环节）

在加油站进站引导、现场加油、付款结算三个环节上持续优化。进站引导环节着重在枪量、枪位、人枪匹配比例、卸油环节进行优化；现场加油环节重点措施围绕提升单车加油量、缩短现场服务时间、提升加油枪效率、优化人工劳效、提升小时最大服务能力进行优化；付款结算环节重点围绕适时开展促销活动、缓解加油站拥堵、提高通行顺畅率进行优化。

（三）非油销售优化（四个层面）

在加油站便利店商品选择、门店建设、陈列优化、油非互促四个层面开展优化。商品选择方面遵循以商圈定顾客、以顾客定商品，以商圈定品类、以品类定商品；门店建设方面强调商品优化、删补突拉❶、便利店类型和主题元素门店、促销氛围营造；陈列优化方面遵循商品陈列九原则❷、站店一体创意陈列；油非互促层面遵循以油带非、以非促油、以油促液、电子优惠券促销结合方式开展优化。

（四）客户维护优化（三类客户）

围绕潜在客户、忠诚客户、流失客户三类客户开展客户维护优化。潜在客户优化上，针对不同市场客户、不同类型加油站客户开发思路进行维护；忠诚客户方面，着重分析客户忠诚度理论学说的选择、关于客户忠诚度的影响因素，以及客户忠诚度的计算和分级忠诚客户运营的方向；流失客户强化对流失客户的数据分析、突出加油卡的作用挽回客户、有效利用一体化营销挽回客户、通过礼尚往来的方式挽回客户、通过油非互动的方式挽回客户、通过增强服务的方式挽回客户。

（五）营销策略优化（四种策略）

营销策略优化措施共分为不同类型市场、不同类型客户、不同类型站点、不同类型场景的四种营销策略。不同类型市场通过对不同区域公司的区域市场和市场地位进行定位和分析，可以针对不同省市市场特征及公司所处行业内具体位置进行精细化分析，并针对不同情况给出不同解决方案。针对不同类型的客户，结合 STP 理论❸，可以更好地理解其偏好与倾向性；根据客户的不同属性和行为，将客户划分为不同的层级或组别，以便更好地

---

❶　删补突拉：删，删除低效（低销、滞销）商品；补，补充缺失（主体客户有需求而没有）商品；突，突出差异（较竞争对手）；拉，拉宽价格。

❷　陈列九原则："量""集""易""齐""洁""联""时""亮""色"。

❸　STP 理论：市场细分、目标市场选择和市场定位。

满足不同层级客户的需求和提高客户满意度。如客户分类为私家车客户、营运车辆客户、政府机关及企事业单位客户、运输车辆客户、工矿企业用油客户、农业用油客户、大型基建用油客户等。针对不同类型站点分为市内社区型加油站、外环及高速型加油站、郊区农村型加油站、旅游景区型加油站、交通枢纽型加油站、国省道型加油站、综合能源型加油站。不同类型场景则根据场景营销的定义、加油站场景营销、不同场景的营销策略进行优化。

（六）综合性优化

做好市场定位，整体优化运营。贴近市场需求定位对加油站进行分类管理，例如短期市场需求制约增量站点，强化合并管理、联站承包、间歇营业、夜间停业、业务外包、合理关闭等经营模式探索，提升营运效率，改善经营质量；持续优化网络布局，进行瓶颈站点的挖潜增效工作；农业区域站点以柴油需求为主，县城中心站以汽油销售为主，旅游城市以旺季旅游客户服务为主。

三、优化建议

（一）提量降费

1. 提高销量

（1）对于形象问题导致量效不足的加油站，要进行针对性的投资改造：

一是设备设施的改造，针对小站本身的标识问题、路面问题、现场问题、外包装问题等进行适度的整改。

二是单项功能提升，如郊区加油站可以在改造的基础上更进一步，发挥郊区加油站场地大、视野好的优势，进行重点功能打造，建设"司机之家"等。

（2）对于销量偏低、客户开发不足导致低效的站点，要通过分析市场、开发客户、主动营销等方式进行治理：

一是提高客户开发，利用小额配送、对外送油的方式拓展服务商圈半径，扩展客户来源。

二是丰富营销模式，结合本地市场规律，形成常态化的促销营销方案，充分使用联合促销、积分促销、抽奖促销等手段与顾客进行互动；引入微信、QQ、抖音、快手等信息化营销手段；通过现场与室内通话、提示板、现场堆头、海报宣传等营造和提升现场氛围。

2. 降低费用

受恶性竞争影响的加油站主要通过减员和降低费用达到效益提升的目的。按照这一思路减少加油站定编人员、提高在编员工收入，包括以下几种措施：

一是合并管理。即统一管理人员、统一食宿、统一排班，降低几座邻近加油站的总体费用。通过减少员工数量、增加员工收入，提高员工积极性，降低整体维修费用。

二是委托经营。根据地理位置以及加油站与客户的关系，选择部分加油站吸引企业进行合作。

（二）调整经营模式

对于受道路、市场变化及土地费用上涨影响而亏损的加油站，要通过逐个分析具体原因对经营模式进行调整。针对现有加油站的结构，进行提量创效方式的探索，借鉴包括合伙股份制承包、合作式经营、团队式承包等优秀经验，拓展思路和方法。

一是间歇营业。各公司对无法提量但又必须运营保持市场份额的站，实行间歇营业的治理模式。实行间歇式营业和叫醒式服务，合理降低可控费用。

二是转租。将公司拥有的加油站外租给控股公司或其他有资质的社会单位，外租的价格原则上保持站内盈亏平衡，由承租方自行办理工商登记、税务、组织机构代码证，依其成本优势和经营的灵活性，使油站扭亏。

三是承包。具体的承包方式包括个人承包、家庭承包，其中以夫妻站承包为主；联站承包；经营团队承包；第三方承包。

四是关停。关停或者退租本身亏损严重、又无发展潜力的站，同时明确无效低效资产的评估和清理方向，强化布局优化、有所取舍。

（三）优化激励机制

对于激励不足，人员积极性不高导致的低销量低效益站点，要通过激励考核机制的优化进行治理，提高人员主动性。

一是强化站经理权利。明确站经理的站内考核权、用人权、薪酬分配权、日常费用支配权、促销与价格建议的权利。

二是优化薪酬分配。用活有限的工资总额，形成"多销多得、多劳多得"的薪酬分配导向，提高浮动工资占比，建立油品、非油和卡营销一体化的升油挂钩体系，充分发挥激励作用。

第二节 引客进站优化

具体的引流方法分为线上引流和线下引流，线上引流包括直播引流法、福利引流法、内容引流法、社群引流法、互推引流法；线下引流包括提高站点视觉形象、提升站内氛围、加强客户开发等方式。

一、线上引流

（一）直播引流法

直播引流是指利用视频号、抖音、快手、淘宝等平台将产品以动态的形式展示出来，让用户更全面地了解产品，从而增加访问流量和客户黏性。优势在于动态的试听过程展示产品更加细节全面，可以与消费者产生直接互动。具体流程为内容策划、活动预热、观众引导、直播同步。

内容策划包括直播时长、开始时间、直播产品、重点讲解内容、封面选择、文案设计、预热方案等。活动预热即将直播信息在多渠道进行转发推广。观众引导包括引导观众关注、引导观众领券购买、运用话术技巧将观众变为粉丝等。

（二）内容引流法

内容引流是通过在各平台发布有价值的内容吸引精准用户的关注，用知识经验帮助用户解决需要解决的问题，并把用户吸引到指定的社交平台。内容引流法需要确定三个要素：产品的精准用户、用户的痛点和需求、自媒体平台选择。寻找精准用户首先要进行用户画像，确定产品的用户群体；其次是研究用户聚集的平台，不同平台有不同的属性和定位，包括年龄、文化、职业、性别、喜好等，对不同的用户类别选择对应自媒体平台进行精准投放。用户的需求和痛点决定投放内容，成功的转化成交建立在能够解决用户需求的基础上。

（三）社群引流法

社群引流是指通过社群运营手段，集合并活跃被商业产品满足需求的、以相同兴趣或价值观集结的群体，使他们与产品有持续、多频的联系。成熟的社群具有 IP 效应，能用最少成本、最快时间来驱动用户进行传播和引流。社群裂变是获取用户增长最快的方式，具体步骤是通过优惠产品、折扣向目标用户推广，吸引其进入社群，并驱动群成员通过社交关系邀请新用户进群，循环这一过程。主要形式有公众号裂变、个人号裂变、群裂变、"群+个人号"裂变、"群+公众号"裂变、"群+个人号+公众号"裂变、"群+小程序"裂变。

（四）互推引流法

互推引流主要目标为非竞争产品，目标顾客群体属性大致相同，将对方产品推荐给自己的顾客，实现双方用户数量增加。具体步骤为确定产品的顾客属性、寻找具有共同属性顾客的合作目标、验证初步合作效果、深入合作。一般形式为朋友圈互推、公众号互推、短视频互推、直播互推等。

渠道客户引流最重要的是差异化。渠道客户是指网约车、出租车等社会车辆群体，这些客户可能并不属于加油站所在商圈，但是加油需求大，有一定的小群体特性，加油站可对其添加单独的标签，制定差异化营销策略。

二、线下引流

（一）提高站点视觉形象

现场改造。加油站现场改造主要以进出口、加油区地面、站房围墙等区域为主，通过微改和技改等措施来提升加油站视觉形象。加油站进出口可安装明显的多功能车辆进出指示牌，标识进口和出口的位置。同时，可在指示牌下方安装加油站主要功能提示牌，如24小时卫生间、便利店、洗车等，方便顾客第一时间了解加油站的服务设施。为防止进出口拥堵和事故发生，可用黄色防腐油漆在进出口地面划分出禁停标志，以确保车辆不会在此处停车，提升车辆进站效率。在加油区域除了配置油品导向牌外，应注重地面引导线的规划，根据加油机的品号配置，用对应油品的品号颜色的防腐油漆规划出醒目的加油停车位，提升车辆通过率及加油效率。加油站现场两侧有大面积围墙，除了可放置墙体广告展示外，还可通过墙体手绘来增添视觉艺术效果。

夜间亮化。主要为加油站各功能区灯光的开启及应用，如立柱站牌灯箱、罩棚及檐口标识、品牌柱照明、商品货架灯源、高端商品特写灯光等。根据季节变化加油站要按时开启各功能区灯光。室外灯光要以高亮度能够照清各区域为标准，可通过在进出口设立灯箱引导牌，设置墙体广告灯箱来提升加油站夜间辨识度。室内便利店照明应该侧重对光的亮度、色温、显色性等方面进行研究，以暖白光等暖色色调为主，营造出一个舒适温馨富有引导性的商业照明环境。

电子屏应用。室外在进出口两侧及加油站立柱站牌上放置广告牌电子屏和 LED 内嵌电子显示屏，车辆在远处就可以清晰地看到站内的服务内容及促销信息，所属内容一目了然。若加油站能见度较低，也可通过在邻近加油站道口或距加油站 500~1000m 的位置设置道路指示牌。室内通过电视及 POS 机副屏等媒体设备循环播放当期主推活动及非油促销品宣传片，第一时间触达客户感观。在电子屏的应用上，不局限于固定区域的展示，也可以采用移动电子屏，灵活摆放于所属区域，更好地展示相关内容。

（二）提升站内氛围

开口氛围。是指员工为客户服务过程中，通过开口营销来营造出一个良好的销售氛围。在开口营销过程中，要避免机械式开口，可根据不同类型的顾客制定营销话术，开口时要讲时机，巧开口，学会"察言观色"，细心关注顾客的每一句话、每一个表情和动作，揣摩顾客心理和需求，用心服务于每一位顾客，从而达成销售，提升顾客满意度及进站率。

声效氛围。是指通过加油站现场播放的油品、非油品宣传音频等内容，让这些促销信息最直接地触达客户。在宣传信息音频播放中，应更加注重背景音乐的播放。音乐是影响消费者购物感受的一个重要因素，它有极大的情绪感染力和情感传递功能，在便利店内播放舒缓心情的轻音乐可营造购物气氛，迎合顾客心理，宣扬品牌文化，疏解顾客情绪，为消费者提供休闲的氛围，更人性化，给人亲切感，提升顾客消费体验。

视效氛围。是指根据季节、节日、商品等特点，在加油站室内外通过装饰营造出视觉效果，良好的视觉效果可以刺激消费者的视觉进而达成销售。室外可以通过 LED 灯箱、墙体广告、移动水旗、海报展架、移动广告牌等来营造销售氛围。室内要根据整体布局考虑装饰物吊挂、灯光、橱窗广告等的应用。如在吊顶处悬挂吊旗、挂商品 POP、挂气球等，烘托便利店内的环境气氛；在货架上、堆头上，增加促销牌、POP 手绘牌、跳跳卡等，提升产品的内涵和气质，增强产品吸引力。同时，在陈列商品时应注意商品间的色彩搭配，冷暖色调宜组合搭配，对于包装雷同的商品要注意区分，以免造成顾客视觉上的混淆。

（三）加强客户开发

社群营销。是指加油站通过建立和发展社群用户来实现品牌推广和销售增长的营销方法。在建立社群营销过程中，首先要进行的工作是用户画像，加油站首先要弄清楚哪类群体会成为目标用户，他们具有哪些属性与特征。根据不同群体设立对应的标签，从而找到精准用户群体，再基于一个点、兴趣和需求将大家聚合在一起组成社群。通过前期的社群推广法找准用户的需求点，将客户引流到线下，从而可以更清楚地把用户分为进站未购买、进站已购买和已购买未引流的老用户，针对不同类型的用户，设置不同营销策略，最后在积累了一定的忠实客户以后，就可以通过裂变让其帮助我们实现曝光，再度获取新的精准客户。

商圈客户维系。是指依据加油站所在的区域位置、距离、周边人口密集度、交通状况等情况进行充分调研，并按照这些客户属性划分商圈等级，对商圈内的客户进行维护。商圈的等级可大致分为三级，一级是客户距离加油站不远，来店频次较高的；二、三级是客户距离加油站2~4km，同时也会选择附近其他竞争企业的客户。对此，要针对商圈内的客户建立一个完整的客户档案，了解顾客个人及单位情况，确定潜在消费能力；根据顾客性格特点，确定合适的交流方式，按期对客户进行走访交流，了解客户在不同时间段的需求。同时，要时刻关注固定客户的消费规律，如客户加油或购物习惯发生变化要进行密切跟踪，避免客户流失，对于重点客户要"一客一策"进行维护。在客户维系过程中，一定要注重服务细节，要从客户的角度看问题，如遇到有客户提出异议或诉求时，要做到不推诿、不怠慢，尽快帮客户想办法解决问题，以亲情服务实现情感营销，从而提升用户体验，提高商圈客户的黏性和忠诚度。

地推营销。是指在目标顾客聚集地，与顾客进行面对面推广的营销方式，特点是直接有效。地推的过程中直接将品牌和产品的信息呈现给顾客，收集到的流量都是对产品感兴趣的。地推的前期准备直接影响地推最终结果，准备工作分三个部分：调研准备、形象准备、话术准备。调研准备就是要去实地查看地推区域的详细情况，通过蹲、查、看、问的方式了解清楚地推地点和人群画像，然后根据这些情况准备好地推物料。形象准备则是根据行业特点选择适合的形象去地推，而提前准备好地推话术可以更好地让目标顾客接受信息。大客户适合采用地推法进行推广。

第三节　油品销售优化

油品销售包括进站引导、现场加油和付款结算三个环节。其中，进站引导主要通过采用多种手段提升加油效率；现场加油应灵活应对高峰与低谷期，结合促销提升加满率；付款结算则通过多元化支付和手持POS机增强顾客体验。

一、进站引导

通过现场设置可视化标识牌和地面引导线、高峰期增加人工引导车辆快速加油、现场车辆排队动线设计、优化加油机布局及根据客户消费占比分析优化油枪品号布局，为顾客快速加油，提升现场通行效率。

（一）优化枪量、枪位、人枪匹配比例

若枪量、枪位、人枪匹配比例不合理，应通过以下措施进行优化提升。

（1）硬件设备设施改造时，调整油品和油枪布局，加油机增设油品的预留接口（建议在新建站时预留备用油品管线，方便增减油品时使用）。

（2）延长加油枪胶管，确保覆盖所有的加油位。

（3）加油位设计，增减车位数量。

（4）结合加油站实际设置 1 机 2 枪、4 枪、6 枪等，使枪量比例更合理。

例如，甘肃 A 加油站高峰期人枪匹配比例统计如表 3-1 所示。高峰期人枪匹配比例为 0.75，小于 1，应考虑增加高峰期当班人数。

表 3-1 甘肃销售 A 加油站高峰期人枪匹配比例

合理用工数量统计表			
高峰期时间段（24h 制）	现场当班人数	加油枪数量	人枪匹配比例
07：00—07：59	4	16	0.75
08：00—08：59	4	16	0.75
09：00—09：59	4	16	0.75
10：00—10：59	4	16	0.75
11：00—11：59	4	16	0.75
12：00—12：59	4	16	0.75
13：00—13：59	4	16	0.75
14：00—14：59	4	16	0.75
15：00—15：59	4	16	0.75
16：00—16：59	4	16	0.75
17：00—17：59	4	16	0.75

提升措施：甘肃 A 加油站合理排班补充服务力量。制定高峰时段服务站位图，强化提升现场服务效率，高峰时段主要采取"2+1+1+1 纵向现场管理"模式，2 名加油员 1 人 1 纵排加油机，1 名机动员工协助和补位，1 名高峰班人员在进口处引导车辆，1 名正常班在出口处引导车辆以及兼顾反向车辆。纵向管理既能缩短员工跑动距离，又能兼顾进出口车辆动态，员工的工作时间缩短了，有效降低了劳动强度，也让顾客感受到"快进、快加、快出"的消费体验。

提升效果：高峰期加油单车流程时间缩短为 229s，同比缩短 31s。

（二）优化卸油影响率

如果未实施边卸边加工作，可通过错峰卸油手段，或结合枪量匹配程度科学地优化油枪品号及车位。

（1）加油机增加防水过滤芯，实现"边卸油边加油"，确保卸油不停油。

（2）优化二次物流的进油时间，时间调整为夜间低峰期，减少卸油造成的顾客进站等待。

二、现场加油

通过低谷期标准加油服务，适时推荐加油卡及当季热销商品；高峰期关键岗位补位服务，现场员工团队合作提供快速加油，以削高峰提效率为主；配以适当促销活动提升单车加满率，以此把握销售节奏，提高顾客进站加油消费体验，提升顾客满意率。

（一）提升单车加油量

若单车加油量持续下降，应对下降的品号进一步分析、优化。并通过以下措施进行提升。

（1）利用"中油好客e站"APP和小程序开展赠送电子满减券活动，吸引客户提升加满率。

（2）增加"加满"为条件的促销活动，员工现场积极开口销售，引导鼓励客户加满。

（3）加油站优化营销可增设增值服务，例如洗车、汽车维修、保养及"加满赠送服务"，提升现场客户的满意度。

（4）通过对周边商圈客群的调研，可在站内开展有针对性的"油非互促换购"活动，引导顾客参与，实现单车加油量的提升。

（5）通过客户管理系统（CRM）系统进行精准营销，培养客户忠诚度。

（6）加大员工的油品绩效考核力度，激励员工现场"跑起来"，提升员工的积极性。

例如：甘肃B加油站汽油单车加油量为30.72L，较区域平均值31.80L低1.08L，较全省同类型站平均值31.47L低0.75L。加满率低于平均水平，反映出本站员工开口营销力度不足，需要多开展针对性的加满促销活动，提高顾客汽油单车加油量。

提升措施：B加油站强化对员工每月促销策略及针对"加满推荐"话术的培训，开展班组营销竞赛，提升员工促销热情与积极性；开展全员营销，大力推荐中油好客e站APP电子券和洗车服务提升汽油加满率；加油站经理组织对区域市场进行认真研判，向地市公司申请对使用电子加油卡客户开展汽油满额折扣优惠活动，吸引客户进站以此提升加满率。

提升效果：加油站汽油加油量提升至32.22L，较区域平均值31.8L提高0.42L，客户汽油加满率得到有效提升。

（二）缩短现场服务时间

若单车平均流程时间较长，应通过以下措施进行提升。

（1）加油站稳步提升电子卡办理，提高移动支付比例，实现快进、快加、快出，从而提高加油效率。

（2）加油现场增设收银POS机，提升收银效率。

（3）提倡电子发票的应用，设置开票二维码，增加自助开票助手，提升开票效率。

（4）汽油顾客站内用时主要集中在进站、停车、等待、消费付款开票4个环节，需对以上4个环节进行优化。

（5）加油站综合分析，优化各流程的服务效率。比如通过场地划线和人工引导车辆顶前加油，实现一机四枪或多枪同时加油，且加完油将车辆及时引导至临时停车位，减少车辆排队等候时间。

　　例如：C加油站全流程合计实际时间较平均实际时间比值大于1的样板顾客有20位；进站环节5位，停车环节有4位，等待/沟通环节有1位，加油环节有3位，消费、付款、开票环节4位，离站环节3位。该站场地较大，且加油位离便利店较远，除了加油环节以外，在付款环节时间会较多一些，应积极引导顾客移动支付、ETC支付等多种快速支付方式。

表3-2　C站流程标准（平均）时间比

内容	指标对比	进站：车辆从入口减速带至加油区（加油站罩棚下方）	停车：车辆进入加油区至车辆熄火	沟通：车辆熄火至加油枪放入油箱	加油：加油枪放入油箱至加油枪取出	付款：加油枪取出至车辆启动	离站：车辆启动至驶离加油站出口	
		进站	停车	沟通	加油	付款	离站	合计
平均时间，s		10.5	10	17.5	102	73	14.3	
顾客1	实际时间，s	7	6	14	88	32	19	166
	时间比	0.67	0.6	0.8	0.86	0.44	1.33	0.73
顾客2	实际时间，s	9	6	16	99	36	12	178
	时间比	0.86	0.6	0.9	1	0.5	0.8	0.8
顾客3	实际时间，s	11	7	17	93	47	10	185
	时间比	1.05	0.74	1	0.9	0.65	0.7	0.82
顾客4	实际时间，s	8	14	18	106	48	11	205
	时间比	0.76	1.49	1	1	0.67	0.77	0.91
顾客5	实际时间，s	13	8	12	112	112	13	270
	时间比	1.24	0.85	0.7	1.1	1.6	0.9	1.19
顾客6	实际时间，s	12	13	18	96	65	12	216
	时间比	1.14	1.38	1	0.9	0.9	0.8	0.95
顾客7	实际时间，s	9	8	24	106	135	22	304
	时间比	0.86	0.85	1.4	1	1.88	1.5	1.34
顾客8	实际时间，s	11	13	18	99	62	20	223
	时间比	1.05	1.38	1	1	0.86	1.4	0.99
顾客9	实际时间，s	18	10	16	115	105	11	275
	时间比	1.71	1.06	0.9	1.12	1.46	0.8	1.22
顾客10	实际时间，s	7	9	21	112	78	13	240
	时间比	0.67	0.96	1.2	1.09	1.08	0.9	1.06

　　提升措施：C加油站在每日晨会针对"快捷加油六步法和收银服务"，加强员工技能培训，增强员工业务处理熟练度，提高相关环节效率；在加油现场设置一名专职车辆引导员，对进站车辆和临时停放车辆进行合理引导；加油结束后积极将客户引导至临时停车位，避免造成拥堵；全力宣传推荐中国石油电子卡、移动支付等多元化快捷支付方式，重点向客户推荐其快捷性和实惠性，减少室内收银压力。

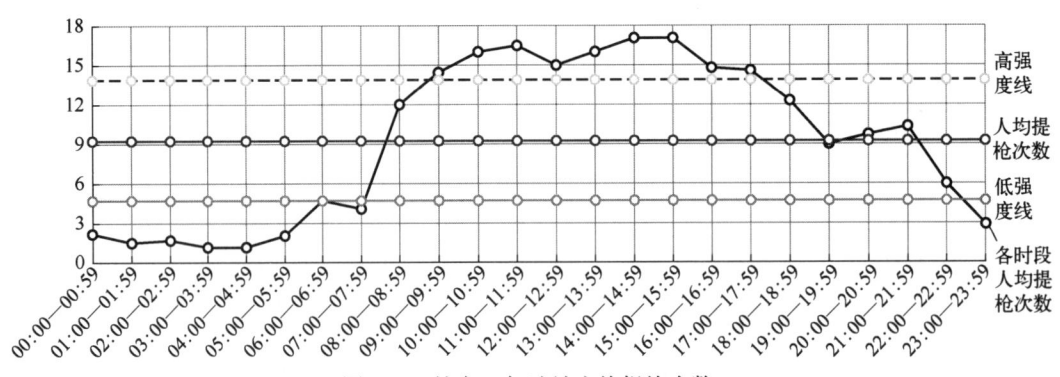

提升效果：加油站全流程合计实际时间较平均时间比值小于1，下降了0.21；进站、停车、等待、消费付款开票4个环节用时明显减少。

（三）提升加油枪效率

若部分加油枪效率较低，应通过以下措施进行优化、提升。

（1）根据加油站油品销售结构，适当调整品号油枪比例。

（2）加油站经理及关键岗位高峰期补位服务，将自助加油机调整为人工加油模式，提升加油枪利用率。

（3）设置摩托车的专属加油机或专用的车道，避免与机动车辆剐蹭，提升效率。

（4）高峰时段加油站入口处增加专人引导，在效率低的加油枪处增设人员进行二次引导。

例如：甘肃D加油站从汽油枪来看，4枪（系统枪号）、10枪（系统枪号）加油效率低于0.3，效率较低，应对4枪、10枪油品的品号进行调整、实现优化。

提升措施：D加油站通过对油品销售结构进行分析，在不影响现场效率和汽油增量的情况下对油枪品号进行调整；全员严格落实加油站高峰措施，加油站经理及时补位，将自助加油机全部调整为人工加油模式；如果站内客流量大，可以鼓励定点单位客户错峰加油，保证现场通行效率；用警戒隔离带设置摩托车定点加油车道，避免与车辆混合排队，造成拥堵；全力宣传推荐中油好客e站APP，使用室外移动支付功能，缩短客户等待时间。

提升效果：通过提升措施，D加油站4号和10号油枪使用效率由0.21提高至0.52。

（四）优化人工劳效

例如：E加油站人均提枪次数（图3-1）在09：00—17：59等时段高于平均提枪次数（>1.5），该段时间员工劳动强度偏大，本站开展削峰填谷、关键岗位及加油站经理补位等策略；该站人均提枪次数在00：00—05：59、07：00—07：59、23：00—23：59等时段低于平均提枪次数（<0.5），人均提枪次数偏低，总体提枪次数不高。

图3-1　甘肃E加油站人均提枪次数

提升措施：一是以"高峰期提枪次数"为依据，灵活分段安排机动班，推动加油站劳效提升；二是优化加油站岗位设置，"一岗多责"打造专业技能团队；三是引导客户线上充值，自助圈存，减少员工服务工作量。

提升效果：E加油站上述优化措施将人枪匹配比例调整到1.21，高峰期当班人数基本合理。

（五）提升小时最大服务能力

科学标定各品号的小时最大加注能力，检验是否短时服务能力短缺。服务能力不足时，通过以下措施来优化、提升小时最大服务能力：

（1）加强员工之间的配合，提升员工工作状态，提高现场的效率。

（2）科学优化油枪数量、油枪最大流速、枪位匹配系数、人枪匹配系数、通行顺畅率方面的指标。

例如：浙江A加油站小时最大服务能力为3864.46（L/h），大于实际分时最大销量3500L，加油站服务能力充足。

三、付款结算

通过提供多元化支付方式，满足顾客的差异化需求；高峰期提供手持POS机实现现场收银，建议客户使用预授权加油、个人卡使用移动支付等方式，快加快走避免拥堵，提升通行效率；低谷期推荐重点品类或当季热销、促销品及电子加油卡，培养顾客消费习惯，增强顾客消费体验感。

（一）适时开展促销活动

例如：甘肃F加油站油品促销指数（表3-3）分别是：汽油92号0.02、95号0.02，汽油促销指数均大于0；柴油0.08，促销指数大于0，油品不需要开展对应促销活动；非油促销指数0.12，促销指数大于0，可以继续保持目前的促销活动。

表3-3　甘肃F加油站促销指数

指标	单车加油量环比/ 非油客单价环比	提枪次数同比/ 非油交易次数同比	本商圈内本站 零售份额环比	促销指数
92号	0.04	0	0.38	0.02
95号	0.05	0	0.36	0.02
柴油	0.06	0	0.16	0.08
非油	0.02	0	0.12	0.12

提升措施：F加油站从营销方式来看，与友商开展针对性的营销策略；且当前的营销方式多，对客户的吸引力较大，需要继续保持相关促销优惠策略。重点开展非油品促销，应充分利用油品高峰期而油非转化率低的时段，加大开口营销力度，以及特色堆头和醒目的广告海报宣传，吸引顾客参与，以非油促油品的方式来挖掘油品客户价值。

提升效果：F加油站油品通过相关提升措施，油品促销指数由0.12提升至0.41。

（二）缓解加油站拥堵

若高峰期现场较为拥堵，应通过以下措施提升服务效率，降低拥堵指数。

（1）加油站优化排班，增设现场"专门引导员"，强化车辆引导，加快车辆通过率。

（2）更换大功率潜油泵，增加加油枪的流速，减少单车加油时间。

（3）加油高峰期，引导车辆有序排队，提前做好车道软隔离，做好导流牌，确保车辆有序快进快出。

（4）优化加油现场立柱、油品导示牌，标识醒目清晰，引导车辆一次到位率。

（5）加油位重新规划、设计，地面重新布局划线，增加加油车位数量。

（6）设置快速加油通道，将移动支付、现金支付车辆引导至快速加油通道加油，提升加油效率。

例如，甘肃某加油站油品高峰期时长超过 4h（图 3-2），分别为 08：00—11：59、14：00—21：59 等时段（图 3-2）。在高峰期内会出现拥堵情况，且拥堵较为严重：一般在 8：00、11：00、16：00、18：00（图 3-3）。应优化排班，进行削峰填谷，高峰期安排关键岗位现场引导车辆及双岗收银，低谷时期适当减少现场服务人员，减少员工劳动强度。

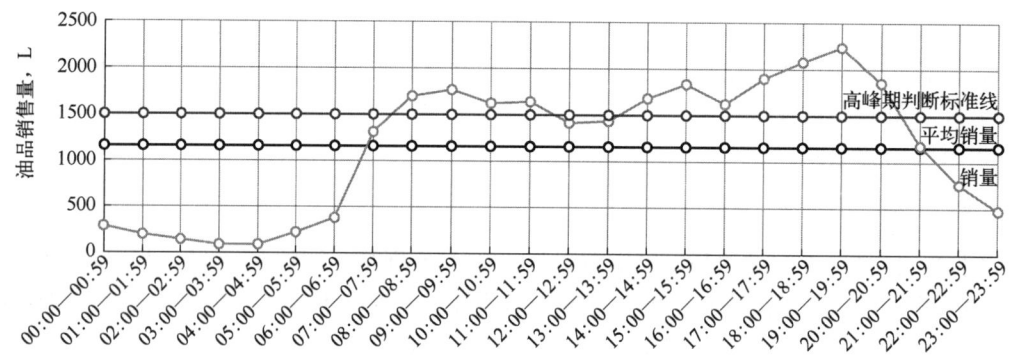

图 3-2　甘肃某加油站油品销售高峰期

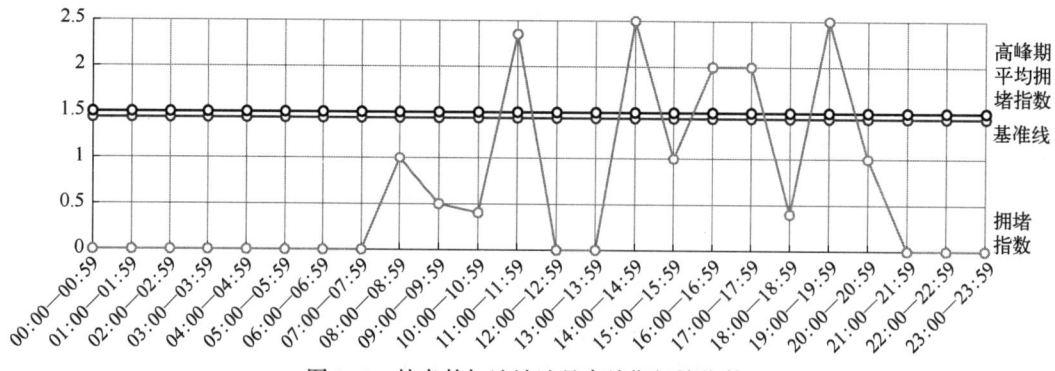

图 3-3　甘肃某加油站油品高峰期拥堵指数

提升措施：该加油站重新规划了站内场地划线及各类标识标牌，引导客户到位；单位客户加油可能导致站内结构性拥堵，合理优化自助机的布置，高峰期站经理及时补位；如果站内客流量大，可以鼓励单位客户错峰加油，保证现场通行；尽量做到错峰接卸油品，避免因卸油占据出口；收银双岗服务，提升效率，减少客户等待时间；通过优化排班，增加白班现场员工，减少夜间低谷期上岗人数，实现削峰填谷。

提升效果：通过相关优化措施，该加油站客户等待时间明显减少，高峰期现场拥堵情况明显改观。

（三）提高通行顺畅率

优化顾客进站行驶动线，并在有可能的情况下，增加车道数量；或是改造情况下，提前考虑增加车道。

（1）柴油站更换为大流量加油枪，提高加油速度，提升通过率。

（2）汽油站重新划线，根据实际情况优化车位，尽量调整为一机四车位，延长加油胶管，提升加油效率。

（3）利用加油站改造时机，增加加油枪、停车位，方便同时服务多辆车加油，降低付款结算缓慢导致的车辆排队等候现象。

（4）通过设置临时停车位，将进店顾客车辆引导至临时停车位，有效提升通行效率。

（5）通过设置双车道，即加油车道和快速通行车道，使加完油车辆通过快速车道通行，从而提升车辆通行效率。

（6）油站设置明显的出入口标识，并在高峰期设置专人引导车辆同向加油，杜绝车辆头对头加油现象，提升车辆通行效率。

（7）有条件的加油站可设置鱼翅停车位，使加油车辆即停即走，提升通行顺畅率。

例如，甘肃某加油站通行顺畅率为 0.36，可通过增加车道数量或通过油枪布局调整优化不同品号车辆进出频次，若有改造计划，可提前考虑车道设置。

提升措施：在该加油站改造时将加油机更换为一机四枪油机，重新布局划线，增设收银临时停车位，实现一机四位同时加油，大大提高了现场效率；设备提升的同时，加强员工现场服务意识，有效提高了加油站通行顺畅率。

提升效果：该加油站通过相关措施有效提升了通行顺畅率，由原来的 0.36 提升至 0.58，客户体验感得到增强。

第四节　非油销售优化

本节探讨了非油销售优化的关键方面，包括精准的商品选择、陈列优化策略，以及油非互促的促销方式。通过深入分析加油站所处的商圈特点和客户需求，提出了针对性的商品选择和陈列建议，旨在提升销售效果。同时，通过多样化的促销活动，如以油带非、以非促油等策略，增强油站与非油商品之间的互动，有效推动销售增长。

一、商品选择

根据加油站所处位置，进行商圈定位，结合客户结构、消费能力、消费习惯、消费需求等因素，定位目标客户，精准选品，满足客户不同的需求，提升"油非销售"。

（一）以商圈定顾客，以顾客定商品

社区型商圈处于住宅区周边，主要服务对象以社区居民为主，主要经营品类为日用品、包装饮料、烟酒、奶类、食品（含应急性和生鲜商品）、汽车用品、润滑油。社区档次不同，商品价格待调整。

流量型商圈处于火车站、公交站等交通枢纽及景点、广场周边，主要服务对象以上班族和出游人群为主，主要经营品类为包装饮料、香烟、食品、奶类、零食、汽车用品、润滑油，景点附近提供旅游纪念品及伴手礼盒。

商务型商圈处于写字楼集中区周边，主要服务对象以高收入商务人士为主，主要经营品类为香烟、包装饮料、奶类、食品（尤其是鲜食盒饭、加工即食品、现冲饮料）、新鲜水果、零食、蜜饯糖果、时尚小商品、汽车用品、润滑油。

学校型商圈处于大、中、小学校周边，主要服务对象以学生、家长及教职工为主，销售受双休日、寒暑假影响大，主要经营品类为零食、饮料、食品（加工即食品）、文具、汽车用品、润滑油。

医院型商圈处于医院周边，主要服务对象以医院职工、病人和探望人员为主，主要经营品类为香烟、饮料、营养保健品、食品（加工即食品）、生鲜水果、书刊杂志、医护用品、母婴商品、汽车用品、润滑油。

工业区型商圈处于工业厂区周边，主要服务对象以相对封闭的厂区工作人员为主，主要经营品类为香烟、包装饮料、食品（加工即食品）、日常生活用品、汽车用品、润滑油。

农村型商圈处于郊县、镇、村周边，主要服务对象以当地农民为主，主要经营品类为日常生活用品、家庭食品、香烟、农资、润滑油等。

（二）以商圈定品类，以品类定商品

根据商圈类型及客户需求，确定符合门店客户的品类，便利店品类角色分为四类。

一是目标性品类，店面的标志性商品，需要这类商品时，顾客会首先选择该便利店，甚至愿意花费更多的时间与精力前来购买。如自有商品围绕刚需开发且价格敏感度不高，可以培养成目标性品类。二是常规性品类，店面中用来吸引客流，满足消费者多方面需求并能带来一定利润的品类。三是季节性品类，指那些不经常销售，只是由于季节变化或不定期的需求而出现在店内的品类，在应季时，是店面的重点经营商品，也是该期门店利润的增长点。四是便利性品类，为了满足消费者一次性购足商品的需求而增加的品类，该类商品 SKU 数量不多，销售额也不高。

了解品类，再来分析单品，前提是细化分析顾客的消费行为，掌握消费者在便利店购物决策时考虑因素的逻辑顺序，就叫消费者决策树。首先确定做决策可能的属性特征，接下来再确定这些属性特征的等级，然后绘制出消费者决策树，并且确定替换点和转身点，最后根据制定好的决策树进行商品宽度与深度的调整。

（三）商品优化，删补突拉

删，删除低效（低销、滞销）商品；补，补充缺失（主体客户需求而没有）商品；突，突出差异（较竞争对手）商品；拉，拉宽价格。

二、陈列优化

以商圈定顾客，以顾客定商品，以商品定陈列，便利店布局就是把空间有效地分配于所经营的各种商品，以此影响顾客的购买行为。商品陈列要生动，以发挥商品创效能力，并结合时令及消费者购买习惯，方便顾客选品，提高"油非销售"。

（一）商品陈列九原则

1. 顾客安全原则

严格控制商品品质，杜绝过期、变质、异味商品上架。同时，商品、促销品陈列、宣传物料必须稳固，陈列设备和货架无松动、脱落等风险，堆头陈列不能阻碍店内外消防通道及人车正常通行，确保顾客购物安全。堆头陈列有易碎物品等情况，需在旁加设警示标志。

2. 顾客便利原则

第一，陈列商品应利于顾客自由方便地拿取及放回，货架上商品顶端与上层货架的间距一般应为 3~5cm。第二，不能将带有外箱的商品陈列在货架上（整箱销售商品、货架底层储存商品除外）。第三，堆头一般不高于 1.2m，店内堆头要割箱陈列；创意堆头陈列时，如陈列高度过高，可在堆头旁边再放置一些该类商品，以方便拿取。第四，对玻璃、塑料、陶瓷等易碎商品，应注意陈列高度，避免让顾客产生顾虑。

3. 显而易见原则

第一，所有商品必须以促销面、中文标识面向顾客（通道），任何商品均不得被其他商品遮挡，并且同一商品方向必须一致。体积较小的商品应该陈列在货架的中上层。第二，要注意相邻商品外包装形状、色彩搭配的艺术性，有效利用商品形状、色彩，使顾客感到舒服、醒目、容易区分。对于有不透明外包装或因其他原因而无法"看清""鉴别"的商品，保持陈列至少 1 件撤除外包装的该商品。第三，商品的标价要醒目，价签放置于商品左下角，重复陈列的商品只需在不同层板各放置 1 个价格签即可。第四，有效利用照明，店面及展示柜的照明要达到标准的照明度，使顾客能看清商品。

4. 饱满陈列原则

一般地，货架上商品数量要充足，货架、端头、散装柜、展示柜及各种特殊陈列都必须做到放满陈列，商品间距不超过 40mm。当商品数量不足以满架陈列时，便利店必须随时进行商品的前进陈列，保持前排陈列面的饱满。当出现特殊情况，货架商品缺货时，不得增加相邻商品排面数或用其他商品填充，应放置"商品暂缺，敬请谅解"的提示牌告知顾客。同时，特殊陈列位置的商品缺货时，应及时更换陈列商品的品种或与供应商交涉，若 3 天内问题无法得到解决，可撤除该商品陈列位置，并报上级公司。

5. 商品属性原则

首先，定位陈列时，货架各层面应安排不同属性的商品。商品排列顺序要求：第一，

必需商品与刺激性商品有机结合。为引导顾客在便利店内沿设计的路线通行，根据设计的顾客流向将刺激性商品放在主通道上及两边，然后是准必需品，最后生活必需消耗品及热销商品放在路线的深处。第二，兼顾消费者的购物习惯，尤其是主要顾客群和商品的主要消费对象的购物习惯。第三，端头、地堆等陈列的商品选择具有价格吸引力的品项，使顾客形成"价格便宜"的印象。第四，重视对货架邻近端头第一组、岛式陈列四周视线开阔区域及特殊陈列位置的商品选择。

其次，货架按高度可分为4段，4段所对应的商品应各有侧重：上段（1.5~1.8m）是指与顾客视线持平及以上的高度，陈列推荐、重点培养的商品。（2）黄金段（0.9~1.5m），处在货架的第一、二层，陈列高毛利、自有品牌、独家代理、畅销、买断或在上段已经培养成熟的商品。（3）中段（0.5~0.9m），陈列低毛利、儿童食品或为保证商品齐全而必须销售的商品，也可以陈列上段或黄金段中已进入衰退期的商品。（4）下段（0.5m以下），陈列较大较重、易碎、毛利低，但周转相对较快的商品，也可以陈列消费者认定的品牌或消费弹性低的商品。

最后，在商品的空间利用方式上，要利用灯光、刺激性商品陈列等措施对便利店的死角、转角等区域加以氛围营造，提高陈列空间利用效率。优先选择货板整齐叠列，其次是悬挂陈列，然后是货品堆积，对没有立体感的商品应尽可能悬挂销售。

6. 适当原则

促销商品要具有视觉冲击力，做到丰满量感，且不小于同组货架中非促销商品的陈列面。中岛货架单品陈列建议最多不超过4个陈列面（促销品或新品除外），最少不低于2个陈列面（大规格除外）。执行该原则时应同时满足"纵向陈列"的原则。

7. 先进先出原则

商品补货时应将原有商品取下，将补充的新商品放在后面（或底部），原有商品放在前面（或上部），以保证将距离有效期近的商品靠前或靠上进行陈列，避免出现过期或临期商品，以保证所有顾客都能购买到符合质量要求的商品。补货的顺序为"货架→货架顶→店内仓库→仓库"。

8. 纵向陈列原则

将同一系列（原则上是同小类）或同一品牌的不同规格、香型、口味的商品，根据大小、尺码等按从上到下、纵向排列的方法陈列。

9. 整齐整洁原则

随时整理货架上的商品，陈列的商品要清洁、干净，没有破损、污物、变质、过期、灰尘，不合格的商品要及时从货架上撤下。随时整理商品陈列情况，保持单体及整体商品整齐陈列、前进陈列，同层商品的外沿必须保持在一条整齐的直线上，商品分隔线应保持垂直，同一单品原则上不得跨货板陈列。随时做好货架的清理、清扫工作，货架顶、底部也是便利店陈列的一部分，同样要保持清洁、码放整齐。

（二）站店一体

随着自助加油和移动支付的普及，不进店的顾客群体日益增多，需要树立"站店一体"的理念，打破便利店与成品油业务边界，实现融合发展。一是统一认识，油品零售及非油专业线人员应统一思想认识，在开展日常业务时树立一盘棋思想，避免"各自为政"；二是统一营销，尽量避免单独的油品营销或者非油营销；三是统一布局，加油区根据顾客需求陈列非油产品，将卖场前移，扩大便利店辐射面积。

（三）创意陈列

创意陈列是一种比较独特的陈列方法，如促销品、新品、季节畅销主打品、节日商品、目标商品等，可以通过供应商针对特殊商品提供的陈列架进行陈列，还可以按季节、节日、消费对象、各种主题、用途等进行组合集中陈列，从而提高便利店陈列的鲜活度，增强广告效果，刺激顾客消费。

三、油非互促

加油站应综合考虑所处市场环境、竞争形势、客户特点等相关因素，"一站一策"选择合适的促销方式，制定促销方案，"自下而上"向上级部门提出申请，有效开展各类促销活动。

（一）以油带非

油品数量触发赠送非油数量：买 A 油品一定数量，赠送指定数量的非油促销商品，油品数量翻倍，非油数量翻倍。

油品数量触发非油总价优惠：买 A 油品一定数量，优惠总价购买指定数量的非油商品，油品数量翻倍，非油数量不变。

油品数量触发非油总价优惠：买 A 油品一定数量，优惠总价购买指定数量的非油商品，油品数量翻倍，非油数量翻倍。

油品金额触发赠送非油数量：买 A 油品一定金额，赠送指定数量的非油商品，油品金额翻倍，非油数量不变。

油品金额触发赠送非油数量：买 A 油品一定金额，赠送指定数量的非油商品，油品金额翻倍，非油数量翻倍。

油品金额触发非油总价优惠：买 A 油品一定金额，优惠总价购买指定数量的非油商品，油品金额翻倍，非油促销品数量以及金额翻倍。

油品金额触发非油总价优惠：买 A 油品一定金额，优惠总价购买指定数量的非油商品，油品金额翻倍，非油促销品数量以及金额都不变。

油品金额触发非油单价百分比折扣：买 A 油品一定金额，再购买指定数量的非油商品，非油品单价可以享受百分比折扣，油品金额翻倍，非油促销品数量以及金额都不变。

油品金额触发非油总价折扣：买 A 油品一定金额，再购买指定数量的非油商品，非油品总价可以享受绝对值折扣，油品金额翻倍，非油促销品数量以及金额均翻倍。

油品金额触发非油总价折扣：买 A 油品一定金额，再购买指定数量的非油商品，非油品总价可以享受绝对值折扣，油品金额翻倍，非油促销品数量以及金额不变。

（二）以非促油

非油数量触发赠送油品：买非油品达到一定数量及以上，赠送指定升数的油品，非油

品数量翻倍，油品升数不变。

非油数量触发赠送指定金额油品：买非油品达到一定数量及以上，赠送指定金额的油品。

非油金额触发赠送指定升数油品：买非油品达到一定金额及以上，赠送指定升数的油品，非油品金额翻倍，油品升数不变。

非油金额触发赠送指定金额油品：买非油品达到一定金额及以上，赠送指定金额的油品，非油品金额翻倍，油品金额不变。

（三）电子优惠券促销

充值赠券：中油好客 e 站微信公众号、APP、支付宝生活号（以上三个平台已集成同步）充值一定金额，赠送电子券。

消费赠券：用中油好客 e 站等平台支付油品达到一定金额赠送电子券。

注册、绑卡赠券：在中油好客 e 站微信公众号、APP、支付宝生活号新注册或绑定一张个人记名加油卡赠送电子券。

四、滞销管理

（一）滞销商品定义

一般便利店商品超过 30 天未销售即为滞销商品。滞销商品中，超出 30 天属于需加快促销商品；超出 90 天属于过季商品；超出 200 天，属于需下架商品。

（二）滞销原因分析

首先确定滞销是人为因素还是商品本身属性导致：

（1）确认商品是否做了正常陈列。

（2）确认陈列商品的销售状态。

（3）确认商品的陈列位置和展示面位。

以上三点如有问题应做出相应调整。针对问题一，可以在正常陈列的基础上采用对比促销的方法，将同品种商品进行高低价位的对比陈列，凸显滞销品的品牌优势或价格优势。针对问题二，确定陈列在第一排的是不是残次品、商品的卫生情况，商品是否未及时补货，这些因素都会导致商品的不动销。针对问题三，首先确定商品陈列是否被遮挡，如未被遮挡，商品长期陈列在货架底层或过高位置等无效展示的情况会导致商品的滞销。可以适当调整商品陈列的位置，增加该商品在货架上的排面，让顾客在挑选商品时更能注意到该款商品，从而增加销售的可能性。

然后，继续观察一个周期（30 天）是否有动销，如果排除以上三点，说明便利店运营管理工作到位，商品滞销与便利店工作无关。

最后，考虑商品属性和定价层面的因素。

（1）评估商品的售价。通过对周边 1~2 家主要竞争对手的市场调研，确定商品的售价是否存在过高的情况。完成调研后，根据效益确定是否需要调价和调价的幅度。如果进行了调价，则继续观察一个周期（30 天）是否有动销。

（2）评估商品的质量是否有缺陷。如果商品本身质量存在一定缺陷，一味销售只会影响顾客对加油站和品牌的好印象，最好的处理办法就是直接将其淘汰，按报废程序处理，或在促销活动时当作赠品赠送。

（3）评估商品的市场周期（图3-4）。

根据商品本身在行业内的销售情况，判断其处于哪个生命周期。如果商品在本区域的客户活跃度均不高，处于衰退期，则可以考虑处置；如果商品在本区域的客户活跃度仍处于上升或者较高程度，可以考虑推荐至其他站点售卖，减少本站库存。

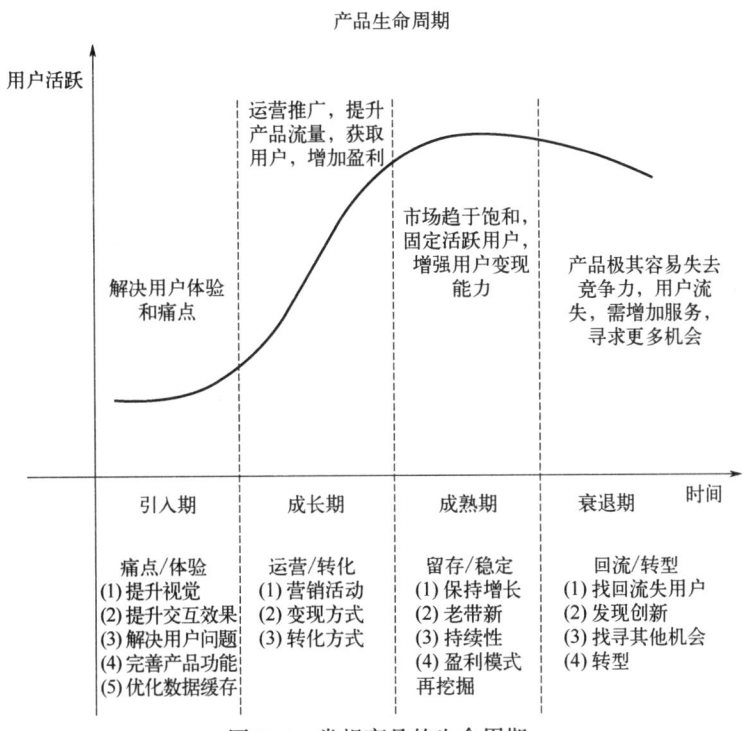

图3-4　常规商品的生命周期

（三）滞销商品处置

可以采取一系列促销手段处理滞销品，包括加大宣传力度、捆绑消费、满赠活动、积分换购、针对老顾客降价促销等。滞销品促销手段如表3-4所示。

表3-4　滞销品促销手段

加大宣传力度	在商品销售的过程中，宣传力度不够，客户缺乏对商品的了解，不愿意购买，建议适当加大滞销品的宣传
捆绑销售	便利店内有滞销商品，也有畅销商品，滞销商品完全可以借助畅销商品的名气进行捆绑销售，不仅增加知名品牌商品的销量，还能带动滞销品的销量，减缓库存压力，一举两得
满赠活动	商品满赠是常见的促销手段，在进行满赠活动时可以将那些滞销商品考虑进去，买满多少钱就送某款滞销商品，带动滞销品的出货量
积分换购	购满一定价格物品或加满一定价格的油量，加较低价格换购该商品；加油积分卡可以满一定积分换购商品

续表

特价出售	对于滞销时间过长或者临期商品，可以通过大幅降低价格来吸引顾客进行购买
定向发券	给老顾客尤其是 VIP 客户发优惠券，既能实现库存消化，又能维护顾客忠诚度；比如一些接近保质期的产品，由于老消费者对产品的性能、品质和企业的信誉有充分的了解，能认知这些降价产品的价值，通常乐于接受；需要注意的是，对于新进入市场的商品或是积压的新品，不宜采用此类方式

此外，可通过商品调拨处理滞销品，在地区内某一加油站的非油滞销品，在其他加油站可能不属滞销品，管理者一旦发现这样的信息，就可以通过调货的方式，来处理手中的滞销产品，达到共赢。明确清理进度和责任人员，同时可以通过对各单位的滞销积压商品的清理情况进行跟踪通报，以加快滞销商品的常态化清理工作进度。

处置非油滞销品需要建立完善的滞销品处理流程，并对滞销品进行常态化管理，如图 3-5 所示。

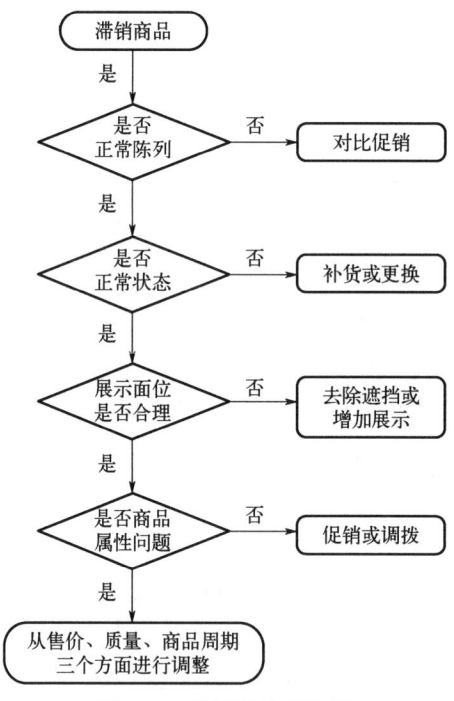

图 3-5　滞销品处理流程

五、门店建设

（一）便利店类型

按照地理位置、油品销量、非油业务收入、投资规模等要素将便利店分为高级店、标准店、基本店等 3 类 6 型门店（表 3-5）。

表 3-5　便利店分类

类型		位置	面积 m²	销售收入, 万元/年	单品 个	油品参考指标		设备			
						纯枪量 t/a	汽柴比	饮料柜	收银台	餐台	货架
高级店	高级店 I	城市干道站/高速站/社区站	≥140	≥300	≥1000	≥1000	≥1	按需求设置后补式6门节能冷柜, 1个饮料加热柜	高级收银台	快餐货架、促销架	标准货架、促销架
	高级店 II		≥100	200（含）~300	≥1000	50000（含）~10000		6门节能冷柜, 1个饮料加热柜			
	高级店 III			100（含）~200	600~1000	50000（含）~10000					
标准店	标准店 I	城市站/郊区站/高速站/国道站	≥60	50（含）~100	300~600	3000（含）~5000	≥1	4门节能冷柜, 1个饮料加热柜	标准收银台, 带背柜和糖果架	不单设快餐区	
	标准店 II			20（含）~50							
基本店		省道站/农村站	<60	<20	<300	<3000		2门节能冷柜	简易收银台	无	标准货架

（二）主题元素门店

融合"中国石油"形象元素创建特色店铺，引进当下热门门店，例如：网红饮品店、冰淇淋店、穿梭快餐店等，店内增设休息区，打造"加油+用餐""加油+生活""加油+打卡"一站式综合服务站，吸引顾客进店消费。

（三）促销氛围营造

根据不同节日、促销项目，做好宣传品布置、展台（堆头）陈列、多媒体应用等，营造良好的促销氛围。组合使用海报、吊旗、宣传彩页、跳跳卡、促销牌、LED 显示屏、立柱灯箱、加油机显示屏等方式，进行促销宣传，营造"视、听、嗅、触、味"五觉氛围（表 3-6），吸引顾客入店消费。

表3-6　加油站促销氛围营造细节

名称			说明
视觉	色彩		以明亮、鲜艳,吸引人注意力为主
	文字图片	道旗	较大加油站前侧可设置
		海报	站内合理位置
		广告	加油机上方,双面展示
		宣传单	收银台上,方便顾客取阅
		堆头海报	堆头的正立面上
		特价或新品标签	在对应的货品夹槽内陈列
		LED显示屏	便利店站房前,安装LED显示屏,滚动播放展示
		立柱灯箱	加油站立柱定期更新当前促销信息
		加油机显示屏	可循环播放宣传视频或图片
嗅觉			通过自然释放咖啡香、水果香等
听觉			播放优雅舒缓的音乐,播报促销活动、安全提示、服务用语等
触觉			通过提供现场展示,可让客户触摸从而体现质感
味觉			可提供现场试吃服务,增加客户接受程度从而刺激购买
多媒体			便利店内或加油机上多媒体视频

第五节　客户维护优化

　　本节详细探讨了客户维护优化的多个层面。首先,提出了针对不同市场和加油站类型的潜在客户开发思路。其次,深入讨论忠诚客户运营的重要性,包括客户忠诚度的理论学说、影响因素、计算与分级,以及忠诚客户运营的三个维度。最后,重点阐述了流失客户的挽回策略,包括强化数据分析、突出加油卡作用、有效利用一体化营销、礼尚往来、油非互动及增强服务等方式,以全面、系统地挽回流失客户,提升客户满意度和忠诚度。

一、潜在客户开发

(一)不同市场客户开发思路

　　经济和产业结构的调整导致成品油市场发展不均衡,客户结构和需求结构差异较大,部分原有区域市场因产业的调整而需求结构发生较大变化,要顺应产业结构和区域经济的发展,研究不同行业发展趋势和需求特点,找准新客户挖掘的突破点。坚持效益最大化原则,结合油库布局和加油站配送运距的不同,分区域差异化营销:
　　(1)对高价区加油站,采取多销快销,努力增加新客户,不断增加销售规模;

（2）对运费高但处于高价区、吨油毛利高的加油站，要加大营销力度及营销方式，努力稳住老客户；

（3）对处于低价区、成本高、吨油毛利低的加油站，要与主要竞争对手共同稳价，尽可能避免价格优惠、减少促销活动，稳价稳量，集中做好对现有客户的精细化服务。

对于不同价区加油站的营销策略，取决于加油站商圈内的竞争形势和客户结构。针对竞争对手的低价竞争策略，要采取适当方式予以应对。

（二）不同类型加油站客户开发思路

加油站的营销要结合商圈文化，不同的商圈因客户结构、竞争形势不同，需要采取差异化的营销策略，相对于区域市场的差异化营销，商圈营销更要精细化。按照加油站的不同商圈，将加油站分为社区站、旗舰站、旅游站、高速站、物流站、乡村站六类，结合市场掌控能力、客户结构和消费需求，从"服务营销、费用营销和价格营销"三个方面入手，确定不同类型站点的不同发力点。

（1）社区站主要依托服务增量。以销售汽油为主，私家车、企事业单位车辆为主要客户群，具有明显高低峰期。增量稳量的关键是通过优化现场效率，提升服务质量，提高车辆进站率和加满率，巩固和维护好现有的客户群体，尤其是要在加满率上下功夫，从而实现扩销增量。

（2）旗舰站主要依托服务功能增量。客户群体以商务人士、高端住宅小区居民等客户为主，一般位于城市核心商圈或周边，目标客群具有较强的消费能力。旗舰站主要定位为形象突出、功能丰富的综合站点，除提供传统加油服务功能外，一般还应具备充电、光伏、汽服、餐饮、洗衣等多种服务功能，是销售企业探索新业态、试点新型技术、探索管理创新的"试验场"。良好的外观形象、优质的服务水平及完善的服务功能是旗舰站增量的主要方式。

（3）旅游站主要依托联合营销提量。客户群体主要为旅游大巴车、短途客运和私家车等。此类站点作为景区的配套，市场竞争程度不高，客户对于服务、促销活动的需求较多，要积极与景区沟通和联系，开展"你加油、送门票"或"买门票、我送油"等促销活动，力争做到加满油返程。要在加油站设立旅游大巴等旅游车辆休息休闲的场所，维护好与旅游大巴、短途客运司机的关系，提供餐饮等服务，开展加油送香烟、饮料等活动，吸引大巴车辆加油。

（4）高速站主要依托定制化营销增量。每一条高速公路都会因起点和终点的相对固定，行驶的车辆也相对固定。汽油客户以公务商务车辆和私家车辆为主，可利用丰富的便利店商品、便捷高效的服务、宽敞干净的卫生间等吸引客户，不需要太多的促销活动。柴油客户以跨区域的物流、客运车辆为主，客户需求除了保证油品质量、价格优惠外，还包括休息、就餐的场所。要结合具体高速公路的竞争环境，针对一次加油金额多、周期长的客户，设计专门的卡折扣促销模式，如一次充 2000 元给予 98 折优惠，再配送一份关爱家庭的礼品包（具有地方特色的手袋、特产等），用亲情化的礼品感动客户。对一次加油金额不大、周期短的客户设计充值阶梯折扣，引导其多充值、多优惠。要将服务区内餐饮、住宿、车辆维修和购物资源进行整合，也可以采取加油送午餐、晚餐等活动，总之要抓住客户的特性需求，把客户留下来，销量提上来。制作大型物流车队定点加油站的标牌标识，根据需求提供服务项目，利用其他客户的从众心理进行销售。提供路况、天气和道路指引等区块化的服务，准备方便食品、饮料、手套、毛巾等生活服务包，既可以销售，也可以根据加油量赠送。尝试设立自助加油机，引导客户自助加油，既节省公司人工成本，也降低客户消费成本。

（5）物流站主要依托价格促销增量。主要客户群体为货运车辆，是有效承接高速公路柴油销量的关键站点，一般位于物流园区内或者进出物流园区必经的国省道上。除提供加油服务外，物流站点依托场地较大的优势，联合当地总工会共同建设"司机之家"，结合货车司机实际需求提供物流信息、停车休息、住宿、洗衣、淋浴、按摩椅等增值服务。此类站点市场竞争非常激烈，主要以价格营销+费用营销的组合增加销量。在整体算账的前提下，执行系统价格优惠，针对周边竞争情况，选择性开展"点对点"挂牌价优惠，开展以货车需要的功能饮料、手套、洗手液、洗衣粉为主要商品的油非互动，有效提升客户稳定性。

（6）乡村站主要依托油卡充值增量。主要客户群体为乡村短途运输车辆、私家车、摩托车和农用柴油车辆等，对价格非常关注，此类站点由于客户群体相对固定，要抱着服务三农的营销理念，引导客户充值消费，适当降低充值折扣标准，启用农机加油卡，通过让利固定农机用户。汽油给予短途客运车辆、出租车卡折扣策略。

二、忠诚客户运营

（一）客户忠诚度理论学说选择

除了加油站本身的位置条件、营销策划手段以外，最能影响一个加油站销售情况的因素就是固定客户的数量，而核心因素就是客户的忠诚度。对客户忠诚度的研究，目前主流有以下几种学说：

（1）情感忠诚论。基于顾客的态度、意识以及行为倾向等角度对顾客忠诚度进行研究。

（2）行为忠诚论。主要从顾客对某品牌的产品或服务的行为表现等角度对顾客忠诚度进行研究。

（3）综合论。从态度和行为等角度对顾客忠诚度进行研究。

油品是一种刚需商品，从加油站的定位来看，以综合论为研究对象的客户忠诚度学说，最适合加油站使用。一方面来看，可以从客户购买行为进行详细的客户画像；另一方面，可以从态度角度划分客户的分类分级。综上，如何利用综合论的相关理论，有效提升加油站客户忠诚度，增加现有客户的"黏性"进而拉动加油站销量，是需要重点研究的问题。基于此，本节主要针对综合论的一些理论和分析思路，对加油站客户管理进行分析研究。

（二）综合论中关于客户忠诚度的影响因素

从综合论的相关研究看，消费者时常会处于行为忠诚、态度不忠诚的等待"跳槽"阶段，需要通过情感、行为两个维度，经常分析客户忠诚度。综合论中关于客户忠诚度的影响因素见表3-7。

表 3-7　影响顾客忠诚度的重要因素

类别	内容	指标
行为	重复购买	重复购买频率
	向他人推荐	向他人推荐的行为倾向
情感	整体满意度	对品牌产品和服务的整体满意度
	偏爱心理	对竞争对手的态度
	劣势承受能力	对品牌劣势的承受能力

（三）其他对客户忠诚度的重要影响因素

结合行业研究情况和中国石油零售业务的特点，还有几个对顾客忠诚度有影响的重要因素，分别是：

（1）品牌效应。客户对中国石油品牌的感官认识，可以从加油站的营业场所情况、设备设施配置情况、员工专业程度、油品质量以及油品价格等方面开展分析。

（2）油站位置。主要分析加油站位置是否便利、进出站是否方便、站内停车是否容易等。

（3）顾客心理。从顾客自身角度出发考虑客户忠诚度的影响因素，包括是否对品牌信赖、是否对服务满意等。

（4）服务质量。可以从服务态度和是否重视服务细节两个角度，来考虑服务质量对加油站客户忠诚度的影响。

（5）促销活动。促销活动是转换成本的直观体现，因此从促销措施方面考虑是否开展促销活动、开展活动的频率以及促销力度、方式对客户忠诚度的影响。

（6）增值服务。因向客户提供超出加油站服务范围以外的特殊"照顾"，获得客户暂时满意而形成。即加油站除了加油服务外，是否提供其他比如便利店、洗车等服务。研究顾客是否需要这类服务，以及其对忠诚度是否有影响。

（四）客户忠诚度的分级管理

可以调研评估等方法对顾客忠诚度进行量化打分，并进行分级管理。按照分数分布的情况，顾客忠诚度可以做以下划分：

（1）忠诚度得分在 50 分以下的客户定义为"低忠诚客户"。低忠诚度顾客做事无计划、消费态度较为随意、对广告宣传较为敏感、偶尔会有冲动型消费。相比于高忠诚顾客，他们心理感受较为敏感，如经常有抱怨、疑问和不满，对促销活动也更加偏爱。低忠诚度顾客对加油站品牌选择的随机性较强，容易流失，比较在意加油站的地理位置和促销活动，该类型顾客存在一定概率可以转化为高忠诚度顾客。

（2）得分在 50~80 分的客户定义为"中忠诚客户"。中忠诚度顾客一般不关注广告，也很少有冲动消费行为。他们性格保守，注重加油站的品牌和地理位置，不会轻易流失，现场服务对他们而言也比较重要，加油站员工要及时解决他们提出的疑问、抱怨，逐步建立信任关系，该类型顾客有一定概率可以转化为高忠诚度顾客。

（3）得分在 80 分以上的客户定义为"高忠诚客户"。高忠诚度顾客消费谨慎、做事计划性强且对广告宣传非常关注。他们在加油站选择上会更加注重品牌效应；除油品需求

外，他们对洗车、非油、休息等加油站附属服务的需求也较高。

（五）忠诚客户运营的三个维度

在对客户忠诚度进行分级的基础上，分三个维度进行客户忠诚度的提升。

1. 提高产品深度

从油品经营方向看，由于国家能源结构的调整及环保压力增大，使成品油消费增幅明显放缓，加油站由单一油品供应商向综合能源服务供应商转换。从非油品经营方向看，加油站新业务的发展在中国市场具有巨大潜力，非油品除便利店外，还包括非银行金融业务、电子商务、汽服业务、环保产品等。以油非互动促销活动为中心，做好买赠、让利、捆绑、抽奖等日常促销，加大加油卡进便利店消费推广力度，引入限时促销、积分返利、体验营销等商业营销模式，加大中国石油昆仑好客品牌的推广。加油站除强化针对性选品外，还需要丰富便利店产品类别和消费趣味性，开发具有吸引力与特色的自有商品，最好是维持一个拥有稳定顾客群的代理品牌产品。特有产品不仅可以吸引顾客进店浏览商品，增加消费几率（不单是特有产品，还有对其他商品的消费拉动），而且能够培育自身客群，增大稳定客群比例。在保证大宗畅销商品由省公司统一采购的前提下，将部分商品的采购权下放，发挥地区优势，挖掘特色产品，将适销对路的当地特产引进便利店。

2. 提升服务体验

当前油品同质化现象日趋明显，加油站便利店内的商品同质化也日趋严重。要想打破同质化，提升服务水平势在必行。企业必须以稳定顾客为基础，以提高供给和服务品质为途径，建立高标准的现场管理和服务标准，规范服务流程，让顾客享受高品质的规范服务。加油站一线员工是与顾客接触的第一人，也是接触顾客最频繁的点，其形象、行为往往会形成顾客对加油站的第一印象，对顾客是否成为"回头客"，能否升级为忠诚顾客起到至关重要的作用。

注重顾客接触点的顾客感受，通过各服务接触点上的顾客满意造就顾客的整体满意，在接触点上建立和奠定加油站顾客满意度提升的基础。对加油站进行标准化装修改造，形成统一、规范的对外形象，给顾客提供舒适、温馨的购物环境。要求员工在服务过程中必须做到开口营销，同时规范营销话术，采用现场培训、典型示范、远程教育、检查评比等多种形式，提高员工开口率和商品推荐技巧，提升便利店服务水平，营造加油站优质服务氛围，促进便利销售额提升。

同时，注重整合自身现有资源与他人资源，通过平台搭建、充分利用，实现新业务的突破，增加服务功能，促进网络增值，积极开发汽服、餐饮、广告业务，开展手机充值、彩票销售等增值服务，打造集加油、快餐、汽服、便利购物、增值服务为一体的现代服务平台，为顾客提供跨界综合性服务，从而提升顾客忠诚度。

3. 客户分类管理

在加油站推行顾客关系管理是开发和维护加油站顾客的重要途径，可以维持、提升和固定顾客关系，挖掘顾客对加油站效益贡献的潜力。顾客关系管理需要借助客户关系管理系统来实现，以顾客为中心，通过信息平台的强大功能进行顾客全面信息的分析和管理，实现服务定位，提高顾客满意度并最终促使其成为忠诚顾客。关注顾客全过程消费经历，

挖掘内在价值:

(1) 98 号汽油利润是 95 号汽油的两倍,是纯枪增加效益的新增长点,是重点挖掘对象;

(2) 95 号汽油消费主体主要是公务车辆和车辆价值在 15 万元以上的私家车主,年轻车主消费者占比大,是营销创新的对象;

(3) 92 号汽油客户是完成汽油销量的支撑和保障,是常态化开展客户管理的主体;

(4) 柴油客户数量不能下降是底线,是检验客户经理水平的重要指标。

针对以上不同类别的客户,利用客户忠诚度得分进行细分,找出顾客消费习惯变化对销售的影响以及油枪硬件存在的问题等并予以改进。加强数据挖掘,深入分析商品在各区域、各市公司、各路段的销售数据,运用商品关联度、集客数等指标进行组合分析,选择适合的商品、适合的方式组织营销,提高进店率和购买率。加油站要想提高顾客满意度,就要及时充分了解顾客消费全过程中每一个环节的内在需求,实现顾客消费全过程管理,挖掘其内在价值期望,在每一个消费环节上提升顾客满意度。深化 CRM 系统与电商平台应用,打造智能化顾客服务评价体系,及时掌握顾客意见和建议,实现顾客管理精细化、营销精准化、服务差异化。

三、流失客户挽回

加油站在进行客户管理过程中,要密切关注客户的消费情况,针对一个月以上不来站进行消费的重点客户,加油站要开展电话回访或现场回访,了解客户不消费的原因。此外,要做好以下支撑工作。

(一) 强化对流失客户的数据分析

紧紧围绕"沉淀资金、卡销比、单卡消费额和单卡消费周期"关键指标实现客户的精准管理;加油站在设计各自的单站促销活动时,要把油卡充值与促销活动紧密绑定,油非互动、油价优惠、多倍积分等都要与油卡充值相结合。

(二) 突出加油卡的作用挽回客户

要将加油卡的促销普惠策略逐步向客户的个性策略转变,两种方式相结合,各有侧重,把更多的优惠和积分用在能够提升沉淀资金、增加纯枪销量的客户。要结合油价走势,建立不同批发零售价格差与油卡折扣的联动机制。要细化客户分级营销和品种差异营销做精油卡。要将加油卡营销产品与客户级别、需求品种、油卡积分、消费返利相挂钩、相联动,制定多样化、针对性的卡营销产品。

(三) 有效利用一体化营销挽回客户

针对零售转批发并被其他竞争对手挖走的客户,要利用一体化营销挽回此类客户。细分客户群体、细分商圈结构、细分区域市场,紧紧围绕不同客户差异需求、不同商圈的竞争形势、不同线路的客户结构,开展差异化的促销,力求形式简约、模式多样、效果突出。整合直销、零售微信平台,共享平台信息,按照油站分类和客户分类,自助设计差异化的促销套餐,贴近实际、注重效果。要分区域研究点对点、平滑价格等促销策略。

（四）通过礼尚往来的方式挽回客户

要将客户的赠品变成礼品，结合不同区域、不同时节、不同客户定制有特色、够时尚的礼品，让客户因礼品而加油，不是因为加油而被动接受赠品；地区公司要深入参与加油站的专属促销策划和研讨，紧紧抓住旅游旺季、假日经济等大事件的影响力，将客户需求、员工诉求融入促销活动中，并设计制定专属礼品赠予客户。

（五）通过油非互动的方式挽回客户

精心研究油非互动，对促销模式的设计、促销礼品的选择、促销开展的站点、客户群体和品种，都需要精细研究。要发挥属地分公司及加油站一线员工的聪明才智，积极征求分公司、加油站和客户的意见，借助第三方充当"外脑"角色做好市场调研，使油非互动真正带动主油，拉动非油。要精心研究定制 98 号、95 号汽油客户的促销礼品，研究高速公路、国道和城市站以及乡镇站不同的促销礼品，使促销礼品真正契合客户的需求。

（六）通过增强服务的方式挽回客户

实施与增量节奏相一致的保障支持，要加大现场服务规范和稽查力度，使服务成为扩量增效的长效法宝。研究增设针对性的服务项目，将现场管理、服务项目和差异营销有机结合起来，打造强大的现场提量增效。

第六节　营销策略优化

本节聚焦营销策略的优化，针对不同类型市场、客户和站点，提出了精细化的营销策略。通过深入理解不同市场的特点和需求，制定了相应的市场策略。

一、不同类型市场的营销策略

通过对不同区域公司的区域市场和市场地位进行定位和分析，可以针对不同省市市场特征及公司所处行业内具体位置进行精细化分析，并针对不同情况给出不同解决方案。

基于兰彻斯特模型❶给出的五种战略形态——完全优势市场、绝对优势市场、两大优势市场、相对优势市场和分散状态市场，可以结合未来五年成品油市场的发展趋势确定各类市场的不同情况，给出不同解决方法。

当公司在这一市场中处于完全优势时，其主要目标是"保效益、守份额"，在确保市场稳定的前提下，要及时监测主要竞争对手市场份额变化，制定针对性营销策略，果断出击，坚决遏制对手市场份额扩大。但与此同时，由于市场本身的局限性，企业应当采取稳定的策略，进行一定的投产以保证公司销量跟随市场容量增长，实现与市场份额相匹配的

---

❶　兰彻斯特模型：基于简单的水平差异产品的产业内贸易模型，以产品特性和消费者偏好的唯一占优选择性为基础解释两国贸易。兰彻斯特（Lancaster）认为，在具有相同特点的经济体之间，如果不存在贸易壁垒和运输成本，在规模收益最大化和消费偏好差异的影响下，两个经济体间仍能进行产业内分工和贸易。

销量增长，维护零售价格体系，实现销量最大化，达成量效双增的目标。

当公司在市场中处于一定优势地位时，其主要目标是"保效益、增份额"，即一方面维持好市场秩序，保证效益，另一方面紧盯主要竞争对手，适时主动实施营销活动，遏制其成长。结合市场的具体特征，公司可以考虑进一步发展份额，通过终端效率或是数量的提升实现份额增长。树立价格底线，重点把握量价关系，以此为基准，不以效益为代价追求无效份额扩张。

当公司的市场地位处于中间态势时，其主要目标是"增份额、重效益"。这时的市场份额超过"立足点"，但依然有较大的提升空间，要主动寻找营销机会，在具体的品种或地市寻求突破，并做好长期营销竞争的准备。同时，结合市场情况，公司可以选择维持当前状态，并保持适度的市场进攻性，以提效为主，提量为辅，争取实现高于市场需求速度的增长。

当公司在市场中处于弱势地位时，双方实力差距较大，应以"攻"为主，主要目标是"增份额、兼效益"，一是找准合适时机及地市区域，实施较大力度营销策略，通过地市区域市场份额的扩大稳步提高市场份额；二是分析对手加油站资产性质，寻求合作机会。结合市场的具体情况，则应在考虑扩大市场份额的同时，保持适度市场进攻性，争取实现高于市场需求速度的增长。

当公司在市场中的份额很小，对手处于绝对优势地位时，双方实力差距悬殊，应以"战略性进攻"为主，主要目的是要撬动对方优质市场。可考虑联合社会站竞争，在竞争中扩大市场份额，赢得市场地位和话语权。但联系市场实际情况，公司则应当从全局进行考虑是否应当在这一发展潜力较弱的地区继续投产以谋求扩大市场份额。因此从理想的状况来分析，应当在该地区进行进攻型竞争，并以此作为对竞争对手全局牵制的重要手段，服务于公司整体竞争策略，确保公司整体销售份额的增长。

二、不同类型客户的营销策略

针对不同类型的客户，结合 STP 理论，可以更好地理解他们的偏好与倾向性。根据客户的不同属性和行为，将客户划分为不同的层级或组别，以便更好地满足不同层级客户的需求和提高客户满意度。

（一）STP 理论

STP 是营销学中重要的战略之一，包括三个核心步骤：市场细分（Segmentation）、目标市场选择（Targeting）和定位（Positioning）。

市场细分：是指将整个市场划分为若干个子市场或消费者群体，这些子市场或群体具有相似的需求、特征或行为。在加油站市场中，可以根据客户的类型（如私家车、出租车、物流货运等）进行细分，也可以根据客户的消费习惯、地理位置、年龄等因素进行细分。

目标市场选择：在完成了市场细分后，企业需要评估各个子市场的吸引力和与企业的匹配度，选择一个或多个子市场作为目标市场。目标市场的选择应当基于企业的资源、能力和竞争态势。例如，一个加油站可能选择私家车市场和出租车市场作为其主要目标市场，因为这些市场对高品质油品和服务的需求较高。

定位：是指企业为目标市场提供的产品或服务在消费者心目中的独特地位。定位需要明确企业的竞争优势和差异化特点，以便在目标市场中脱颖而出。在加油站市场中，定位可以基于油品的品质、服务的质量、价格的合理性等方面。例如，一个加油站可以定位为提供高品质商品、优良服务的加油站品牌，注重品牌形象和口碑传播，从而在私家车市场和出租车市场中获得竞争优势。

（二）加油站客户分级分层的维度和层级

（1）消费金额：根据客户在加油站的消费金额，可以将客户划分为不同的层级，如高消费客户、中消费客户和低消费客户。针对不同层级的客户，可以制定相应的优惠策略和营销策略，如积分兑换、会员折扣等，以吸引和留住高价值客户。

（2）消费频率：根据客户光顾加油站的频率，可以将客户划分为高频客户、中频客户和低频客户。对于高频客户，可以提供更多的便利性服务和优惠活动，以提高他们的满意度和忠诚度；对于低频客户，可以通过广告宣传和优惠券等方式吸引他们前来消费。

（3）车辆类型：不同类型的车辆可能对油品和服务有不同的需求。例如，私家车可能需要高品质的油品和洗车服务，而货车可能需要更多的加油泵和快速加油服务。因此，可以根据车辆类型将客户划分为不同的组别，并提供相应的服务和产品。

基于以上维度，可以将加油站的客户分为以下几个层级：

（1）高价值高频客户：这些客户是加油站的忠实顾客，消费金额较高且光顾频率较高，他们可能对服务质量和加油站的品牌认知度较高。针对这些客户，可以提供高端的服务和产品，如 VIP 会员卡、免费洗车、免费汽车保养等，以提高他们的满意度和忠诚度。

（2）高价值低频客户/低价值高频客户：这些客户的消费金额或光顾频率居中，他们可能对价格敏感或者更注重服务的便利性。针对这些客户，可以提供积分兑换、会员折扣等优惠活动，同时加强便利性服务，如快捷支付、自助加油等。

（3）低价值低频客户：这些客户是加油站的潜在客户或者新客户，他们的消费金额和光顾频率都较低。针对这些客户，可以通过广告宣传、优惠券等方式吸引他们前来消费，并提供良好的服务和体验以将他们转化为忠实客户。

（三）加油站主要客户群体分类及策略

1. 私家车客户

客户画像：私家车客户通常对油品的品质有较高要求，更倾向于选择高标号汽油，并关注油品的质量。他们重视车辆的维护和保养，会定期更换机油、清洗车辆，并密切关注车辆的性能指标。在选择加油站时，他们更倾向于选择知名品牌、口碑良好的加油站，以获得更好的服务和质量保障。此外，私家车客户注重支付的便捷性和安全性，常用的支付方式包括微信、支付宝、信用卡和移动支付等。他们还对加油站的设施和环境有较高要求，如期望有舒适的休息区和干净的洗手间等。

营销策略：保证加油站的油品供应质量，积极部署 95 号、98 号、CN98 高标号油品，在加油站明显位置公示质检结果；建立会员体系，根据客户的加油量和频次设定不同的会员级别，并提供相应的优惠和服务；利用场地部署洗车业务，为客户提供专业的车辆养护建议和售后服务，包括定期更换机油、清洗车辆等；通过广告宣传和社交媒体等渠道，提高加油站的知名度和品牌形象；提供便捷的支付通道和安全的支付环境，如手机移动支付、车牌付、人脸付、ETC无感加油等，提高客户的支付体验；美化环境设施，提供舒适的休息区和洗手间等，增加绿化植物、座椅等，营造出舒适、温馨的加油环境；与其他相关企业合作，如汽车制造商、保险公司等，共同推出优惠活动和增值服务，提供一站式服务，建立战略联盟，共享客户资源，提高市场竞争力。

2. 营运车辆客户

客户画像：营运车辆客户主要包括出租车、网约车、公交车以及短途货运车辆，有独特的需求和特点。由于营运性质，他们需严格控制成本，因此对油价十分敏感，常常会选择价格更优惠的加油站。强烈的时间成本意识也使得他们更倾向于选择那些加油速度快、排队时间短的加油站。长时间在路上行驶导致他们的加油频次较高。此外，营运车辆客户对加油站的服务质量也有相对较高的要求，期待能满足他们在运营中的各种需求。为了保证运营的稳定，他们对油品的质量和数量等指标也十分关注。总地来说，营运车辆客户展现出对价格敏感、时间紧迫、加油频次高、服务需求高、依赖度强以及有长期合作意愿等特点。

营销策略：针对这类价格敏感的群体，加油站要合理地制定定价策略，要确保价格具有竞争力。可以根据市场情况和竞争对手的价格进行调整，也可以根据客户加油量和频次给予一定的折扣；借助第三方平台的资源投入，形成叠加效应，但要防止平台逆向导流；加油站需要提供高效的加油服务为营运车辆客户快速完成加油，可以设置专门的营运车辆加油通道，优化加油流程，减少等待时间；营运车辆客户对油品的质量有较高的要求，因此加油站需要确保油品的质量和数量，可以将加油枪偏差值调至负值，提升客户体验感。建立会员体系，根据客户的加油量和频次设定不同的会员级别，并提供相应的优惠和服务；与营运车辆客户建立长期合作关系，如与物流公司、出租车公司等签订合作协议，确保稳定的油品供应和优惠价格；关注客户的需求和反馈，提供个性化的服务和关怀，设置客户意见箱、定期调查等，收集和处理客户的意见和建议；通过广告宣传和社交媒体等渠道，提高加油站在营运车辆客户中的知名度。可以在营运车辆聚集的地方设置广告牌、发放宣传单等。

3. 政府机关及企事业单位客户

客户画像：政府机关和企事业单位客户的车辆规模较大，消费能力较强，使得他们的加油需求呈现出稳定的态势。在采购油品时，他们必须遵守相关的规定和标准，因此对油品的质量和加油站的合规性持有较高的期望。他们通常会选择通过公开招标的方式进行集中采购，资金来源主要是政府财政拨款，因此他们的支付能力是有保障的，但通常需要进行定期的结算。为了方便管理，他们希望加油站能提供车辆用油管理的协助以及便捷的结算方式。与个人客户相比，他们在对价格敏感的同时，更看重油品的质量和加油站的信誉。除此之外，他们对加油站的服务质量和效率也有较高的要求，包括但不限于加油的速度、支付方式的多样性和设施的完备程度。

营销策略：主动与政府机关及企事业单位建立合作关系，了解他们的需求和采购计划，提供定制化的油品供应和服务方案。通过长期合作和稳定供应，赢得客户的信任和支持。积极参与政府采购，根据政府机关及企事业单位的采购规模和频次，给予一定的价格优惠和折扣，降低他们的采购成本。提供灵活的结算方式和账期管理，满足他们的财务管

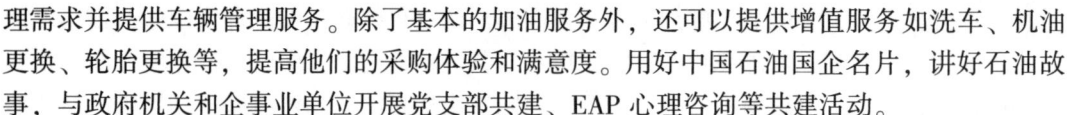

理需求并提供车辆管理服务。除了基本的加油服务外，还可以提供增值服务如洗车、机油更换、轮胎更换等，提高他们的采购体验和满意度。用好中国石油国企名片，讲好石油故事，与政府机关和企事业单位开展党支部共建、EAP 心理咨询等共建活动。

4. 运输车辆客户

客户画像：运输行业的三大主要客户是长途货运车辆、城市配送车辆和客运车辆。由于每种车辆的运营特性和需求各不相同，加油站必须提供多样化的油品以满足他们的不同需求。长途货运车辆因为需要持续进行长途运输，所以加油的频率较高。这些车辆在选择加油站时，不仅要考虑油价的经济性，还会关注站内的优惠和折扣策略，以控制运营成本。他们对加油站的服务也有较高期望，包括加油的速度、效率，以及油品的质量和数量保障。同时，他们还希望加油站能提供额外的增值服务，以提升加油的整体体验。长途货运车辆在选择加油站时，主要考虑的因素包括货运线路、加油站的位置、油价和服务质量，旨在找到性价比最高的合作伙伴。城市配送车辆则因为需要在城市内进行大量短途运输，所以更倾向于选择位于城市交通便利地段的加油站。至于客运车辆，如长途大巴和城市公交，由于他们的运营性质，通常会选择固定的加油站进行合作，以确保油品的稳定供应和质量。

营销策略：为了满足长途货运客户的需求并提升他们的满意度，加油站要确保提供具有竞争力的油价和质量上乘的油品。采用积分累积、会员折扣等优惠措施，与客户签署长期合约以稳固合作关系。要建立客户档案并定期沟通了解客户需求，从而为他们提供个性化的服务。此外，还需要积极扩展增值服务，如道路救援、轮胎检查、简单维修和擦车加水等，旨在解决客户在路上的实际问题，并进一步提升满意度。为了吸引更多长途货运客户，要积极与物流公司和运输协会建立稳固的合作关系。在高速公路沿线设置广告牌，并在社交媒体平台上发布相关信息，提高加油站的知名度。开展"司机之家"建设项目，包括设立司机休息室、淋浴间和餐厅，提供按摩椅和洗衣机等设施，以解决司机在停车、淋浴、洗衣、休息和餐饮等方面的难题。要安装监控摄像头，确保为客户提供一个安全的停车环境。除此之外，还应建立一个物流配载平台，以便更全面地满足客户的各项需求。

5. 工矿企业用油

客户画像：工矿企业，如钢铁冶金、发电、纺织、水泥生产、矿山和石油化工等，是典型的工业用油客户。这些企业依赖大量的机械设备和车辆来维持其运营和生产活动，因此油品消耗量很大。由于成本控制是运营中的关键因素，所以这些企业对油价非常敏感，并倾向于选择价格公道、有优惠的加油站。他们选择加油站时，油品的质量和供应的稳定性也是重要的考量因素。为了满足生产连续性，工矿企业往往与加油站建立长期、稳定的合作关系。此外，他们对加油站的服务也有较高期望，包括加油效率和服务质量。总的来说，工矿企业用油客户的需求特点包括用油量大、合作稳定、对价格敏感、注重油品质量以及期望得到专业服务。针对这些需求，加油站应设计针对性的服务策略，以满足这些企业的期望并提升他们的满意度。

营销策略：加油站要提供有竞争力的价格和优惠措施，如长期合同折扣、大量购买折扣等，以吸引和稳定这些客户。保证油品质量和供应稳定性，提供油品质量检测报告，以增加客户对油品质量的信任。通过提供个性化的服务、定期沟通、需求了解等方式，与企业建立长期稳定的合作关系。此外，加油站还可以提供灵活的合同和支付方式，以适应企业的特定需求。除了基本的加油服务，加油站还可以提供增值服务，如设备维护、轮胎检查、润滑油更换等，以满足工矿企业在设备维护和车辆保养等方面的需求。开展定制化的营销活动，如企业专属的优惠活动、油品推介会等，以加深与企业的合作关系，并吸引更多潜在客户。与设备制造商、维修服务商等相关行业深化合作，为工矿企业提供一站式服务，满足他们在设备维护、更换等方面的需求。定期举办与工矿企业相关的研讨会和培训活动，分享行业动态、油品知识和管理经验，加强与企业的互动和交流。建立完善的油品质量追溯系统，确保每一批次的油品质量可追溯，增加工矿企业对油品质量的信任度。组建专业的客户服务团队，具备一定的行业知识和经验，能够为工矿企业提供专业的咨询和支持。加强与行业协会的合作，共同推动行业发展，分享最佳实践，并获取更多与工矿企业合作的机会。

6. 农业用油客户

客户画像：农业用油客户的需求在农忙和特定作业时段尤为集中，对油品的需求量大。因农业机械设备对油品的高要求，客户特别关注油品质量，以保障设备的良好运行和延长其使用寿命。在价格方面，这些客户较为敏感，希望在确保油品质量的同时，找到价格合理的供应商。相较于其他行业，农业用油客户在选择油品时并不十分看重品牌，而是更注重油品的质量和性价比。为了满足农业生产的需求，他们期望得到迅速且高效的加油服务。除了基本的燃油需求外，他们可能还需要其他专用油品，如润滑油和液压油等。在使用过程中，他们可能需要了解与农业机械设备和油品使用相关的知识。若出现技术问题或设备故障，他们需要及时得到技术支持和售后服务，以确保设备能够正常运行。

营销策略：推广高品质油品，提供有竞争力的价格，保障油品的性价比，通过打包销售或长期合同等方式提供一定的折扣，以吸引和留住客户。提供快速、高效的加油服务，以及便捷的支付方式和灵活的加油地点，以满足客户的即时需求。提供7×24的客户服务和技术支持，以解决客户在使用过程中可能遇到的问题。除了基本的油品外，向客户提供其他专用油品，如润滑油、液压油等，以满足客户的不同需求。与农机设备制造商合作，共同开发和推广适合特定设备的专用油品。组织相关的培训活动，帮助客户了解农业机械设备和油品使用的知识。与农业相关的企业或组织建立合作关系，共同推广油品和服务。例如，与农机设备制造商、农业合作社、农业技术推广机构等建立战略联盟，共同为客户提供更全面的解决方案。利用多元化的营销渠道，如线上平台、社交媒体、农业展会等，扩大品牌知名度和曝光率。通过线上平台提供便捷的购买和咨询服务，增加客户的购买便利性。与其他行业的企业进行跨界合作，共同开发和推广创新的农业用油解决方案。利用社交媒体、企业微信、公众号等新媒体工具分享实用的农业和油品知识，以吸引潜在客户。

7. 大型基建用油

客户画像：大型基建项目不仅包括道路、桥梁、隧道等传统工程，还可能涉及新能源、水利、通信等多个领域。通常涉及大量的机械设备和运输工具，包括挖掘机、装载机、压路机等，它们的运行都需要大量的油品供应，因此用油量需求巨大。由于基建项目使用的设备通常较为昂贵且复杂，对油品的质量要求较高。这类基建项目通常周期较长，有的甚至需要数年时间。因此，大型基建用油客户需要长期稳定的合作关系，确保在整个项目周期内能够获得持续的油品供应。由于设备类型较多，客户对油品的需求也可能涵盖多种类型，如燃油、润滑油、液压油等。

营销策略：主动与大型基建项目的施工方、设备供应商等建立联系，了解他们的用油需求，积极推荐加油站的产品和服务，争取与他们建立合作关系。根据项目的具体需求提供定制化的油品供应方案，并提供一定的价格优惠，可以根据项目的规模和用油量制定阶梯式价格策略，争取签订长期供应合同。在项目周期内提供稳定的油品供应，设置专门的24h油品保障和供应机制。考虑在项目附近增设临时橇装加油设施，现场加油服务等灵活方式，满足项目的实际需求。建立完善的客户服务体系，提供及时的技术支持和售后服务，包括设备维护、油品更换建议等，降低项目方在使用过程中遇到的风险。开展联合宣传活动，共同提高品牌和项目的知名度。为大型基建项目的相关人员提供油品知识的培训，提供油品储存和管理的专业建议，包括油品的储存条件、安全措施、使用注意事项等，确保油品的质量和安全。设立专属客户经理，提供一对一的服务和支持。定期对加油站的服务进行评估和改进，以确保满足大型基建项目的需求。积极推广润滑油、添加剂等产品的销售，以满足项目方的更多需求。

三、不同类型站点的营销策略

按照《销售公司管理手册加油（气）站业务分册》的相关要求，在地理位置、商圈类型、经营方式、销量规模等要素的基础上，综合考虑客户类型、市场情况等要求，将加油站分为市内社区型、外环高速型、郊区农村型、城市新区型、旅游景区型、交通枢纽型、大型商圈型、国省道型、综合能源型等类型，并提出对应的营销策略包。

（一）市内社区型加油站

站点特征：地理位置优越是市内社区型加油站的一大显著优势，这类加油站多数位于城市的核心地带，车流和人流在此处汇集，形成了极高的商业价值。它们常处于居民区或商业区的中心位置，对于居民和过往的车辆而言，加油变得异常方便。尽管其车流量保持在一个相对稳定的水平，没有太大的起伏，但由于其服务的对象主要是固定的社区居民和附近的商户，这使得它们拥有稳定的客源。为了满足客户的需求，市内社区型加油站的营业时间通常较长，甚至提供24h服务。然而，由于在同一区域内的加油站数量较多，这使得竞争变得尤为激烈。此外，这些加油站还必须严格遵守安全、环保和消防等方面的规定，确保其合规经营。对于固定的客户群体，他们对服务的质量有较高的期望，而需求的快速变化也是市内社区型加油站需要面对的挑战。

营销策略：在制定营销策略时，要注重精准定价，对不同时间段和车型进行精细分类，并根据市场需求和竞争态势制定适应的价格，以追求收益最大化。同时，综合考虑客户的消费习惯、需求的波动，运营成本和市场环境，以确保所定价格具备竞争力和盈利能力。要积极扩展非油品业务，增设便利店以满足客户的即时需求，引入洗车服务以提供便捷快速的洗车体验，还要增设充电站以满足电动汽车用户的充电需求。此外，推出会员体系并赋予权益包，如提供专属停车位和优先加油服务，以节省客户的等待时间，并通过积分累积、会员专享折扣等方式增强客户的归属感。与社区紧密合作举办各类活动，如安全驾驶培训、亲子活动等，以深化社区融入感并推进社区营销，从而更好地了解社区居民的需求和偏好，并根据这些信息调整服务内容和营销策略。同时，要利用大数据和 AI 技术优化运营，如智能排班、销售预测以及量价模型的应用，提高加油站的运营效率和服务质量。

（二）外环及高速型加油站

站点特征：外环及高速公路的加油站地理位置优越，多位于高速公路的出入口、交汇处或城市外环的交通要冲，因此车流量一直保持在一个相对较高的稳定水平。与市区内的加油站相比，这些加油站的销量较少受到季节和天气变化的影响，但更容易受到交通状况的影响，例如道路施工、交通拥堵或交通事故。此外，客户群体也呈现出多样化的特点，涵盖了私家车、货车、客车等多种类型的车辆和驾驶员。在竞争环境方面，相较于城市内部的加油站，城市外环和高速公路上的加油站数量较为有限，因此面临的竞争压力相对较小。同时，由于它们位于封闭的道路系统中，客户对油品价格的敏感度相对较低。

营销策略：通过优化工作流程和提升员工效率为客户提供快速、准确的加油服务，确保驾驶员在短时间内完成加油。引入智能支付系统，支持多种支付方式，减少排队等待时间，提高支付效率。针对驾驶员的需求痛点，打造"司机之家"服务驿站，提供安全停车、休息、淋浴、餐饮和洗衣等一站式服务，以缓解驾驶员的疲劳和不便。与道路救援服务提供商合作，提供紧急救援服务，如轮胎更换等。设立汽修服务区，提供车辆维修和保养服务，满足驾驶员对车辆性能和安全的需求。拓展会员积分体系，与合作伙伴共同推出积分兑换活动，增加积分的吸引力和使用范围，如积分兑换现金券或加油券等。提供定期结算与报表功能，为会员提供定制化算账服务，让驾驶员能够实时了解自己的消费和积分情况，根据其加油量与积分情况提供最优的加油方案，降低加油成本。与其他商业机构合作推出联合优惠活动，如购物满额赠送免费加油券等。与汽车后市场服务提供商合作，提供一站式服务，如零部件销售、保养咨询等。集成电子货运平台，为驾驶员提供货源信息和运输需求查询服务，提高货运效率。参与交通协会的活动和项目提高加油站在行业中的知名度和影响力。

（三）郊区农村型加油站

站点特征：郊区农村型加油站通常位于远离城市中心的农村或郊区，交通相对不便利。主要客户群体是农村居民、农场机械和过路车辆，相比于城市或高速公路上的加油站，郊区农村型加油站的车流量较小，但服务半径相对较大。客户对服务的需求则相对简单，主要集中在加油、简单维修和洗手间等基本服务上。在营业时间上相对更加灵活。

营销策略：此类客户对价格相对敏感，因此可以通过合理的定价策略吸引更多客户。例如，可以提供折扣、积分兑换等优惠活动。与当地社区合作，如赞助社区活动、提供农业相关信息服务等，与客户建立紧密的联系。与其他相关行业进行跨界合作，如与农资店、农机修理店等建立合作关系，提供一站式服务，满足农村居民的多样化需求。在加油站内设立农产品展示区，展示当地农户的特色农产品，帮助农民拓宽销售渠道，同时吸引过往车辆和游客。针对农忙时节，推出特色服务和优惠活动，如延长营业时间、提供农机具租赁等，满足农村居民在高峰期的特殊需求。与旅游公司或周边景点合作推广加油站作为旅游线路中的休息点或补给站。

（四）旅游景区型加油站

站点特征：这类加油站通常位于旅游景区附近或景区内部，具有得天独厚的地理位置优势，能够吸引大量游客前来加油。与普通加油站相比，旅游景区型加油站的客户需求更加多样，包括观光游客、自驾游客、商务旅行者等，因此需要提供更加丰富的产品和服务。旅游景区通常对环境保护有较高的要求，因此旅游景区型加油站需要注重环保和可持续发展，可能受景区管理规定的影响与限制，如环保要求、营业时间等。同时受旅游季节影响，车流量波动较大，加油站需要应对旅游高峰期的客流高峰。

营销策略：由于客户群体的特殊性，旅游景区型加油站的服务要求相对较高，需要提供更加便捷、高效、优质的加油服务和其他增值服务吸引游客。如结合当地节日、活动或旅游旺季，策划主题活动，如夏日清凉派对、自驾游嘉年华等，吸引游客参与并享受加油站的特色服务。与当地旅行社、酒店、景点等建立合作关系，共同推广旅游资源和优惠产品，实现资源共享和互利共赢。与餐饮、零售等行业进行跨界合作，提供旅游导航、景点推荐、食宿优惠等一站式服务，满足游客的多种需求。利用社交媒体平台，如微博、微信等，发布加油站的活动信息、优惠信息，与游客互动，提高品牌曝光度。在加油站内提供旅游攻略、地图和导览服务，帮助游客更好地了解当地景点和文化，提升旅游体验。提供应急救援服务，如紧急救援电话、急救箱等，确保游客在遇到突发情况时能够得到及时帮助，增加游客的安全感。与当地或全国知名的网红、意见领袖（KOL）进行合作，邀请他们参观加油站并分享体验，扩大加油站在社交媒体上的影响力。结合当地特色文化或自然景观，销售相关纪念品或特色商品。与知名品牌合作，推出限量版产品或联名商品，如限量版油卡、特色纪念品等，吸引游客关注和购买。

（五）交通枢纽型加油站

站点特征：交通枢纽型加油站位于机场、火车站和长途汽车站等交通要地附近，其显著的地理位置和巨大的车流量为其带来了巨大的商业潜力。为了满足出租车、网约车、私家车、大巴等多种车型的不同加油需求，这类加油站需要提供多元化的服务。应对持续的高车流量和高峰时段，加油站的运营时间和服务能力必须达到高标准。为了与交通枢纽的运营时间相协调，它们常常提供24h服务。在激烈的竞争中，提供优质服务是关键，包括友好的员工、清洁的环境和高效的加油流程。此外，由于人流量巨大，这类加油站还有巨大的潜力拓展非油品业务。

营销策略：加强车辆引导，确保加油站入口和出口流畅，避免拥堵。单独设立出租车、大巴等车型的专属加油通道，提高加油效率。支持移动支付、电子加油卡等多种支付方式，满足客户的多样支付需求。运用数据分析预测车流量和高峰时段，科学调整员工班次，确保高峰时段服务无缺。员工定期接受服务培训，以专业和友好的态度服务每一位客户。站内开设便利店、餐饮和汽车维修服务，拓展业务领域，并与附近酒店、餐厅合作，吸引更多客户。投放广告，强化品牌认知和服务优势，同时参与公益活动，提升品牌知名度。精准推送个性化优惠信息给客户，与交通枢纽和其他商业伙伴合作，推广服务并扩大市场份额。引入智能排队系统，优化车辆进出流程，降低拥堵和等待时间。提供轮胎充气、电池更换等汽车维护服务，并与紧急救援机构合作，为遇到困难的司机提供帮助。在重要时刻举办主题活动或促销，增设车辆清洗服务，满足司机的多种需求。加强与当地社区的互动和联系，开展共建活动。

（六）国省道型加油站

站点特征：位于交通主干线上，是连接各大城市和地区的关键节点，地理位置优越，车流量巨大，潜在客户群体广泛。服务对象主要包括长途驾驶的司机和货车，需求稳定。此外，附近居民和周边地区的企业也是重要的服务对象，客户类型多样，需求各异。除了提供加油服务外，还需要提供多元化的服务，如便利店、洗手间、休息区等。为了满足不同客户的需求，国省道型加油站通常需要提供24h服务。国省道型加油站通常位于交通要道上，是展示品牌形象的重要窗口。通常面临激烈的市场竞争，需要注重市场调研和营销策略的制定，提高市场占有率和竞争力。

营销策略：搜集目标群体的特点和需求，包括客户类型、车辆类型、行驶路线等，以便为不同类型的客户提供定制化的服务和产品。优化加油站的布局和设施，如增加大流量加油枪、设置舒适的休息区和洗手间等，提高服务效率和客户满意度。除了提供传统的加油服务与非油品业务，还可以考虑增加其他相关服务，如餐饮、道路救援、汽车维修、轮胎更换、机油更换等，以满足客户的多种需求，提高客户黏性。合理制定价格策略，包括优惠促销、会员折扣等，吸引更多客户。利用广告、社交媒体等多种渠道进行品牌宣传和推广，提高中国石油的品牌知名度和美誉度。与周边工矿企业、物流公司等建立长期合作关系，提供稳定的柴油供应和优惠价格。与餐饮、零售、汽车服务等企业合作，共同推出优惠活动，实现资源共享和互利共赢，吸引更多合作伙伴和客户资源。与金融机构合作，为客户提供便捷的支付、结算等金融服务，提高客户满意度。利用智能导航系统，为客户提供最优的加油站点推荐和路线规划，提高客户体验。利用社交媒体、搜索引擎优化（SEO）、付费广告投放（PPC）等线上营销手段，提高品牌曝光度和吸引更多潜在客户。通过拍摄短视频、发布柴油价格、优惠活动等信息方式，树立专业、可靠、高效的品牌形象。加强员工培训，提高服务意识和专业技能，确保员工能够快速、准确地为客户提供加油和其他增值服务。同时，关注客户的反馈和投诉，及时解决问题，持续改进服务质量。随着电动汽车的普及，考虑在加油站增设充电设施，为电动汽车用户提供便利。

（七）综合能源型加油站

站点特征：能够提供多种能源类型，如汽油、柴油、天然气、氢气、充电等，能够满足不同类型车辆的需求；由于需要供应和储存多种能源，站点集成了各种能源的供应和储存技术，稳定供应和安全性较高；提供一站式服务，客户可以在同一个站点完成加油、加气、充电等多种能源服务，方便快捷；综合能源型加油站通常占地面积较大，配备完善的设施，如便利店、洗手间、休息区等，为客户提供更加便捷和舒适的服务体验。

营销策略：定位高端市场，利用电视、广播、报纸、网络等多种媒体进行广告宣传，在微博、微信等社交媒体平台上建立官方账号，发布相关资讯、互动活动，吸引粉丝关注，增加品牌影响力；邀请具有影响力的行业专家、意见领袖为加油站代言，提高品牌权威性；在加油站内设置互动体验区，让客户亲身感受各种能源服务，增加客户对产品的了解和信任；推出多种能源的套餐优惠活动，建立会员积分体系，鼓励长期消费和增加客户黏性；引入智能支付方式，提供预约加油、在线支付等便捷服务，优化客户体验，提高客户满意度；与汽车制造商、物流公司等行业合作伙伴共同推广综合能源站，提供定制化的能源服务解决方案；与其他产业或品牌进行跨界合作，提供增值服务，如餐饮、休息区等；举办或赞助与绿色出行、环保、新能源等相关的主题活动，如绿色出行日、新能源汽车展等，吸引公众关注。

四、不同类型场景的营销策略

（一）场景营销的定义

场景营销是营销策略的一种，它侧重于在特定场景下深入分析消费者的需求和行为，并据此设计出有针对性的营销方案。通过这种策略，可以创造出有价值的场景和体验，引发消费者的共鸣，从而提高他们的参与度和购买意愿。

一般而言，场景营销包含五个主要环节：

（1）场景识别：对特定营销环境的识别和判断。

（2）场景设计：根据识别的场景，构建与消费者需求相匹配的营销方案。

（3）互动体验：在营销活动中提供与消费者的互动环节，强化他们的参与感和体验。

（4）数据收集与分析：收集并分析消费者在营销活动中的数据，以更深入地理解他们的需求和行为模式。

（5）营销策略：基于数据分析结果，调整和优化营销策略，提升营销效果。

（二）加油站场景营销

加油站场景营销强调以客户为中心，深入分析客户在加油前、中、后的不同需求和行为模式。基于这些信息，可以制定出更精确的营销手段，旨在提高销售效率和客户满意度。结合全流程诊断结果，加油站的营销场景一般可以分为进站、加油、购物、离站四个阶段。

（1）进站环节是客户与加油站接触的第一个环节，也是形成第一印象的关键时刻。如何在进站环节就牢牢吸引住客户，让客户愿意进站，是加油站营销的重要一环。如何通过精心设计和优化进站环节，提高加油站的吸引力，增加客流量是提升加油站销售的关键。

（2）加油环节是客户与加油站接触最为频繁的环节之一，也是客户体验的重要组成部分。如何在加油环节提供优质的服务和体验，满足客户的需求，是加油站营销的重要一环。

（3）购物环节是消费者与商品直接接触的环节，也是决定消费者是否购买的关键时刻。在这个环节，场景营销发挥着至关重要的作用。通过精心设计和优化购物场景，可以打造沉浸式购物体验，吸引消费者的注意力，激发购买欲望。

（4）离站环节是消费者与零售店告别的时刻，但这并不意味着营销就此结束。离站环节同样蕴藏着巨大的营销机会，通过精心设计和优化离站场景，不仅可以给消费者留下美好回忆，还可以为品牌创造更多回头客。

（三）不同场景的营销策略

1. 进站环节场景营销：打造吸引力满满的"第一印象"

在进站口或前方道路设置明显的引导标识，如大型广告牌、指示牌等，提升加油站视觉形象，引导客户顺利进站；加强进站车辆引导，保持进站通道畅通无阻，避免拥堵和排队现象，让客户能够快速进站；通过网上服务平台对好客 e 站 APP、微信公众号、支付宝小程序等互联网移动应用端进行优惠信息推送，提升客户的体验和活跃度；利用企业微信开展社群营销，定期开展拼团、砍价等活动，引导客户领券到站消费；做好品牌宣传，利用抖音、快手等自媒体平台打造加油站"网红"；与意见领袖进行合作，开展线下体验线上推广，借助他们的影响力传播品牌形象。

2. 加油环节场景营销：提升客户体验与满意度

保持加油设备的正常运行和准确性，提高加油效率，避免客户长时间等待；提升现场服务质量，定期对员工进行服务意识和技能培训，确保员工能够提供专业、友好的服务；引入智能化设备和技术，如 ETC 车牌付、支付宝人脸支付、不下车无感加油、机器人值守加油等，提高加油站的支付效率；在加油区电子屏、广告牌或宣传栏，为客户提供有价值的信息，提升客户对品牌的认知和好感度；结合节假日、传统节日、会员日等时机，推出创新性的营销活动和优惠措施，吸引客户参与；开展互动体验活动，如抽奖游戏、问卷调查等，吸引客户的注意力，增强客户对加油站的参与感和黏性；定制化服务推荐，根据客户的加油记录和消费偏好，提供个性化的服务推荐和优惠活动，提高客户的满意度和忠诚度。

3. 购物环节场景营销：打造沉浸式购物体验

随时收集消费者数据，结合市场的潮流趋势和消费者需求提高选品质量；根据商品的特点和目标受众，营造相应的主题氛围，如节日主题、季节主题等，让消费者沉浸在相应的场景中；设置互动式体验区，让消费者能够亲身感受商品的特点和优势；提供专业的导购服务，根据消费者的需求和偏好，推荐适合的商品，提高购买效率；优化商品的陈列布局，突出商品的卖点和优势，让消费者能够快速找到自己需要的商品；结合节假日、会员日等时点，开展相应的促销活动，如满减、折扣等，吸引消费者购买；设置满意度调查表或意见箱，收集消费者对购物环节的评价和建议，以便针对性地改进服务；拓展线上线下融合，打造无缝衔接的购物体验，如线上下单、线下体验等。

4. 离站环节场景营销：延续美好体验提升复购

提高员工服务意识，礼貌送行客户；提供便捷的售后服务支持，如非油商品的退换货、油品质量跟踪服务、相关货物的保修服务等，让消费者无忧消费；根据消费者的购物金额或会员等级，赠送一些小礼品或样品，让消费者在离店后仍能感受到品牌的关怀；开展积分兑换活动，让消费者可以将本次购物的积分兑换成优惠券、小礼品等，增加再次购物的动力；邀请消费者参加品牌的会员活动或体验活动，如新品试用、会员日折扣等，拉近与消费者的距离；在离站区域设置舒适的休息区，让消费者在等待离开的过程中可以稍作休息，感受品牌的贴心服务；举办互动活动，如抽奖游戏、互动问答等，让消费者在离店之际仍能感受到品牌的欢乐氛围。

5. "油站+"营销场景延伸

"油站+"是指加油站不再仅仅是一个单一的加油服务场所，而是通过与其他业务、服务或技术的结合，成为一个综合性的服务中心。以下是一些关于"油站+"的延伸场景：

（1）油站+充电设施：随着电动汽车的普及，加油站可以考虑增设电动汽车充电设施，为电动汽车用户提供充电服务的同时增加加油站的收入来源。

（2）油站+智能洗车：通过引入智能洗车设备和技术，加油站可以提供高效、便捷的洗车服务。消费者可以在加油的同时，享受自动化洗车的便利，提高加油站的客户黏性和满意度。

（3）油站+餐饮服务：在加油站内开设 KFC、汉堡王等知名连锁品牌餐厅，为客户提供餐饮、小吃、咖啡等服务，可以满足消费者在加油过程中的购物和饮食需求。

（4）油站+汽服业务：提供汽车护理服务，如美容、维修、保养等。在加油站内提供一站式的汽车护理服务，可以方便消费者在加油的同时进行车辆保养和维修，提升消费者的满意度和忠诚度。

（5）油站+救援服务：与救援服务提供商合作，提供道路救援服务，如紧急救援、拖车服务等。这可以为遇到意外的驾驶者提供帮助和支持，增强消费者对加油站的信任和依赖。

（6）油站+休闲娱乐设施：在加油站内设置休闲娱乐设施，如休息区、游戏区等，让消费者在等待加油的过程中可以休息、娱乐。可以提供舒适的座椅、游戏设备、电视等设施，提升消费者的满意度和归属感。

（7）油站+合作伙伴：与其他品牌或服务商建立合作伙伴关系，共同提供优惠活动和增值服务。例如，与汽车制造商合作提供试驾服务，或与保险公司合作提供车险服务。

（8）油站+共享出行：与共享出行企业合作，在加油站设置共享汽车、共享单车或共享电动车的停靠点，方便用户加油后直接租赁或使用。

（9）油站+健康检查：与健康机构合作，为驾驶者提供简单的健康检查服务，如血压、血糖检测等，这可以增强消费者对加油站的黏性，并提高他们的健康意识。

（10）油站+跨界合作：与其他非传统行业进行合作，如与电影院合作提供优惠电影票，或与健身房合作提供健身优惠等。

第四章 工作方法与诊断工具

具体的诊断工作可以通过线上线下相结合的各种手段开展，本章详细阐述了各种诊断方法的开展和使用介绍。线下诊断包含商圈调研、站内访谈、指标测算等手段；线上诊断则是通过中国石油开发的线上诊断工具，输入各项测算的指标数据后能自动出具标准化诊断报告。

第一节 工作方法

一、商圈调研

商圈调研是制定加油站诊断优化方案的基础。通过对目标站点周边商圈开展调研，结合加油站历史全流程诊断报告，可以对加油站周边市场容量进行判定，为下一步制定优化方案提供支撑。

（一）商圈调研概念

本书中所指的商圈是指以目标站点为中心，沿着加油站所属道路进行延伸，或以加油站为中心按照一定半径进行扩展，能对顾客形成吸引的辐射范围。不同类型、不同距离的商圈，经营方式、商品种类、营销策略应有所区分。

高速路、国省道、物流站及旅游加油站主要对道路沿线进行调研，其中高速路加油站根据所处区域情况，可对沿线200~500km范围进行调查；国省道、物流及旅游站一般对沿线10~50km范围进行调查。

社区站、旗舰站、乡村站主要以诊断站点为中心，一般按照半径1km、3km对所在商圈进行分层，半径在1km范围内的为目标站点核心商圈，加油站应重点调查；半径在3km范围内为非核心商圈，加油站也应认真调查，作为加油站销量延伸的补充；超过3km半径的区域一般对加油站销售不会产生明显影响。

（二）商圈调研重点

结合成品油零售市场特点，不同类型加油站商圈调查应有所侧重。

高速公路加油站调研重点为高速公路车流量、车流结构（汽油、柴油、摩托车）、主要竞争对手硬件条件、销售情况及营销策略等。

其他类型加油站调研重点主要包括：站前道路车流量及车流结构、企事业单位数量及汽车保有量、小区数量及汽车保有量、工矿企业用油需求、竞争对手基本信息及销量等。

（三）商圈调研方法

商圈调研一般通过现场走访、抽样调查等方法开展；有条件的单位，也可通过企查查、天眼查、BH PRO 等付费的信息查询平台进行调查。以诊断站点为中心对周边企业、小区等信息进行收集，了解周边商圈企业及小区具体情况，结合电话沟通、上门拜访等方式，再逐一进行核实确认。

（四）商圈分类

商圈分类应结合潜在销量指标诊断结果确定，根据商圈分级情况，制定加油站诊断优化总体方向。

（1）若商圈较丰富、潜在销量较大，诊断目标站点优化方案及营销活动应以提量提效为主要方向；

（2）若商圈较好、潜在销量一般，诊断目标站点优化方案及营销活动应重点针对流失客户开展营销；

（3）若商圈容量不够，则应扩大商圈调查范围或从创效的角度开展营销。

二、站内访谈

在对商圈进行调研的基础上，团队诊断或专家诊断须通过站内访谈的形式，对加油站运行情况及周边商圈信息、竞争形势等作进一步判断。

站内访谈交流对象包括加油站经理、便利店主管、加油站一般员工，访谈交流内容主要包括：诊断加油站周边商圈特点、竞争对手相关情况、与主要竞争对手优劣势对比、营销策略建议以及需要的支持等。

访谈交流注意事项：诊断组提前准备提纲发给加油站员工，便于参与座谈人员充分准备和交流。各级员工发言时要确保信息真实准确，以便诊断团队能全面、准确掌握诊断站点基本情况。诊断组要安排人做好发言的记录，必要时可以录音，便于核实确认诊断站点的相关信息。

发言提纲可以参考以下内容制定：

（1）诊断加油站主要竞争对手、次要竞争对手、其他竞争对手及其分别的主要固定客户构成、当前主非油销量、优势。

（2）诊断油站目前主非油销售情况，主要影响因素是什么？

（3）诊断油站固定客户群体构成，客户需求情况，开发成功的关键是什么？

（4）诊断油站主要目标客户群体有哪些，客户需求量及主要诉求，油站已采取哪些措施开发？

（5）目前加油站人员结构及排班安排，高峰期油站运行效果如何？

（6）目前加油站薪酬激励方案及运行效果如何？

（7）本站诊断已发现的问题有哪些？

（8）需要公司层面给予的支持有哪些？

三、指标测算

指标测算主要分两个方面：一是查看现场，对加油站功能布局、场地条件进行调研了解；二是实测数据，除纯系统数据外，全流程诊断指标体系中有 15 个指标需要人工测量进行完善，主要包括：油站外观条件、潜在销量、进站率、流程（平均）标准时间比、高峰期拥堵指数等。

首先，查看现场应该重点查看诊断站点油品布局、便利店布局、标识设置等情况，并绘制加油站油品布局图、便利店布局图等相关草图，详细标注加油区油品布局情况及场地间距、便利店品类分布情况等信息，同时也要关注加油服务、收银服务、卸油操作、售卡操作、交接班等方面，多维度了解加油站运营管理现状，为进一步分析研究提供支撑。某加油站诊断后绘制的油品布局见图 4-1。

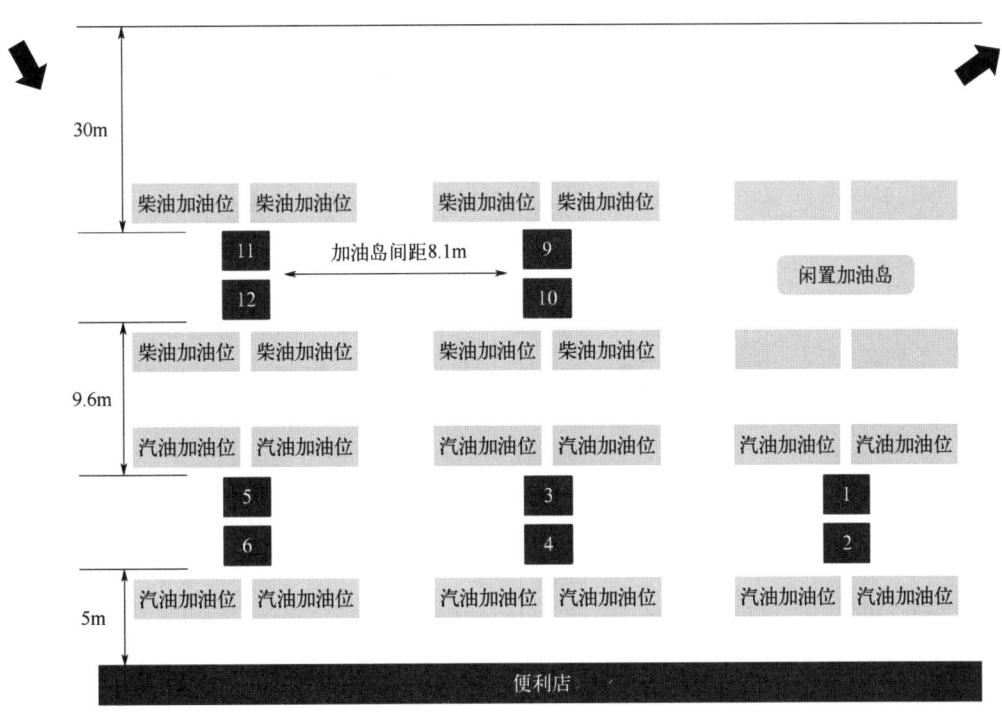

图 4-1　某加油站诊断后绘制的油品布局图

其次，实测数据应根据团队成员进行合理分工。以三人诊断团队为例，一般按照油品消费诊断、非油消费诊断、顾客进站及出站诊断划分。诊断组成员需提前准备"全流程手工数据表单"，并根据系统要求备注相关指标手工采集要求，便于诊断组成员快速、准确、规范完成数据采集。

开展顾客进站及出站诊断时，需要人工测量的指标有：商圈类型、油站外观条件、潜在销量、进站率、合理排班人数、现场合理用工数量、员工激励指数 7 项指标；其中，在开展油站外观条件数据采集时，要提前准备皮尺，便于准确测量加油站进出口宽度。

开展油品消费诊断时，需要人工测量的指标有：流程（平均）标准时间比、枪量匹配比例、高峰期拥堵指数、人均提枪次数、枪位匹配比例、通行顺畅率。开展流程（平均）标准时间比测量时，因加油站柴汽比不同，加油站需要采集的柴汽油客户数量存在差异，诊断组需要提前登录诊断站点全流程诊断系统，确定柴汽油客户统计数量；为提高工作效率，统计顾客完整服务流程用时，可通过手机秒表工具进行计时并截图保存（图4-2），完成全部顾客流程用时采集后再统一录入系统。

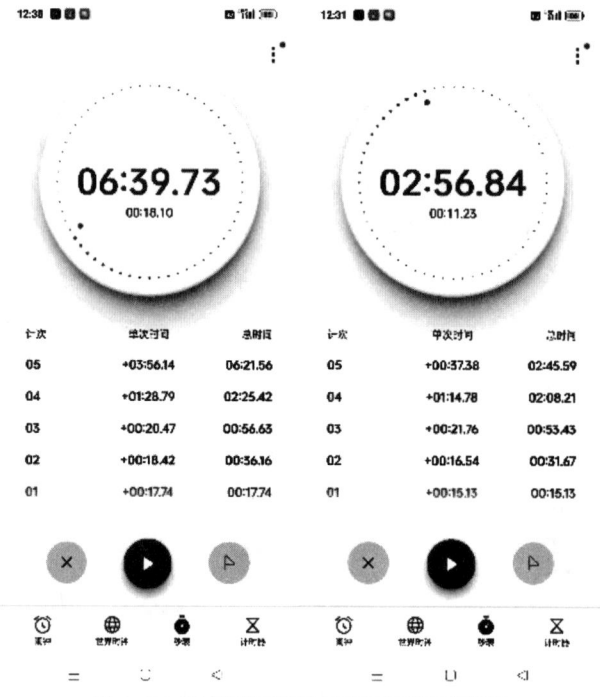

图4-2　两名顾客流程标准时间计时截图

开展非油消费诊断时，需要人工测量的指标有：平效指数、商品陈列效率2项指标。其中，开展商品陈列效率数据测量时，需要提前准备皮尺测量不同品类陈列长度，也可依据标准货架宽度为参考进行统计。

四、工具应用

全流程诊断系统工具是落实加油站诊断优化的核心，加油站诊断优化方案应建立在对系统诊断报告分析的基础上。诊断团队在完成指标测算后，要逐一完成人工测量指标数据录入，确保系统导出的诊断报告数据完整、准确。

系统工具应用要点主要包括四个方面：一是完成加油站基本信息录入，后文将详细说明具体要求，此处不再过多说明；二是及时上传系统报表（两油三非），等待系统完成分析；三是完成手工数据测量并录入系统，确保诊断指标数据完整；四是根据诊断分析实际情况，登录系统查看相关数据，以便制定针对性优化方案。

以油品潜在销量指标为例，登录加油站账号进入对应指标后，可查看影响油品潜在销量的具体结果，为下一步制定优化措施提供支持。

五、方案制定

根据前期收集的书面资料、现场调研以及座谈交流了解的信息，诊断组应及时对相关数据和信息进行整理分析。首先，要结合现场实测数据，对系统中需手工完善的数据进行检查审核，确保系统报告数据真实准确；其次，根据现场查看的情况，结合系统诊断报告，找出存在问题指标；第三，结合访谈交流情况，结合存在问题指标，分析具体影响因素，得出诊断结论，以便进一步制定优化措施。

完整的加油站诊断优化方案应包括加油站基本情况、诊断存在问题、优化措施、优化目标等主要内容。优化措施应根据问题指标的具体影响因素进行制定，一般应遵循三"导"三"定"原则，即：目标导向定方向、问题导向定原因、结果导向定措施。

首先，要明确加油站提升目标，以目标为导向确定改进方向。全流程诊断优化工作是以提升"五率"（进站率、加满率、油非转化率、顾客满意率、回头率）为切入点，在确定诊断站点优化提升目标时，应结合诊断分析结果明确优化提升方向，以便根据关联指标诊断结果进行分析。

其次，找出存在问题，以问题为导向深入分析具体原因，找到关键影响因素。问题分析结果是制定优化措施的关键。诊断团队在进行问题分析时，可采用"鱼骨图分析法"对问题原因进行分解，并得出最终结论。鱼骨图分析法应用示例见图4-3。

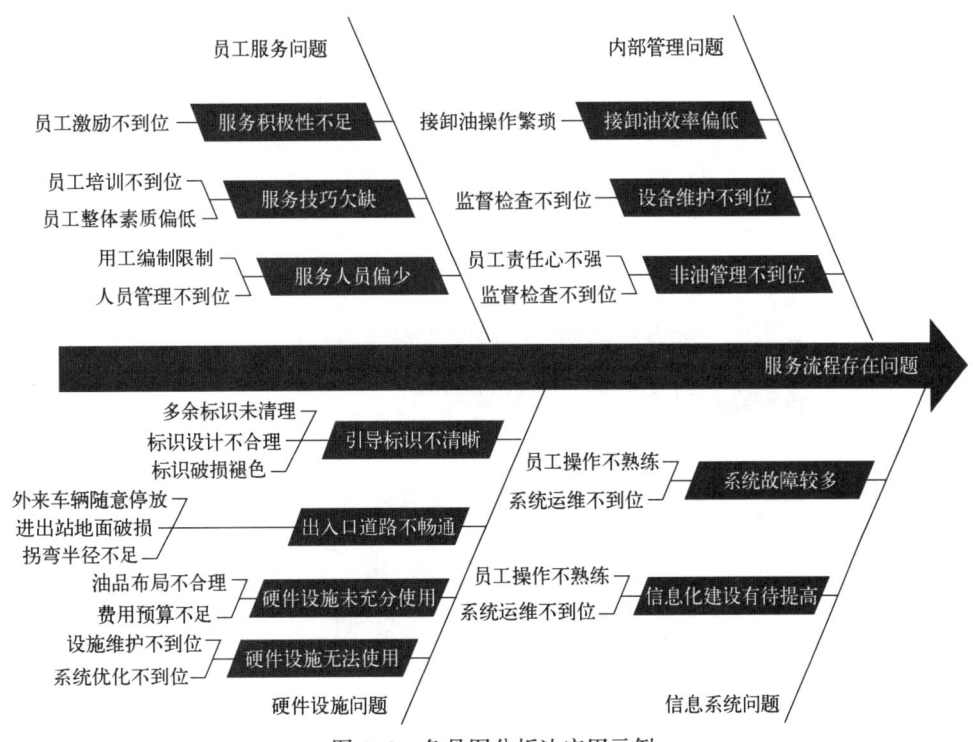

图4-3 鱼骨图分析法应用示例

最后，以结果为导向制定优化措施，根据问题具体影响因素，制定相应的优化改进措施。如：诊断站点实际销量与潜在销量差距较大，诊断组在与加油站经理讨论后确定优化提升目标为提高进站率，即可"顺藤摸瓜"找到影响进站率的具体因素，并进一步拟定针对性的整改优化措施。

优化方案初稿完成后，诊断组应与诊断站点充分对接，确保优化目标符合实际，优化方案切实可行，具备较强的实操性。诊断团队与诊断站点对接确认后，再形成最终的优化方案。

第二节　诊断工具介绍

一、登录界面

线上诊断工具需要在中国石油内网环境下运行。该工具支持多种浏览器版本，例如谷歌 Chrome、微软 IE9 以上、火狐浏览器等。

图 4-4 为销售公司加油站全流程诊断与优化系统（以下简称：全流程系统）登录入口，按提示要求输入用户名与密码；在首次登录后，需将密码修改为至少 10 位的大小写+数字+特殊字符的形式，登录系统。

图 4-4　全流程系统登录入口

二、初始诊断

用户可点击左端“诊断入口”按钮进入诊断界面（图4-5），还可以通过“快速入口”直接点击“全流程诊断”开始诊断。

中国石油
信息门户
诊断优化
测试菜单
知识应用
sysadmin
系统管理
首页
通知公告
无数据
诊断优化
诊断入口
快速入口
诊断历史
文件上传进度检查
全流程诊断
查看诊断历史
用户手册
文档目录
提交建议反馈

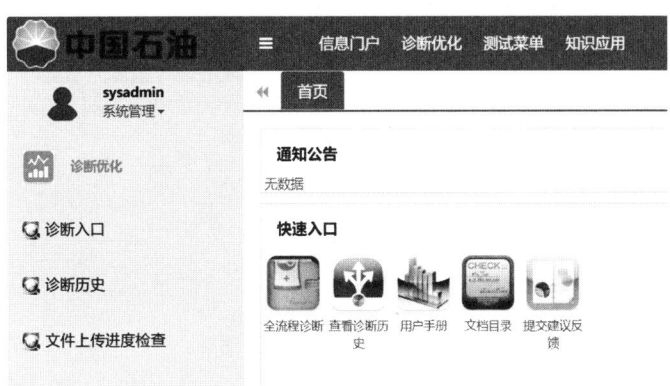

图4-5　诊断入口

在进入“诊断入口”界面（图4-6）后，需要按照要求录入相关资料，才能最终生成诊断报告。一共存在5个步骤：第1步是“本站点基本信息”，第2步是“竞争对手信息”，第3步是“上传系统数据表”，第4步是“补充完善指标数据”，第5步是“查看诊断报告”。具体操作步骤请参照本章第三节内容。

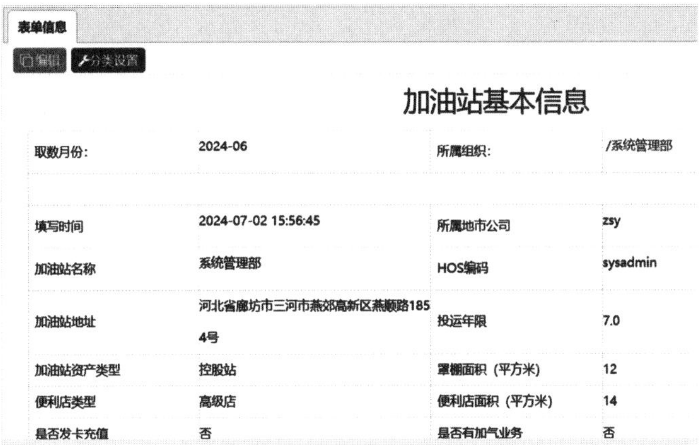

表单信息
编辑
分类设置
加油站基本信息
取数月份:
2024-06
所属组织:
/系统管理部
填写时间
2024-07-02 15:56:45
所属地市公司
zsy
加油站名称
系统管理部
HOS编码
sysadmin
加油站地址
河北省廊坊市三河市燕郊高新区燕顺路1854号
投运年限
7.0
加油站资产类型
控股站
罩棚面积（平方米）
12
便利店类型
高级店
便利店面积（平方米）
14
是否发卡充值
否
是否有加气业务
否

图4-6　诊断入口页面详情

三、诊断历史

点击图4-5左端“诊断历史”按钮或者点击“快速入口”中的“查看诊断历史”均可进入查看诊断指标界面。

进入具体界面（图4-7）后，可以看到逐年逐月有关指标具体值。具体来说，有以下指标：“高峰期最高销量（t/h）”“高峰期持续时长（h）”“高峰期服务能力（t）”“非高峰期每小时当班人数（人）”“高峰期每小时当班人数（人）”“非高峰持续时长（h）”以及“油品标准服务能力（t）”。

点击左侧年月，可进入对应月份指标页，修改指标数据及查看报告。

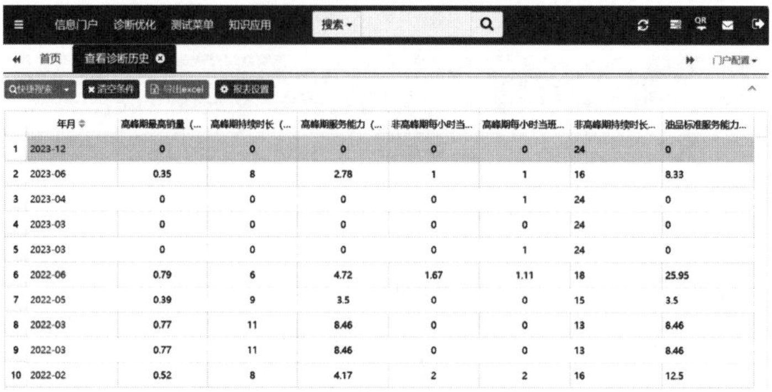

	年月	高峰期最高销量（...	高峰期持续时长（...	高峰期服务能力（...	非高峰期每小时当...	高峰期每小时当班...	非高峰期持续时长...	油品标准服务能力...
1	2023-12	0	0	0	0	0	24	0
2	2023-06	0.35	8	2.78	1	1	16	8.33
3	2023-04	0	0	0	0	1	24	0
4	2023-03	0	0	0	0	0	24	0
5	2023-03	0	0	0	0	1	24	0
6	2022-06	0.79	6	4.72	1.67	1.11	18	25.95
7	2022-05	0.39	9	3.5	0	0	15	3.5
8	2022-03	0.77	11	8.46	0	0	13	8.46
9	2022-03	0.77	11	8.46	0	0	13	8.46
10	2022-02	0.52	8	4.17	2	2	16	12.5

图 4-7　诊断历史页面详情

四、进度检查

可以通过首页（图 4-5）左端“文件上传进度检查”按钮，进入文件上传进度页面。

（一）“文件上传进度界面”各部分介绍

点击左端“文件上传进度界面”即可到达“文件上传进度检查”界面（图 4-8）。在此界面中，最右端四栏分别为：“上传时间”，表明文件上传完成具体时间；“分析开始时间”，表明进入分析状态开始时间；“分析结束时间”，表明完成分析时的时间；“分析状态”，表明当前文件完成上传所处状态，分为“尚未分析”“等待分析”“进入队列”“正在分析”“分析结束”五种状态。

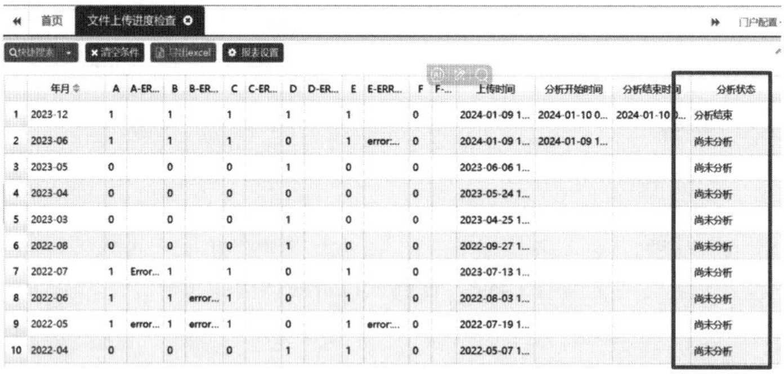

	年月	A	A-ER...	B	B-ER...	C	C-ER...	D	D-ER...	E	E-ERR...	F	F-...	上传时间	分析开始时间	分析结束时间	分析状态
1	2023-12	1		1		1		1		1		0		2024-01-09 1...	2024-01-10 0...	2024-01-10 0...	分析结束
2	2023-06	1		1		1		0		1	error:...	0		2024-01-09 1...	2024-01-09 1...		尚未分析
3	2023-05	0		0		0		1		0		0		2023-06-06 1...			尚未分析
4	2023-04	0		0		0		0		0		0		2023-05-24 1...			尚未分析
5	2023-03	0		0		0		1		0		0		2023-04-25 1...			尚未分析
6	2022-08	0		0		0		1		0		0		2022-09-27 1...			尚未分析
7	2022-07	1	Error...	1		1		0		1		0		2023-07-13 1...			尚未分析
8	2022-06	1		1	error...	1		0		1		0		2022-08-03 1...			尚未分析
9	2022-05	1	error...	1	error...	1		0		1	error:...	0		2022-07-19 1...			尚未分析
10	2022-04	0		0		0		1		1		0		2022-05-07 1...			尚未分析

图 4-8　查看文件上传进度检查

（二）文件上传错误介绍

文件上传错误对应图 4-9 中的“A-ERROR”“B-ERROR”等列名，分别对应前一列所示报表错误，具体错误类型可参考本章第五节。

信息门户
诊断优化
测试菜单
知识应用
搜索
首页
文件上传进度检查
快捷搜索
清空条件
导出excel
报表设置

	年月	A	A-ERROR	B	B-ERROR	C	C-ERROR	D	D-ERROR	E	E-ERROR	F	F-ERROR
1	2023-12	1		1		1		1		1		0	
2	2023-06	1		1		1		0		1	error:文件中...	0	
3	2023-05	0		0		0		1		0		0	
4	2023-04	0		0		0		0		0		0	
5	2023-03	0		0		0		1		0		0	
6	2022-08	0		0		0		1		0		0	
7	2022-07	1	Error:统计结...	1		1		0		1		0	
8	2022-06	1		1	error:数据...	1		0		1		0	
9	2022-05	1	error:数据文...	1	error:数据...	1		0		1	error:数据文...	0	
10	2022-04	0		0		0		1		1		0	

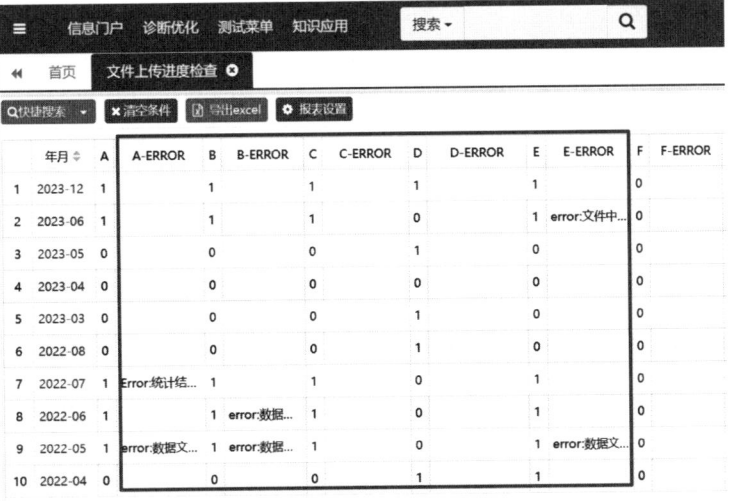

图 4-9　文件上传错误示例

第三节　诊断工具操作

一、加油站基本情况维护

（一）首次诊断

如果首次使用本系统，系统提示用户将表中信息填写完整。请注意：所有信息填写完整后才可以进入下一步。首次诊断界面见图 4-10。

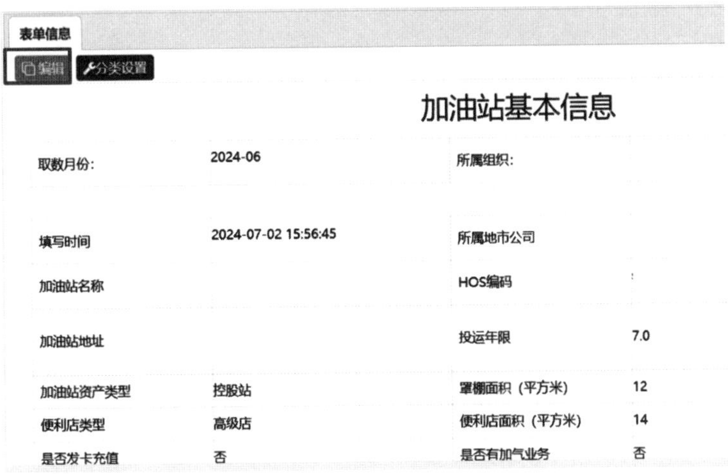

表单信息
编辑
分类设置
加油站基本信息
取数月份:
2024-06
所属组织:
填写时间
2024-07-02 15:56:45
所属地市公司
加油站名称
HOS编码
加油站地址
投运年限
7.0
加油站资产类型
控股站
罩棚面积（平方米）
12
便利店类型
高级店
便利店面积（平方米）
14
是否发卡充值
否
是否有加气业务
否

图 4-10　首次诊断界面

（二）非首次诊断

非首次诊断时，系统会自动将上次填写的加油站基本信息复制到本次。如果相关信息有变化，请点击"编辑"按钮，修改相应信息后，再次点击"保存"按钮即可。非首次诊断界面见图4-11。

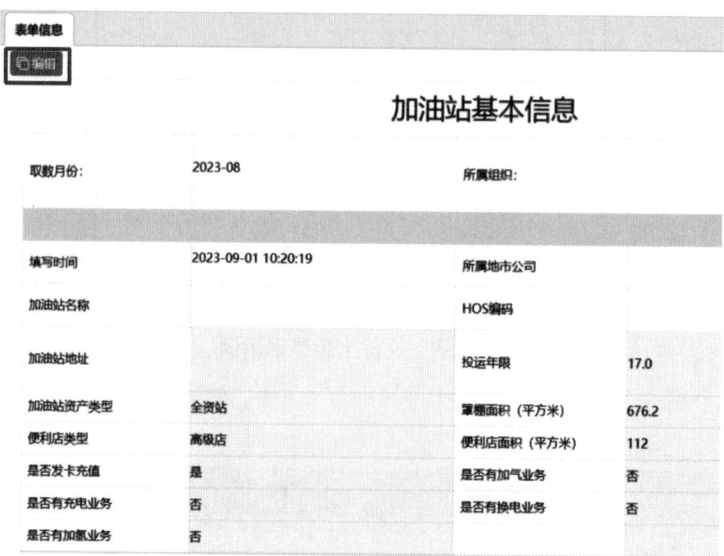

图4-11　非首次诊断界面

二、竞争对手信息收集

在"第二步：竞争对手信息"页面中（图4-12），需要输入的内容包括：竞争加油站站名、经营主体、所属城市、与本站距离、日均销量等基本信息；点击"竞争对手明细"旁边"+""-"可自行增加或删除竞争对手数据；填写完成后点击"保存"按钮。

图4-12　竞争对手信息页面详情

三、指标数据补充完善

（一）全流程手工数据表单准备

除了加油站管理系统数据外，部分数据还来源于人工观察统计数据，包括商圈数据、竞争对手数据、车流量数据、便利店基本数据（面积、货架数量等）、员工人数等数据。根据不同来源，数据可以分为纯系统、系统与人工混合以及纯人工三个状态。纯系统数据无法修改，后两者是操作时的重点，决定了诊断报告的准确性。

由于部分指标需手工输入系统，为了便于记录与分析，建议各地区公司参考指标算法，开发全流程手工数据表单。诊断人员于当月记录，次月录入系统，加强数据统计的及时性与真实性。

（二）补充完善指标数据

在"第4步：补充完善指标数据"页面（图4-13），纯系统数据已通过第3步操作写入各诊断指标中，系统根据加油站的类别和规模自动判定该加油站需要诊断的指标；数据提交完整项目，诊断项显示"已提交"（绿色状态）；不完整项目显示"红色"或"紫色"，需要点击进入后完善对应指标。请注意：正确选择需诊断的年/月后，再进行填报。

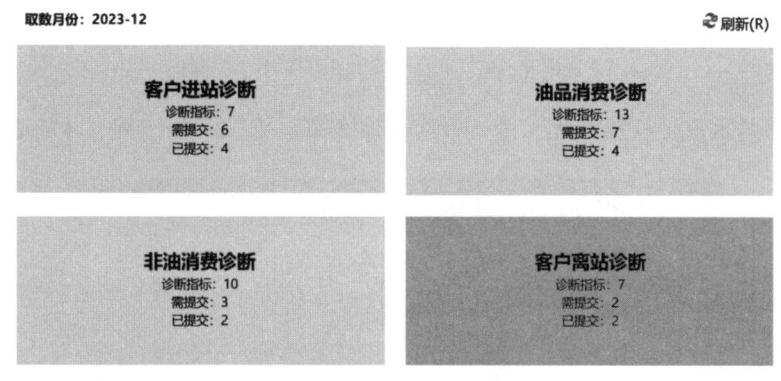

图4-13 补充完善指标数据页面详情

1. 客户进站诊断

客户进站诊断需逐一对4项诊断指标"商圈类型""加油站外观条件""潜在销量""进站率"进行手工填写。点击诊断指标可以查看数据分析结果（图4-14）；如实际数据需要手工调整，可点击"编辑"按钮，然后点击"保存"即可（图4-15）；数据提交完整的指标会显示绿色"已提交"。

2. 油品消费诊断

油品消费诊断（图4-16）中6项指标属于纯系统数据：单车加油量、油品销售高峰期、加油枪效率、高峰期人枪匹配比例、通行顺畅率、小时最大服务能力，数据自动生成，不可手动更改，仅供查看和分析。6项指标需要手工完善：流程标准（平均）时间

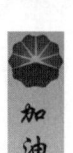

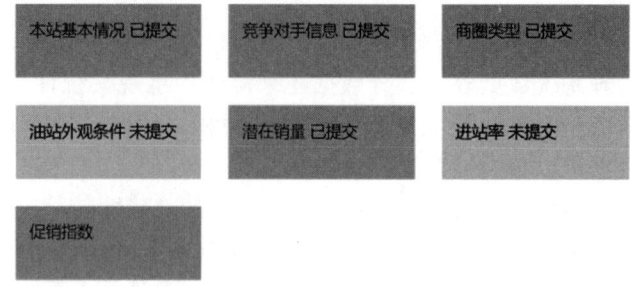

图 4-14　客户进站诊断

编辑
分类设置

加油站商圈类型统计表

取数月份:	2023-12	所属组织:	/系统管理部
填写说明	1. 客户构成比例：四类客户所占比例，如私家车占比60%，则填写60即可。 2.旗舰站，在城市主城区、环城路、客流量大的国道、车流量大的景区，具有油品消费量大、客户进站率高、传播范围广等特点；社区站，在人群较为集中的居民区，具有客户稳定、消费潜力大、应急消费和重复消费等特点；高速站，在高速公路服务区内，客户主体是长途物流车、客运车和私家车，流动性强，客流量相对较大、停留时间短；旅游站，在景区或通向景区的主要道路上，具有客户流动性强、消费时节规律明显等特点；物流站，在国省道或城市物流园、区域物流集散地，客户主要是中长途物流车、大巴车和工程车司机，柴油消费量大；乡村站，在乡村周边，通行车辆较少，小型农机较多，日常消费能力不强，对农资产品需求较强，具有季节性消费高峰等特点。		

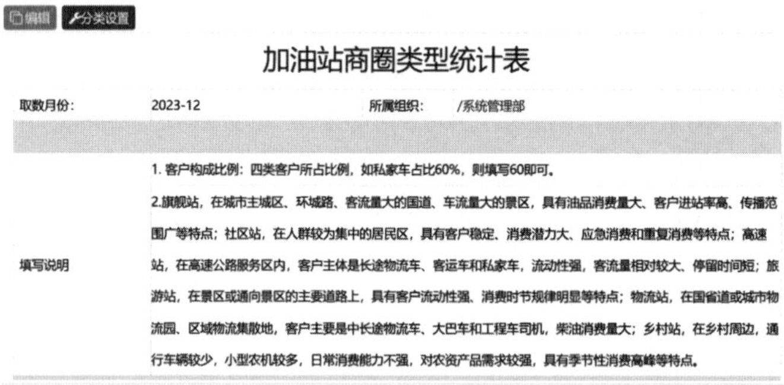

图 4-15　加油站商圈类型统计表

比、高峰期拥堵指数、枪量匹配比例、人均提枪次数、枪位匹配比例、卸油影响率。

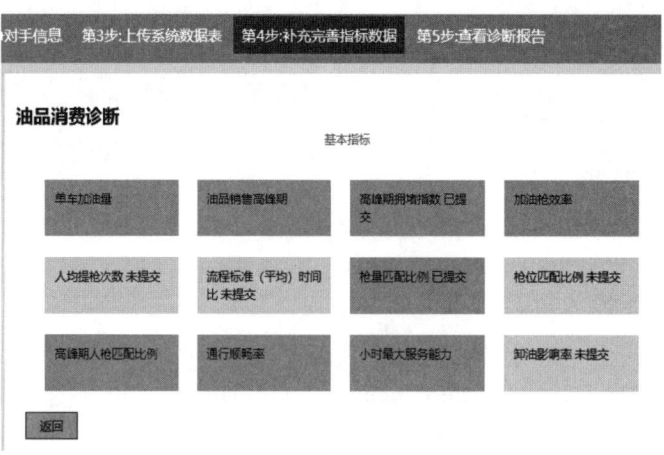

图 4-16　油品消费诊断

3. 非油消费诊断

非油消费诊断（图 4-17）中 6 项指标属于系统数据：非油客单价、吨油非油收入、品效指数、非油销售高峰期、分时段油非转化率、非油潜在销售能力。3 项指标需要手工完善：平效指数、商品陈列效率、未动销商品序列，点击进入对应界面，将可编辑区数据补充完整。

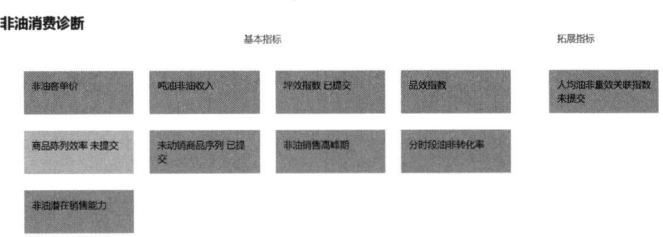

图 4-17　非油消费诊断

4. 客户离站诊断

客户离站诊断（图 4-18）中 4 项指标属于系统数据：客户净推荐值、支付结构、合理用工数量、员工激励指数；2 项指标需要手工完善：油品卡销比、合理排班人数。

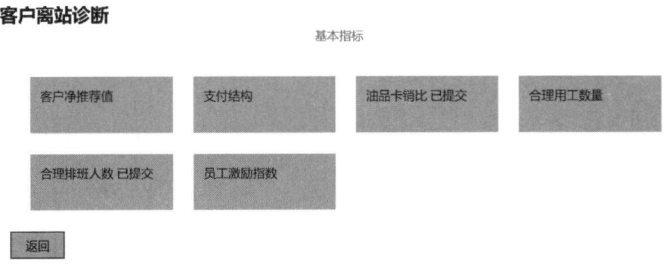

图 4-18　客户离站诊断

四、诊断报告生成

在"第 5 步：查看诊断报告"页面（图 4-19），根据之前输入的加油站所有相关数据，通过后台计算分析，可提供加油站诊断报告，进入界面点击"生成诊断报告"。请注

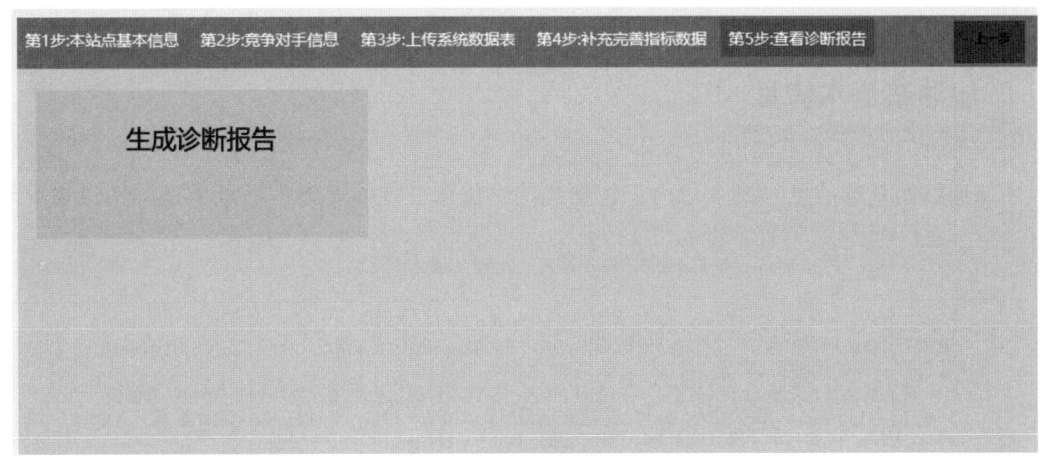

图 4-19　查看诊断报告

意：由于后台数据需做相应处理，点击后需等待一定时间，生成诊断报告，相关指标诊断结果见图4-20。

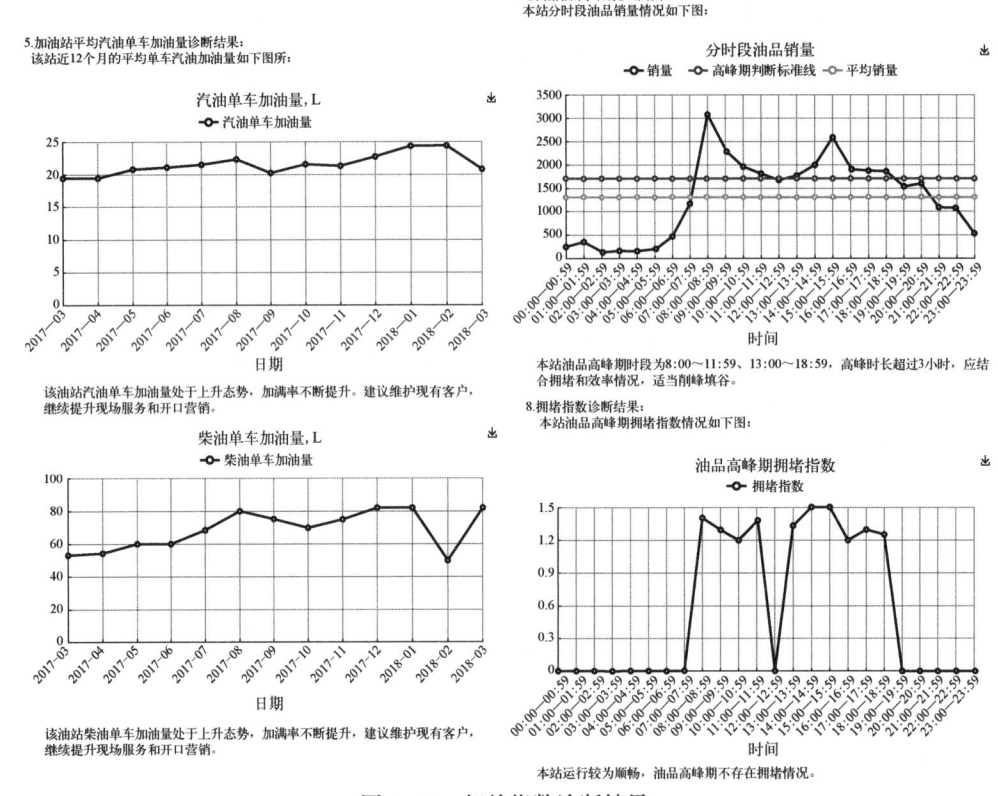

5.加油站平均汽油单车加油量诊断结果：
该站近12个月的平均单车汽油加油量如下图所示：

该油站汽油单车加油量处于上升态势，加满率不断提升。建议维护现有客户，继续提升现场服务和开口营销。

该油站柴油单车加油量处于上升态势，加满率不断提升，建议维护现有客户，继续提升现场服务和开口营销。

7.该站油品高峰期诊断结果：
本站分时段油品销量情况如下图：

本站油品高峰期时段为8：00～11：59、13：00～18：59；高峰时长超过3小时，应结合拥堵和效率情况，适当削峰填谷。

8.拥堵指数诊断结果：
本站油品高峰期拥堵指数情况如下图：

本站运行较为顺畅，油品高峰期不存在拥堵情况。

图 4-20　相关指数诊断结果

第四节　诊断报告解读

一、加油站基本信息

加油站的基本信息（图4-21），包括加油站位置、硬件设施、站点类型、销量情况等

×× 公司 ×× 加油站线上全流程诊断与优化报告

×× 公司 ×× 加油站位于××，主要客户群体为周边客户。该站是一类全资站，占地面积866m²，便利店营业面积280m²。2022年油品销售30602.05t，非油收入300万元，柴汽比0；2023年01月份日均销量70.52t，非油日均收入85元，柴汽比0.00，卡销比为33.58%。

现有员工24人，平均年龄×岁，其中加油员6名，实行2班2倒排班制度。现场加油机6台，加油枪36条(正常使用36条)，其中92号、95号、98号分别为12条、12条、12条，柴油枪0条；储油罐7具，其中92号、95号、98号、柴油罐分别有3具、2具、2具、0具，合计135m³；无洗车设备。

图 4-21　加油站基本信息

信息。诊断者通过此部分内容，了解加油站的基本情况，为后续的深入分析提供基础；同时，对于明显异常数据，诊断者需进一步与加油站进行核实，确保数据的准确性。

二、指标数据结果

（一）竞争对手诊断结果

本指标是对诊断过程中第 2 步：竞争对手信息的整理和分析，具体操作方式是将加油站半径 5km 范围内所有的竞争对手列出，并按照所属品牌进行分类；根据加油站所填信息，列出主要的竞争对手，并基于竞争对手的销量，计算本站的市场份额。

以某加油站为例，如图 4-22 所示，该站的主要竞争对手有两个，分别为中石化 B 站、社会加油站 C 站。其中最大的竞争对手中石化 B 站市场份额 37.6%，高于本站的 32.2%，说明本站的竞争力弱于竞争对手，实际分析时需重点分析与竞争对手在策略、服务等方面的差异，采取针对性措施，抢占市场。

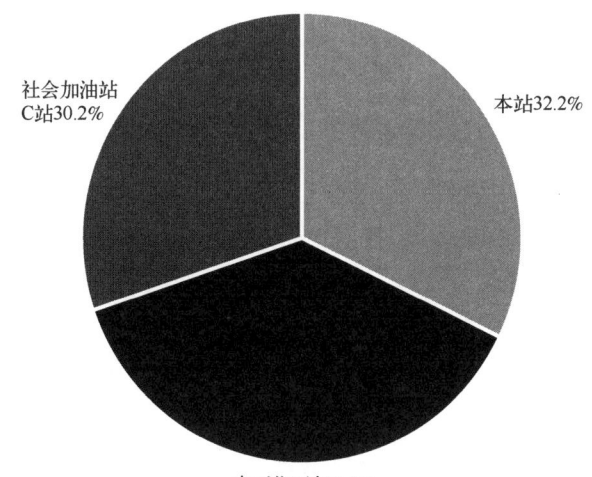

图 4-22　竞争对手市场份额统计图

（二）客户进站诊断结果

1. 商圈类型

本指标展示了该站的商圈情况，包括位置类型、站点类型、客户构成比例和商圈类型等信息。诊断者可以通过本指标确定该站的主要目标客户，为进一步确定适宜的优惠措施与策略打下基础。

以某加油站为例，如图 4-23 所示，该站是位于城市主干路的社区站，主要客户以运营车辆与私家车为主，此类客户对价格相对较为敏感，且营销策略不宜过于复杂，例如卡直降、满减等简单直接、易感知的策略对此类客户的吸引力更大。

2. 外观条件

本指标展示了该站的外观情况，包括能见度、进出口宽度、进口布局、标识标牌完整

商圈类型诊断结果

商圈类型判断：该站位于城市主干路，是以私家车客户类型为主的旗舰站加油站，该类型客户占加油站客户数量比例的80%。按照加油站经理经验判断，该站固定客户(每月到站加油2次以上)的比例约为×%。

加油站商圈类型统计表	
位置类型	一类☑二类□三类□四类□
道路类型	高速公路□国道□省道□城市快速路☑城市主干路□ 城市次干路□城市支路□县乡道路□

图 4-23　商圈类型诊断结果

性、地面破损程度、夜间亮化程度等外观条件的情况与分值。诊断者可以通过本指标确定总体外观条件是否满足上量需求。

以某加油站为例，图 4-24 所示，该站各项指标均达到标准值，总体得分较高，外观条件满足上量需求。

外观条件诊断结果

本站能见度较好，进出口宽度满足车辆进站需求，标识标牌较为完整，地面无破损，夜间亮化程度较高，总体外观条件满足上量需求。

油站外观条件诊断表				
类别		标准值，m	实际值，m	分值
能见度	站类型：其他类型站	300	500	1
进出口宽度(限制)	进口	10	10	1
	出口	10	10	
类别		条件1	条件2	分值
标识标牌完整性		无破损☑	未严重褪色☑	1
地面破损程度		进出口未破损☑	车道未破损☑	1
夜间亮化程度		罩棚亮化好☑	便利店亮化好☑	1
综合得分		—	—	5.9

图 4-24　外观条件诊断结果

3. 潜在销量预测

本指标展示了该站的站前车流量，并基于商圈环境、竞争对手信息、竞争对手优劣势、品牌影响力以及位置情况等测算了潜在销量。诊断者可以通过本指标明确本站是否具备增量空间以及增量空间的大小，为后续提出优化措施提供依据，是较为重要的参考指标。

以某加油站为例，如表 4-1 所示，该站白天站前车流量约 12416 辆/时，全天车流量 362448 辆/时，测算本站潜在销量为 24.85t/d，高于目前实际销量 21.35t/d，且所在地市的中国石油零售份额较高，具有一定品牌优势，因此本站具有一定的上量空间，有必要针对指标进行优化。

表 4-1　潜在销量预测

位置系数	1	所在地市中国石油加油站份额，%	37
品牌系数	1.12	所在地市中国石油零售份额，%	70.9
潜在销量	24.85		

4. 进站率

本指标展示了加油站在诊断月份的站前车流量类型以及不同时间段各类车辆的进站率，并基于全省所有加油站的进站率情况计算标准进站率。诊断者可以通过本指标了解本站的进站情况以及与省内其他中国石油站点的比较情况。

以某加油站为例，如表 4-2 所示，该站诊断月站前车辆以汽油车为主，中午、下午的进站率较高，因此需考虑在对应时间段增派现场人员；此外，该站的进站率是大于全省标准值的，但仍需进一步分析周边站点情况，确认同商圈内是否属于较高的进站率。

表 4-2　进站率 %

车型	上午	中午	下午	小计
汽油汽车	0.71	0.92	0.81	2.44
柴油汽车	0.28	0.5	0.1	0.88
摩托车	0	0.33	12.5	12.83
总计	0.79			
标准进站率	0.57			

5. 促销指数

本指标展示了该站汽柴油销售经营情况，诊断者可参考报告的结果进一步分析并提出优化建议。

某加油站诊断结果显示，该站的柴油销售经营有所减弱，主要原因是与竞争对手的相对份额下降，有必要开展竞争对手在柴油营销方式的调查，并根据业务情况选择开展柴油营销活动。

（三）油品消费诊断结果

1. 单车加油量

本指标展示了该站汽柴油单车加油量与区域、全省的比较情况，并且统计了一年以来的变化情况以及分析结果。诊断者可通过指标了解该站的加满率情况，并参考报告的结果进一步分析。

某加油站单车加油量如图 4-25 所示，该站的汽油单车加油量均高于省地市的平均值，

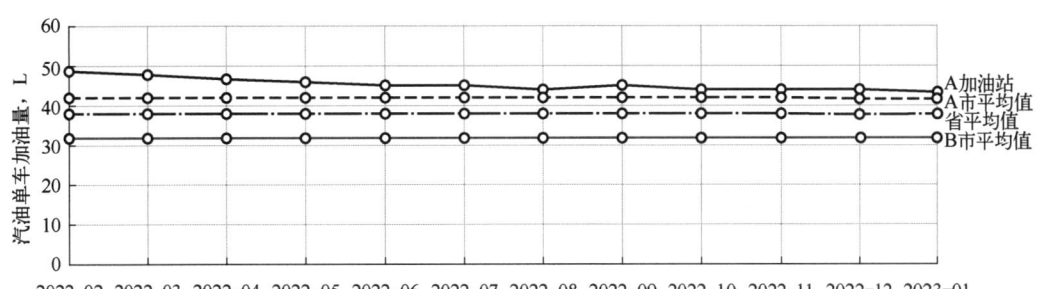

图 4-25　单车加油量

因此该站的加满率是较好的。但从趋势来看，长中短期均有下降趋势，需要综合分析宏观环境、政策影响、竞争对手、现场服务等多方面因素，寻找影响的原因进行优化；柴油方面单车加油量均低于省地市平均值，但趋势较好，因此在保持现有营销策略的基础上，进一步加强开口营销，引导加满率提升。

2. 油品高峰期

本指标展示了该站分时段的油品销量情况，并确定了油品销售高峰期时段。诊断者可通过指标了解该站的油品销售高峰情况，考虑测算时计算了夜间低销量情况，因此实际使用中主要关注波峰的高峰期情况。

如图 4-26 所示，某站的油品销售高峰期（波峰）主要出现在 10：00—17：00，说明此阶段较为繁忙，需结合高峰期拥堵指数等指标，进一步确认现场服务能力是否充足，是否需要增加现场人员。

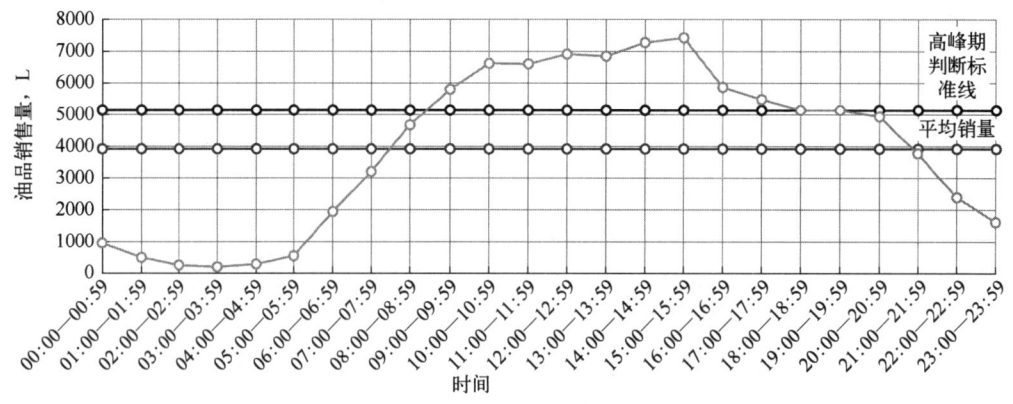

图 4-26　油品高峰期诊断结果

3. 高峰期拥堵指数

本指标展示了该站分时段的高峰期拥堵指数。诊断者可通过指标了解该站的现场高峰期是否存在拥堵，现场人员数量与员工主动引导等是否合理。

某加油站高峰期拥堵指数诊断结果如图 4-27 所示，该站在油品高峰期内不存在明显拥堵，仅在下午 3：00—4：00 出现小幅波动，说明该站的人员配置及员工引导满足现场

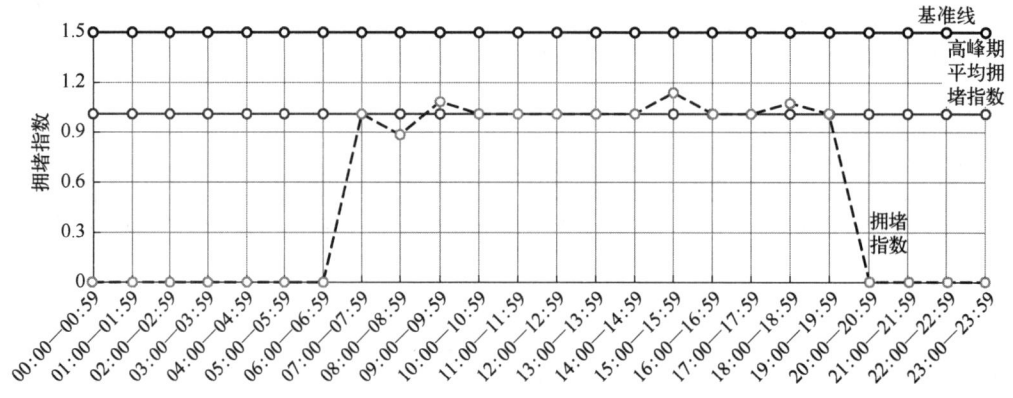

图 4-27　高峰期拥堵指数诊断结果

工作，建议维持现状，同时在下午3：00—4：00可在现场增派一人协助引导加油。

4．加油枪效率

本指标展示了该站各个油枪的使用效率情况。诊断者在实际使用时，需结合现场分布图，并与现场员工充分交流，从动线引导、油枪品号、位置距离等多方面分析低效油枪出现的原因。

某加油站加油枪效率诊断结果如图4-28所示，该站的1-8、13-20、25、26、29-34号枪效率均偏低，经过现场调查发现，该站的1-6、13-18、25、26、29-34号枪均为自助加油机，因此建议根据现场拥堵及人员配置情况，择时将自助加油调整为人工加油；7、8、19、20号枪均为98号枪，建议参考加油站枪量匹配比例的指标，调整枪号以提升利用率。柴油枪方面，由于整体量偏少，且各枪使用较为平均，因此不做修改建议。

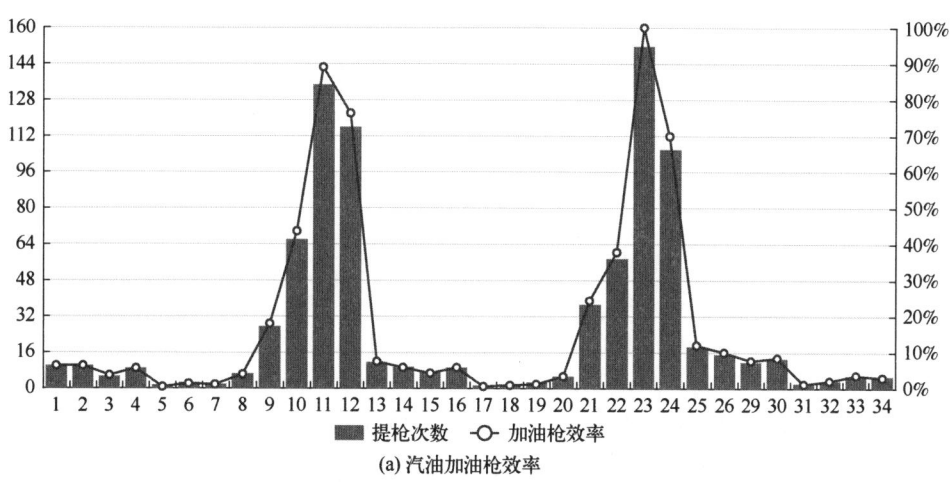

(a) 汽油加油枪效率

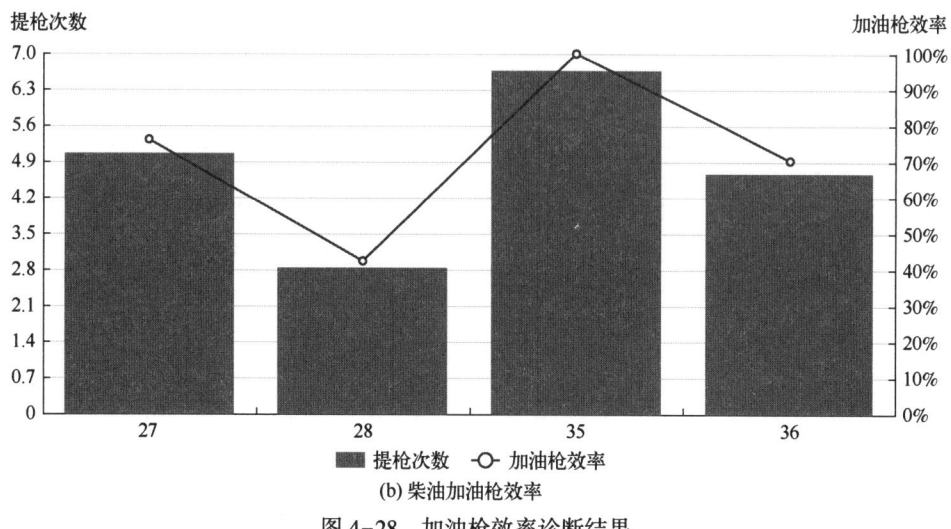

(b) 柴油加油枪效率

图4-28　加油枪效率诊断结果

5．人均提枪次数

本指标展示了加油站分时段的人均提枪次数，并以该站平均提枪次数为锚点，分别指出强度偏高与偏低的时间段。诊断者可通过此项指标明确需要增加现场人员与减少现场人员的时间段，优化排班，合理分配工作量。

某加油站人均提枪次数诊断结果如图 4-29 所示，该站 9：00—12：00、15：00—16：00 人均提枪次数偏高，建议灵活排班，在此时间段增加更多的现场人员或流动班组，以保障员工劳动强度处于合理区间。

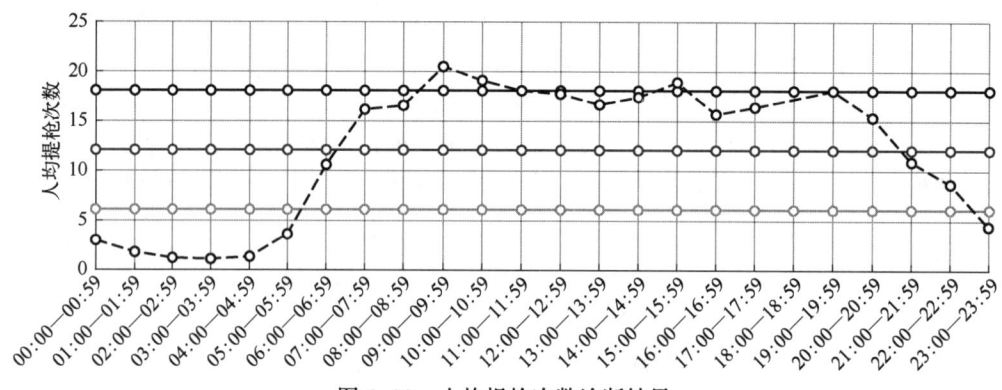

图 4-29　人均提枪次数诊断结果

6. 流程平均服务时间

本指标展示了该站在进站、停车、等待沟通、加油、付款开票、离站等 6 个阶段的平均服务时间，并指出明显偏高的样本及流程。诊断者可通过此项指标明确哪一步流程是可能造成现场拥堵的主要原因。

某加油站流程平均服务时间如表 4-3 所示，该站第 13 号顾客在停车、加油、付款开票三个阶段所耗时间均高于平均值，停车时间偏长需关注现场动线、人员引导等方面，加油时间偏长需关注硬件设备方面，付款开票需关注硬件设备、人员数量、业务能力等方面，后续需通过现场调研等方式进一步确认延时原因。

表 4-3　流程平均服务时间

s

编号	进站	停车	等待沟通	加油	付款开票	离站	合计	油品类别
1	12	18	13	58	55	3	159	
2	25	15	18	95	60	7	220	
3	10	8	15	108	10	10	161	
4	16	14	13	75	23	5	146	
5	15	17	15	60	12	6	125	
6	20	20	8	102	60	4	214	汽油
7	13	22	12	82	42	10	181	
8	11	35	19	103	16	6	190	
9	22	29	22	95	21	2	191	
10	17	26	15	123	12	5	198	
11	8	20	7	95	14	5	149	
12	15	38	4	67	15	12	151	

续表

编号	进站	停车	等待沟通	加油	付款开票	离站	合计	油品类别
13	26	27	10	106	40	16	225	汽油
14	9	20	8	82	14	13	146	
15	10	13	12	85	60	15	195	
平均值	15.27	21.47	12.73	89.07	30.27	7.93	176.73	

7. 加油站枪量匹配比例

本指标展示了加油站 92 号、95 号、98 号汽油和柴油现有油枪数量以及建议的油枪数量。诊断者可通过此项指标直观地看到各类油枪是否存在冗余或缺失的情况。

某加油站枪量匹配比例如表 4-4 所示，该站的 95 号、98 号汽油枪和柴油加油枪偏多，建议综合考虑管线、油罐的改造难度与费用，择机调整油枪分布。

表 4-4　加油站枪量匹配比例结果

品号	现有数量	优化方式	优化后数量
92 号	12	+10	22
95 号	12	-1	11
98 号	8	-7	1
柴油	4	-2	2

8. 枪位匹配比例

本指标展示了该站不同品号油枪与车位的适配情况。诊断者可将此结果与加油站枪量匹配比例结果共同分析，为油枪布局调整提供理论基础。

某加油站诊断结果显示，该站的 98 号汽油和柴油加油枪较车位数量偏多，95 号汽油枪较为匹配，92 号汽油枪偏少，建议可将部分 98 号汽油枪与柴油加油枪转换为 92 号加油枪。

9. 高峰期人枪匹配比例

本指标基于高峰期当班人数与加油枪数量测算并给予判断。诊断者可参考结论，确定是否需要调整高峰期当班人员数量。

某加油站诊断结果显示，该站高峰期人员不足，但考虑此站点配备了自助加油机，建议与现场人员进一步沟通，确定是否在高峰期存在工作量过大的情况，统筹考虑是否需要增加人数。

10. 通行顺畅率

本指标展示了加油站现有条件下的通畅程度。诊断者需综合结论与现场调查结果，提出是否需要对现场布局、动线设计、人员引导等方面进行优化调整。

某加油站诊断结果显示，该站通行顺畅率为 0.8，基本满足使用要求。但经过现场考察发现，便利店一侧加油机靠近罐区围栏，因此高峰期需加强引导，保障现场通行。

11. 小时最大服务能力

本指标展示了理论情况下加油站最大的小时油品加注量。诊断者可根据结果判断是否存在短时服务能力短缺的问题。

某加油站诊断结果显示，该站服务能力充足，短期内无须进行优化；但仍需关注油枪数量、油枪最大流速、有效小时加油时间、枪位匹配系数、人枪匹配系数、通行顺畅率等6项影响小时最大服务能力的指标，若出现下降需首先确定影响指标，及时优化提升。

（四）非油消费诊断结果

1. 非油客单价

本指标展示了加油站非油客单价与区域、全省的比较情况，并且统计了一年以来的变化情况以及分析结果。诊断者可通过指标了解该站的非油客单价的变化趋势，为促销活动、开口营销、非油选品等方面提供理论基础。

某加油站非油客单价诊断结果如图4-30所示，该站非油客单价均低于省地市平均值，有必要加强员工开口营销，引导客户购买高价值商品；从趋势上讲，中长期有下降的情况，建议关注区域消费情况，可通过调查走访的方式，确定本商圈客户购买期望，确认是否需要调整非油选品；加强对竞争对手的营销策略调查，必要时需针对性地设计非油促销活动，增加本站非油销售收入。

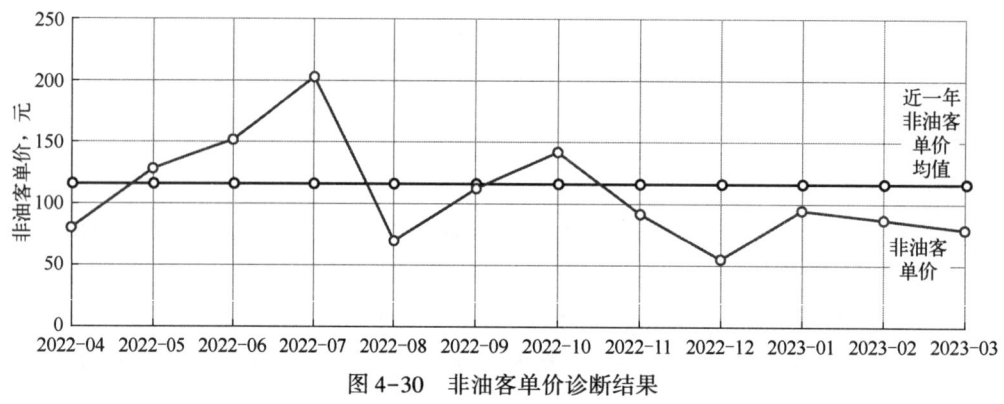

图4-30 非油客单价诊断结果

2. 吨油非油收入

本指标展示了该站吨油非油收入与区域、全省的比较情况，并且统计了一年以来的变化情况以及分析结果。诊断者可通过指标了解该站的油品与非油销售匹配程度的变化趋势，是分析该站油非转化率的重要指标。

某加油站吨油非油收入诊断结果如图4-31所示，该站吨油非油收入均高于省地市平均值，说明该站油非转化率较好，但需注意2023年1月数据出现明显增高，需进一步核实数据准确性；从趋势上讲，中短期有下降的情况，建议对油品与非油品进行统筹分析，确定下降原因，同时建议关注竞争对手的策略，有针对性地提出油非互促活动，提高本站转化率。

3. 便利店平效指数

本指标展示了加油站便利店平效指数与竞争对手的比较情况。诊断者可通过指标了解该站便利店平均每平方米创造的商品销售收入以及与竞争对手的对标情况，是评估加油站非油创效能力的重要指标。

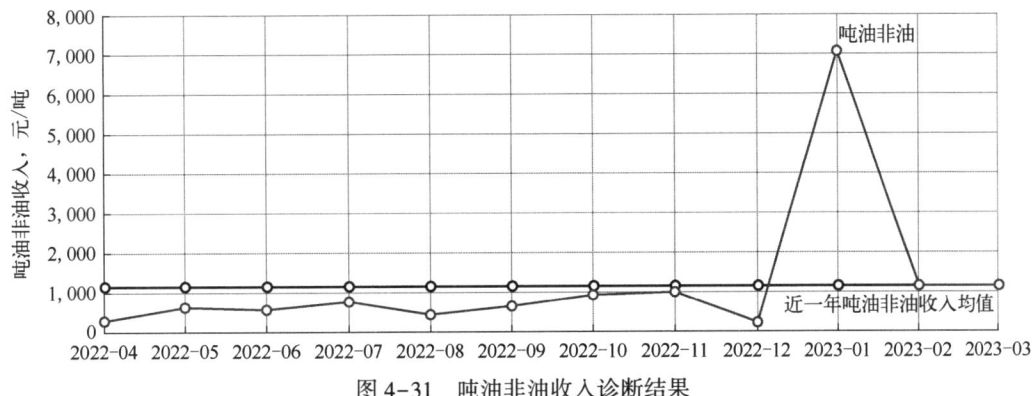

图4-31　吨油非油收入诊断结果

　　某加油站便利店平效指数诊断结果如图4-32所示，该站平效指数310.26，高于竞争对手平均水平，同时便利店面积小于竞争对手平均水平，说明该站利用较小的便利店实现了更高的创效，应继续保持。但需注意由于竞争对手的非油销售收入与便利店面积均需加油站经理手动输入，因此建议通过走访、调研、座谈的方式进一步核实数据准确性。

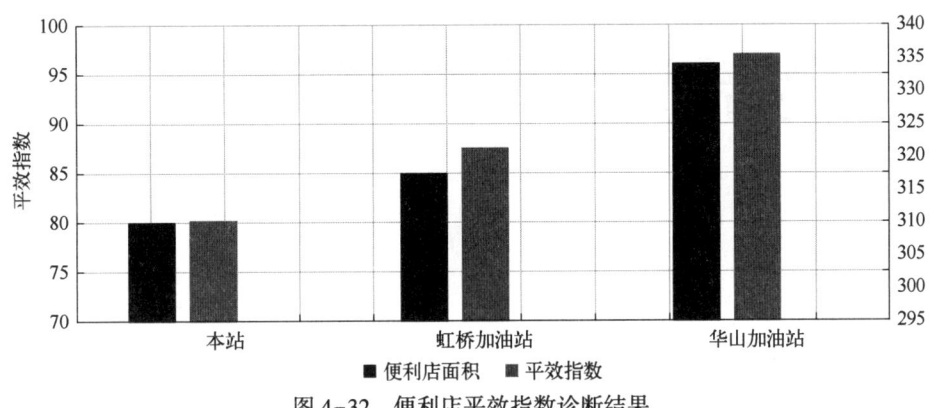

图4-32　便利店平效指数诊断结果

4. 品效指数

　　本指标展示了加油站便利店非油品的品效指数及变化趋势。诊断者可通过指标了解该站便利店经营商品品类的价值情况，是指导加油站商品品类调整的重要指标。

　　某加油站品效指数如图4-33所示，该站品效指数趋势较为稳定，说明该站当前非油选品策略较好；但从历史数据来看，2022年12月品效指数有明显增高，建议核实商品的变化情况，择机择时引进高价值商品；2023年1月出现明显下降，建议核实当期商品品类，减少或取消引进低价值商品。

5. 商品陈列效率

　　本指标展示了加油站便利店不同品类商品的陈列效率。诊断者可通过指标了解该站便利店各品类商品的收入贡献与陈列面积占比是否匹配，是指导加油站商品品类摆放的重要指标。

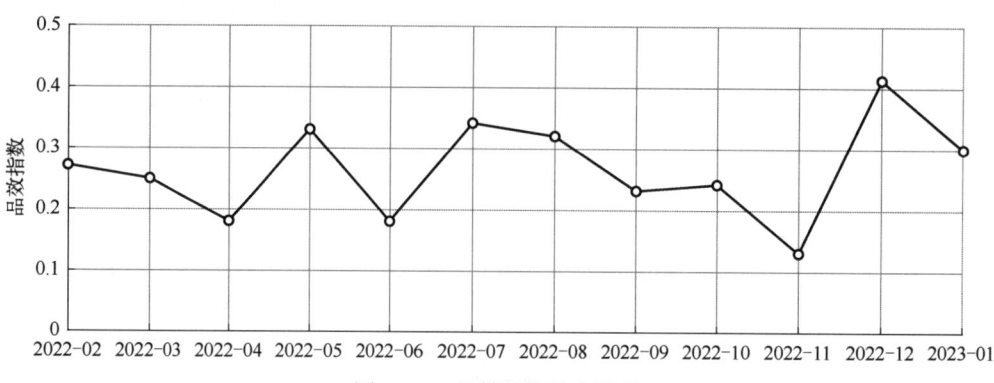

图 4-33　品效指数诊断结果

某加油站商品陈列效率诊断结果如图 4-34 所示，该站家庭食品、香烟、包装饮料陈列效率较高，说明这三类商品利用较小的陈列面积贡献了较大的收入，建议增加陈列面积，或结合现场情况摆放至黄金位置；面包、个人护理用户等商品陈列效率偏低，说明这些商品占用了较大的陈列面积但没有贡献相符的销售收入，建议开展相关促销活动，引导购买，若效果不佳，则建议减少此类商品陈列。

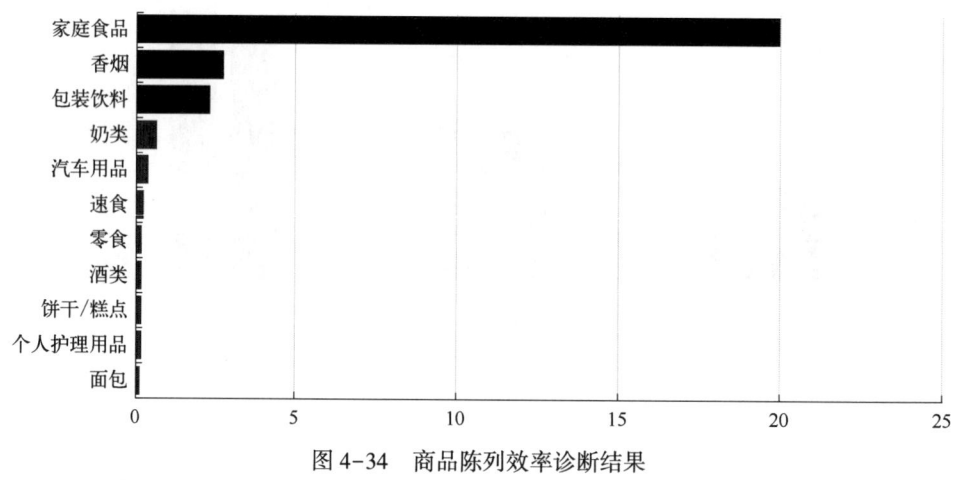

图 4-34　商品陈列效率诊断结果

6. 未动销商品序列

本指标展示了加油站便利店的未动销商品，将商品未动销的时长由多到少排序前 20 位，并统计了超出 30 天、90 天、200 天未动销商品的数量。诊断者可通过指标动态淘汰过去销售周期较长的商品，优化便利店的商品种类，为合理分配店面陈列及营销资源提供参考。

7. 非油销售高峰期

本指标展示了加油站分时段的非油销量情况，并确定了非油销售高峰期时段，同时提供了油品高峰期与非油高峰期时段的一致性情况。诊断者可通过指标了解该站的非油销售高峰情况以及和油品高峰期的匹配情况。与油品高峰期诊断指标一致，建议实际使用中主要关注波峰的高峰期情况以及油品、非油两张折线图波峰的重叠情况。

　　某加油站非油、油品销售高峰期诊断结果如图4-35所示，该站非油销售高峰期（波峰）主要出现在7：00—8：00、9：00—10：00、15：00—16：00，与油品销售高峰期基本一致，说明该站在对应时段的现场开口营销较好，同时建议提高油品作业效率，有利于油非共同上量。

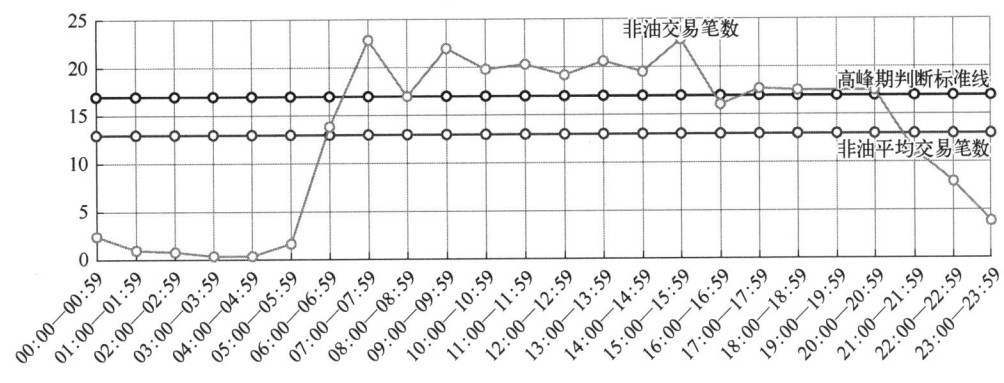

(a) 非油销售高峰期

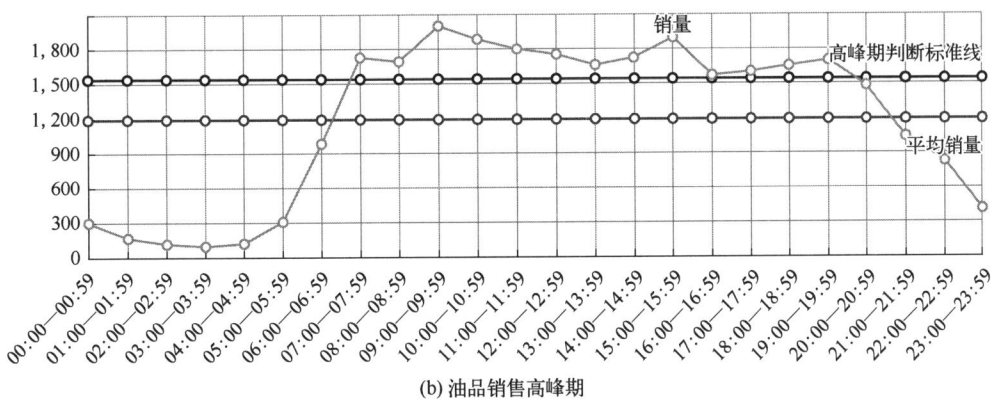

(b) 油品销售高峰期

图4-35　非油销售高峰期诊断结果

8. 油非转化率诊断结果

　　本指标展示了该站过去12个月的油非转化率变化趋势以及当月分时段油非转化率情况。诊断者可通过指标了解该站的油品和非油的销售匹配情况，发现长期、中期、短期存在的问题，是判断油非互促效果的重要指标。

　　某加油站油非转化率如图4-36所示，该站2023年3月的油非转化率均低于省地市平均值，建议针对商品品类、竞争对手、员工素质等方面开展对标工作，发现问题并实现提量增效。该站油非转化率长、中期呈上升态势，由于2023年1月转化率明显增加，短期呈下降态势，建议确定异常值原因后再进行进一步分析。分时段来看，本站19：00—20：00油非转化率偏低，结合销售情况可知该时段未能在油品销售较高的时间实现非油销售增高，此时段应加强开口营销，或增加临时促销人员。

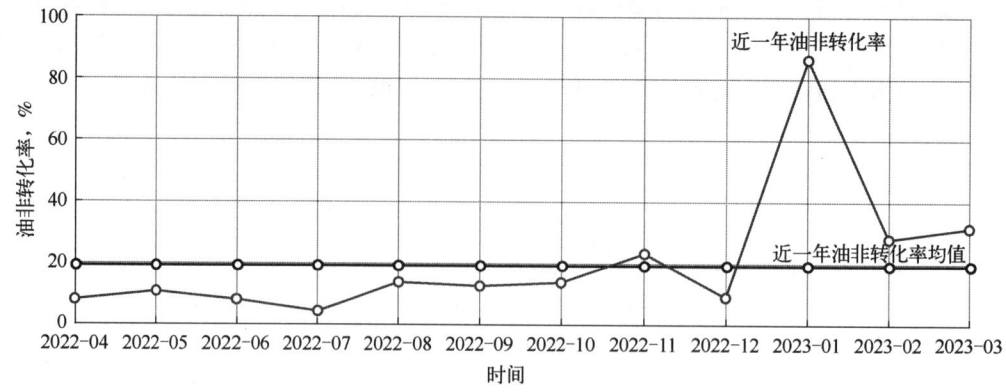

(a) 分月油非转化率

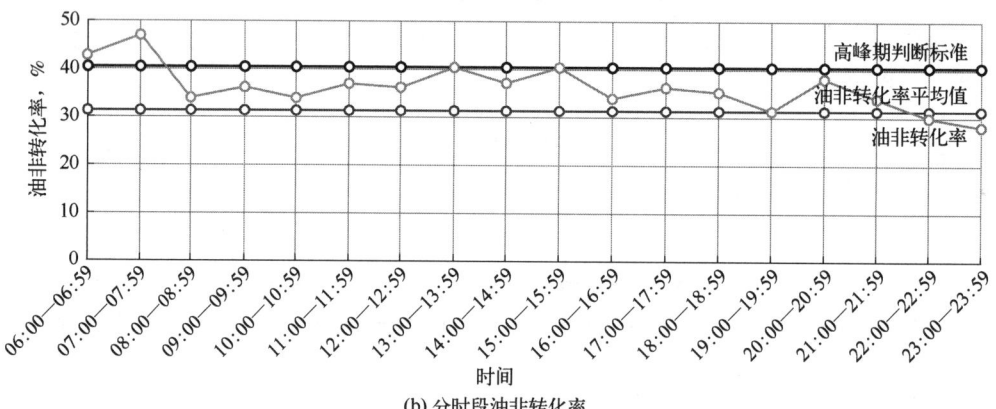

(b) 分时段油非转化率

图4-36　油非转化率诊断结果

（五）客户离站诊断结果

1. 客户净推荐值

本指标展示了加油该站所在区域公司客户净推荐值。诊断者可通过指标了解持卡客户对品牌的忠诚度情况，用于指导地市公司是否采取维护客户的新措施。

某加油站诊断结果显示，该站所在区域当前的客户净推荐值60.4%，情况良好，但仍有上升空间，建议省地市公司开展定期回访，了解客户需求。

2. 支付结构

本指标展示了加油站客户支付结构。诊断者可通过指标了解加油站支付习惯，是指导营销资源投放平台选择的重要指标。

某加油站诊断结果显示，该站支付结构中以银行卡、互联网支付、其他支付方式为主，可针对上述支付方式或平台，开展异业合作，增强引流。

3. 油品卡销比

本指标展示了加油站的加油站持卡客户油品消费金额占全部客户消费金额的比例。诊断者可通过指标评价加油站开发和维护客户的效果，可以和区域平均水平比较，以及和本站历史情况比较。

　　某加油站诊断结果如图 4-37 所示，该站 2023 年 3 月油品卡销比较过去一年的平均值 28.19% 低 6.59 个百分点，较过去半年的平均值 39.34% 低 17.74 个百分点，较近三个月的平均值 55.75% 低 34.15 个百分点，该站长、中、短期均呈现下降态势，应加大客户回访和维护力度，同时提升油站形象、服务水平，适时增加促销活动吸引客户。

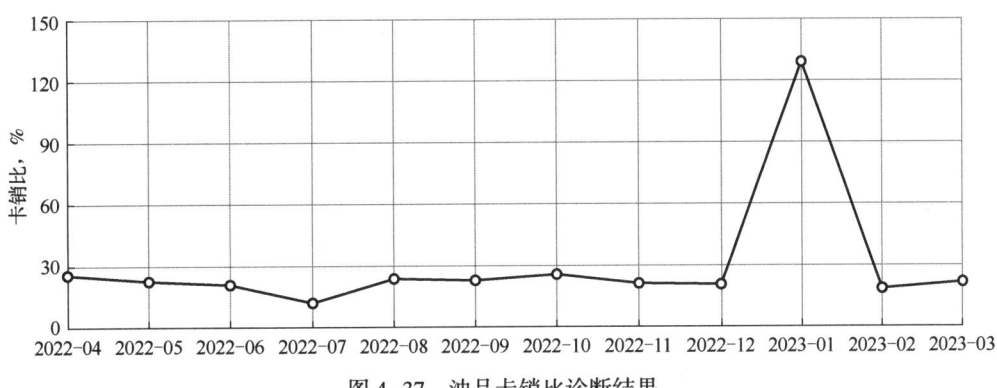

图 4-37　油品卡销比诊断结果

　　4. 合理排班

　　本指标展示了加油站在现有员工数量及不同排班模式下，每班次的理论排班人数比例诊断结果。诊断者可通过该指标指导加油站进行合理的人员排班。

　　某加油站诊断结果如表 4-5 所示，该站采取四班两倒制度，7 人参与排班，每班人数 3 人，根据理论测算结果，白班（8：00—20：00）人数应提高至 5 人，夜班（20：00—8：00）人数应降为 2 人。本指标结果仅为理论参考，站内建议以分时段提枪次数为参考，结合实际情况进行灵活排班。

表 4-5　合理排班诊断结果

班次	排班起始时间	排班结束时间	平均小时提枪次数	建议排班人数
1	08：00	19：59	52.83	5.11
2	20：00	7：59	19.38	1.89

　　5. 合理用工人数

　　本指标展示了加油站现状下最合理的员工数量。诊断者可通过该指标与加油站现有员工数量对比，作为减员或者增员的标准和依据。

　　某加油站诊断结果显示，该站合理用工人数为 9 人，小于实际用工人数 14 人，说明该站人均劳动强度较低，或本站实际参与油品、非油销售的人工小于实际用工，建议加大客户开发，提高人均劳效，同时根据实际情况调整合并部分工作内容，将多余人员安排至现场，增加现场服务效率。

三、综合诊断结论

基于上述指标统筹分析，给出综合诊断结论，以五率（进站率、加满率、油非转化率、客户回头率、客户满意率，图4-38）提升为导向，旨在指导加油站确认主要问题方法，提出优化措施。

某加油站综合诊断结论该站的加满率、油非转化率、客户回头率均有提升空间，建议关注柴油单车加油量、非油客单价、油非转化率、油品卡销比4项指标。

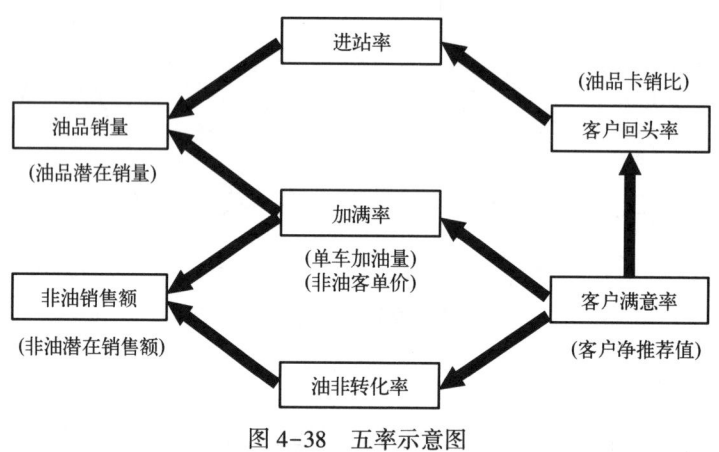

图4-38　五率示意图

第五节　常见问题

一、登录问题

（1）登录后页面无反应或提示"用户名不存在"。

一般是由于系统浏览器版本过低或系统内未录入此站点。对应的解决方案是首先核对最新线上诊断工具网址，下载、使用系统支持版本的浏览器，可在登录界面直接下载安装包使用；确认无误后仍不可登录，则需上报给省地市公司，由省地市公司联系项目组录入站点。

（2）输入HOS码及密码后系统提示"密码错误"。

账户或密码输入错误问题。对应的解决方案是站点用户名字母为大写，默认密码字母为小写，注意大小写转换；若核对无误后，系统仍提示密码错误，请与QQ群中管理员联系重置密码。由于全国站点较多，处理问题流程繁琐，建议各站牢记密码，尤其是工作交接等情况保障账号密码交接正确，避免影响正常诊断。

二、数据上传问题

（1）加油站经理基本情况与实际不符的问题。

一般是由于加油站更换站经理，加管系统中信息未同步更新造成的。对应的解决方案是，登录后自行在【基础信息】→【个人信息】→【基本信息】点击【编辑】，修改后保存即可，建议更换站经理后及时更新信息，省/地市账户无须更改。

（2）系统显示手工报表存在错误，请修改后重新上传。

一般是由于手工报表内容未参考范例格式填写，或错误上传其他 excel 文件导致的。对应的解决方案是，导出正确模板，参考范例填写完成后重新上传。

（3）数据准确性不足，导致诊断结果偏差大。

人工观测统计的数据失真或统计不全。对应的解决方案是，提前筹备好数据收集工作，按照系统说明准备数据，保证数据全面、准确。

三、其他问题

（1）报告生成乱码问题。

一般是由于系统数据还在加载或数据生成当中，或浏览器与诊断工具存在兼容性问题。对应的解决方案是，在生成的乱码报告界面等待加载数据，或者更换谷歌、火狐或 IE9 以上浏览器，重新登录生成报告即可。

（2）全流程诊断报告导出的问题。

全流程报告需通过谷歌浏览器导出 PDF 格式文档。具体操作方法为：谷歌浏览器下将鼠标放置于诊断报告页面→右键→选择打印→目标打印机→更改→另存为 PDF。

第五章 典型案例

本章归纳汇总了各类典型站点的诊断案例，详细展示了各站点基本信息、诊断分析结论、整体和阶段优化方案、优化实施的提升成效等内容，为各站点进行诊断和提出优化方案提供了详细的对照参考。

第一节 社区站

一、吉林 A 社区加油站案例

（一）基本信息

吉林 A 加油站（DB03）位于吉林市核心区域，属于一类站，是社区型加油站，其客户以周边社区居民以及定点单位客户为主。该站主要经营全品号油品，当期日均销量约 27t，主要是汽油（26t）；同时，经营 513 种非油商品种类，当前非油日均销售额 3000 元。该站周围商圈较丰富，有众多小区，也有众多单位。经调查，该站前道路车流较大，其中主要为汽油车，此外，对手营销策略对本站影响较小。

（二）诊断分析

经过诊断，发现该加油站主要存在四个问题：高峰期拥堵时间较长、分品号加油枪利用效率不均衡、非油品销售仍有较大增长空间以及员工排班与现场匹配存在优化空间。

1. 高峰期拥堵时间较长

该加油站 7：00—18：00 期间持续中度以上拥堵，其中有 9h 处于重度拥堵。经研究发现，拥堵情况的出现是由外部因素和内部因素的共同作用导致。外部因素有二，一是加油后进店客户比例较大，车辆停放在现场造成拥堵；二是周边社区早晚高峰期接送小孩车辆集中，叠加上游红绿灯放行后瞬时车辆较多，从而造成了拥堵。同时，内部因素也有两方面，一是该站 6 台加油机中 4 台设置为自助机，受客户习惯及卡销较低的影响，自助加油效率相对较低；二是现场长期仅有 2 名员工加油，高峰期明显人手不足。

2. 分品号加油枪利用效率不均衡

该加油站部分人工机的加油枪使用效率较高，而其余加油枪利用率比较低。经过诊断，发现该现象的主要成因是分品号加油枪利用效率不均衡。一方面，由于柴油本身销量较少，且主要为定点客户加油，在分品号加油枪中，柴油枪的使用效率较低。另一方面，除自助加油机的效率较低的因素外，该站主要客户对高标号汽油的接受度较弱，造成本站

95 号、98 号加油枪数量明显偏多，从而影响了利用率。

3. 非油品销售仍有较大增长空间

该加油站非油客单价和便利店平效指数均较低，单位面积非油创效有提升空间。调研结果显示，本站未动销商品数量较多，且未动销时间较长，选品有优化空间：大于半年以上未动销的单品有 20 种，大于 100 天以上未动销的单品有 48 种，大于 30 天未动销的商品为 120 种。另外，本站绩效考核中非油占比较小，非油商品组合促销、油非互动促销活动较少，也是非油销售欠佳的原因。

4. 员工排班与现场匹配有优化空间

该加油站高峰期现场加油人数偏少，加油现场一直维持 2 人的排班，与油品销售高峰期不符。目前，加油站 8 名加油员实行两班两倒排班（上 24h 休），早上 8：00 换班。每班 4 人中，加油现场 2 人，便利店内 2 人，每 2h 一轮换。该轮班制度导致 6：00—21：00 间，加油站人均提枪次数大幅高于 20 次，员工劳动强度较大。

（三）优化方案

为优化加油站拥堵问题，该站应结合诊断发现的 4 方面主要问题，利用现场车道优化、员工排班优化、非油商品优化、加油枪布局优化等多维度手段，综合解决。优化方案实施后，结合现场监测以及数据分析的方式，通过 1 个月左右的跟踪，评估优化效果。

1. 最优方案

第一步：车道分类。将加油站场地东侧（离进站口较近）的一排加油机（1-3 号机）两边车道设置为"即加即走"车道，并做好标识牌。实行期间的前 2 周安排专人在车辆入站口进行引导。

第二步：增加现场手持结算 POS。计划数量 3 台，每个员工一台。加油员通过智能手持 POS，可以在用户加油完成后，扫描付款码完成支付，不再需要用户下车付款。交易完成后，员工可扫描客户出示的发票抬头，完成电子发票开具并自动推送。如果用户在中油好客 e 站 APP 完成交易，交易会自动推送至智能手持 POS，可以收到语音播报提醒并确认放行。员工也可通过智能手持 POS 扫描客户身份证，使系统自动识别完成需要登记客户身份证信息的特殊用油的信息登记，解决加油员手工录入费时、统计难的问题。

第三步：优化现场排班。减少岗位设置，核算员岗位由副站长兼任，发卡员岗位由便利店管理员兼任，增加一个两人的机动班；根据人均小时提枪次数不应高于 20 次的原则，将机动班安排至 6：00—21：00。

第四步：组合非油礼包。根据 92 号、95 号加油区间的频次分布（图 5-1、图 5-2），92 号应向 30L 以上加油交易转化，约合加油金额 210 元；95 号应向 40L 以上转化，约合加油金额 300 元。

由此可设计 92 号加油满 210 元，95 号加油满 300 元，赠送非油商品。另外，建议设计非油捆绑销售礼包，供 92 号加油 210 元以上、95 号加油 300 元以上的客户优惠购。捆绑礼包可以直接陈列于加油"即加即走"车道。

第五步：调整汽油加油枪各品号的数量。98 号加油枪数量由 10 把减少为 4 把，92 号

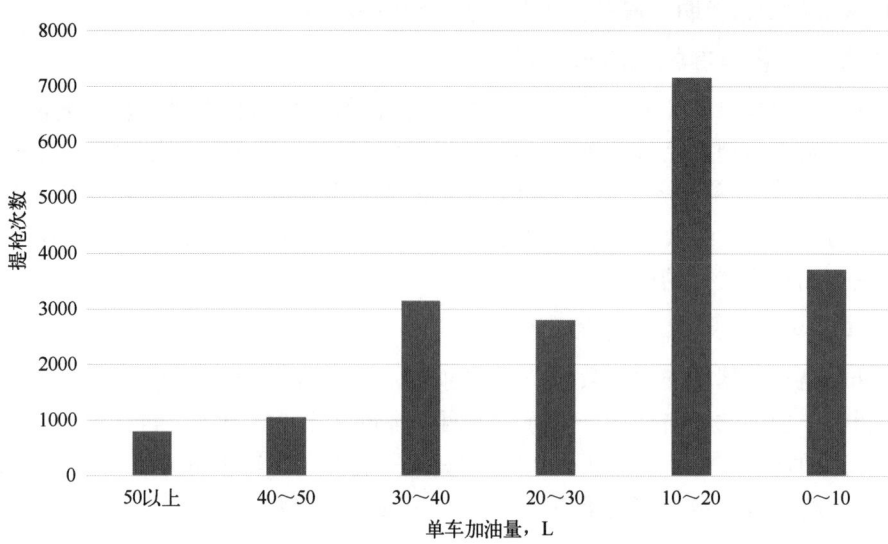

图 5-1　92 号提枪次数区间频次分布

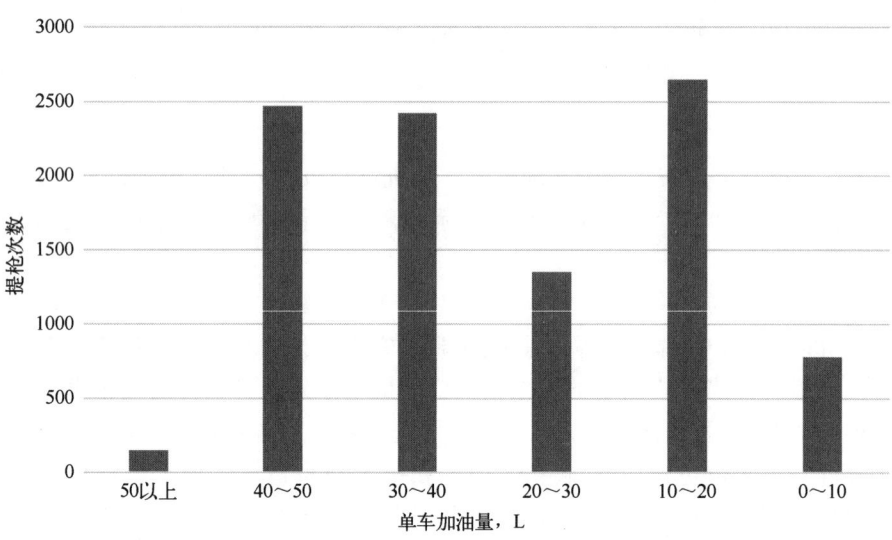

图 5-2　95 号提枪次数区间频次分布

加油枪由 12 把增加为 16 把，95 号加油枪数量由 12 把增加为 14 把。如图 5-3 所示，圈住枪数为调整后的品号。

　　第六步：增加车位划线。尽管加油站配备的全是 6 枪机，但因本站场地横向长度有限，实际上每条车道的每台加油机前只能停放 1 台车辆加油，从而导致了效率的低下。建议增加车位划线，如图 5-4 所示，在离出口较近的加油机两侧划出 4 个车位，其他加油机 2 个车位，通过加强停车引导，实现一条车道最多可以 4 台车同时加油。

　　2. 阶段优化方案

　　根据数据分析，本站汽油交易使用现金、IC 卡的客户约占 44%；银联卡（微信、支付宝、银联）支付客户占 55%；电子券占不到 1%。若加油站短期内无法应用现场手持结

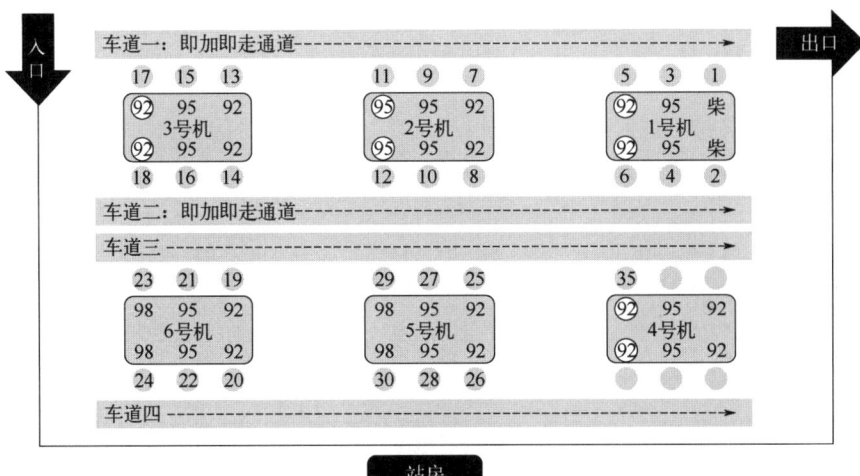

图 5-3　加油站油枪品号更新后布局图

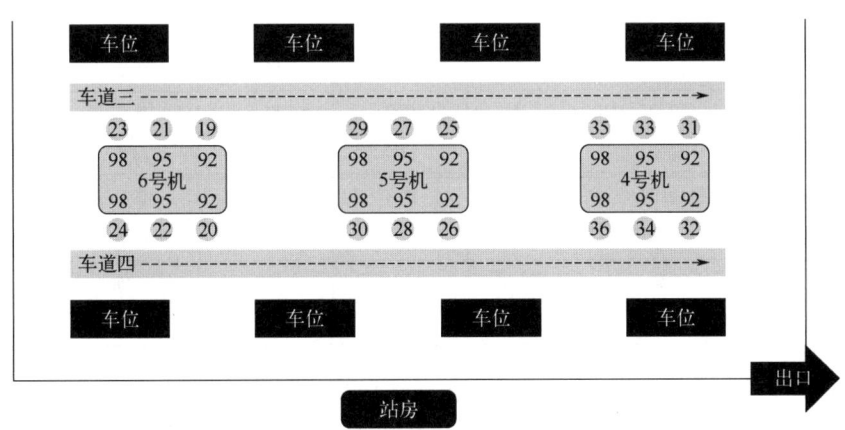

图 5-4　加油站现场车位划线示意图

算 POS，可先按照支付方式进行车道分类。建议将加油站场地东侧（离进站口较近）的一排加油机（1-3 号机）两边车道设置为"现金/加油卡"车道，并做好标识牌，如图 5-5 所示。鉴于电子券支付比例较低，加上前期加强引导，预计不会影响总体快加快走的效果。

（四）实施效果

按照全流程优化参考值改进，优化方案对该站主要指标均可有一定改进提升效果。实际本站油品月均销量从 27t/d 提升到 30t/d，提升幅度 11%；非油月均收入从 3000 元上升到 1.46 万元，提升 4 倍左右。

1. 油品销售情况

（1）销量分析：汽油，尤其 92 号汽油是主要增量品种。表 5-1 显示，2021 年 12 月份吉林 A 加油站销量达到 30.7t/d，同比增长 1%，环比增长 25%。其中，汽油销量 30t/d，同比增长 2%，环比增长 25%。92 号汽油同比增长 4%，环比增长 25%。

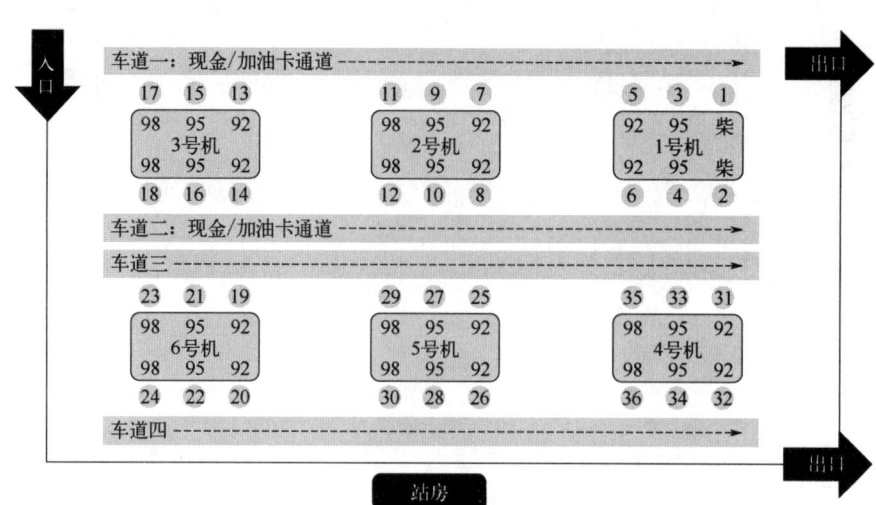

图 5-5　加油站按支付方式划分车道示意图

表 5-1　2020 年与 2021 年底吉林 A 加油站油品销量增长情况对比　　　　t/d

时间	92 号销量	95 号销量	98 号销量	汽油销量	柴油销量	汽柴油合计
2020 年 11 月	15.6	10.3	0.8	26.7	0.7	27.4
2020 年 12 月	17.2	11.4	0.9	29.5	0.8	30.3
环比	10%	11%	13%	11%	14%	11%
2021 年 11 月	14.3	9.2	0.5	24	0.7	24.7
2021 年 12 月	17.9	11.5	0.6	30	0.7	30.7
同比	4%	1%	-33%	2%	-13%	1%
环比	25%	25%	20%	25%	0%	25%

（2）单车加油量分析：汽柴油单车加油量环比均有小幅增长。表 5-2 显示，2021 年 12 月份吉林 A 加油站 92 号、95 号、98 号汽油单车加油量环比存在不同程度增长（2%～3%），好于去年环比水平（负增长）；柴油单车加油量环比增长 1%，低于去年环比增幅 5 个百分点。汽柴油单车加油量同比均有明显降低，2021 年 12 月份该加油站 92 号、95 号汽油单车加油量同比均降低 7%，柴油同比降低 11%。单车加油量的变化与国内成品油价格调整有关。

表 5-2　2020 年与 2021 年底吉林 A 加油站单车加油量增长情况对比　　　　L/车

时间	92 号汽油单车加油量	98 号汽油单车加油量	95 号汽油单车加油量	柴油单车加油量
2020 年 11 月	32.8	50.7	36.4	42.5
2020 年 12 月	32.1	48.5	35.6	44.9
环比	-2%	-4%	-2%	6%
2021 年 11 月	29.1	47.3	32.2	39.7
2021 年 12 月	30	48.2	33.2	40.1
同比	-7%	-1%	-7%	-11%
环比	3%	2%	3%	1%

（3）提枪次数分析：汽油提枪次数显著增加，是增量主要原因。表5-3显示，2021年12月份吉林A加油站汽油提枪次数同比增长9%，高于单车加油量增幅16个百分点，高于销量增幅7个百分点；环比增长22%，也显著好于去年同期环比水平。92号、95号汽油提枪次数同比分别增长12%、8%。

表5-3 2020年与2021年底吉林A加油站提枪次数增长情况对比 次/日

时间	92号汽油提枪次数	95号汽油提枪次数	98号汽油提枪次数	汽油提枪次数	柴油提枪次数	汽柴油合计
2020年11月	617	313	20	950	21	1921
2020年12月	695	357	24	1076	22	2174
环比	13%	14%	20%	13%	5%	13%
2021年11月	638	314	13	965	20	1950
2021年12月	776	384	16	1176	21	2373
同比	12%	8%	−33%	9%	−5%	9%
环比	22%	22%	23%	22%	5%	22%

2. 非油销售情况

非油收入增幅较大。表5-4显示，2021年12月吉林A加油站非油销售收入达到1.3万元/日，同比、环比分别增长294%、187%。其中，非油客单价达到77元/笔，同比、环比分别增长250%、89%。非油交易笔数也有不同程度增长，经与站经理沟通了解有三方面原因：一是加油效率提高后，顾客愿意花时间停留购买非油商品；二是急客通道的非油礼包销售情况较好；三是年底增加了一些非油促销活动，但活动力度较11月份并没有显著增加。

表5-4 2020年与2021年底吉林A加油站单车加油量增长情况对比

时间	非油交易笔数，笔/日	非油客单价，元/笔	非油销售收入，元/日
2020年12月	151	22	3319
2021年11月	112	41	4556
2021年12月	170	77	13063
同比	12%	250%	294%
环比	52%	89%	187%

二、黑龙江某社区加油站案例

（一）基本信息

黑龙江A加油站（CH01）位于鹤岗市工农区核心区域，属于一类站，是社区型加油站，其客户以周边社区居民以及定点单位客户为主。该站主要经营全品号油品，当期日均销量约18t，主要是汽油（17t）；同时，经营519种非油商品，当前非油日均销售额2000元。该站周围商圈较丰富，有7所学校，多是政府企事业单位、商户小区和住户。经调查，该站前车流主要为汽油车，主要客户群体是周边政府部门车辆、企事业单位车辆、居民私家车等。该站3km范围内共有6座加油站，其中4座为本站主要竞争对手，受地理位置影响，对手营销策略对本站影响较大。

（二）诊断分析

经过诊断，发现该加油站主要存在五个问题：实际销量小于潜在销量，高峰时段出现拥堵情况，分品号加油枪利用效率不均衡，流程标准服务时间用时较长、加满率较低，非油客单价低，非油客单价低。

1. 实际销量小于潜在销量

该站实际销量（18t/d）小于潜在销量（21t/d），表明在周边市场占有率低于同类站平均水平，原因是该站周围共有4座竞争对手，分食市场严重，其中距离较近（1km内）的就有2座，分别有价格直降、刷卡降等活动，汽油比黑龙江A加油站优惠0.5~0.6元。

2. 高峰时段现场人员不足，导致出现拥堵情况

该站对应高峰期9：00—9：59、12：00—13：59、15：00—17：59的时间段拥堵指数大于1.5，该时段内现场效率偏低。经研究发现，出现拥堵主要由以下几方面因素导致：一是现场人员不足，现场只有2人负责4台加油机16把加油枪，引导车辆不及时；二是该站位于市中心，周边有7所中小学，拥堵时段正逢上下班、上放学高峰，从而造成拥堵；三是加油后进店付款客户较多，车辆停放在现场造成拥堵。

3. 分品号加油枪利用效率不均衡

该加油站部分里道加油枪使用效率较高，而其余加油枪利用率比较低。经过诊断，发现该现象的主要原因是分品号加油枪利用效率的不均衡。一方面，由于柴油本身销量较少，且主要为定点客户加油，在分品号加油枪中，柴油枪的使用效率较低。另一方面则是加油枪布置因素，里道离便利店较近，客户习惯将车直接停在里道。

4. 流程标准服务时间用时较长

该加油站流程标准服务时间用时较长，主要集中在停车、消费付款开票几个环节。六大环节的流程平均服务时间为进站29.37s、停车22.21s、等待沟通6.41s、加油27.35s、消费付款开票127.89s、离站20.73s。10位样本顾客中，站内消费总体用时明显偏高，主要原因是客户用电子卡付款，但很多都不会使用，完全依靠站内人员帮助，偶尔也会有系统不稳定的情况。

5. 非油客单价较低

该加油站非油客单价较低，不仅较区域平均值低，较全省同类型站平均值也低。经研究分析，一方面是员工开口营销不到位，没有将促销活动和促销商品宣传到位；另一方面非油促销活动以及商品对顾客没有吸引力。

（三）优化方案

为优化加油站拥堵问题，该站应结合诊断发现的五方面主要问题，利用现场车道优化、员工排班优化、加油枪布局优化、非油商品优化、员工培训等多维度手段，综合解决

以上五方面的问题。优化方案实施后，结合现场监测以及数据分析的方式，通过1个月左右的跟踪，评估优化效果。

1. 最优方案

（1）做好站内及站外客户开发，形成区域作战图，开展调查。真正地走出去，先从社区单位走起，陆续在周边商户、居民中寻找潜在客户。进一步完善和细化客户档案，建立真正的动态客户档案。

（2）积极开展异业合作，从竞争对手手中抢客户。开展政府消费券、云闪付满减、工行无感支付等活动，提升进站率，提升加满率。

（3）车道及停车指示。一是将加油站外道（3-4号机）92号汽油车道做好"醒目"标识牌，引导92号汽油客户到外道，避免出现里道拥堵外道无车加油的情况；二是加油站旁边就是停车场，做"停车场位置指示"标识牌，将进店付款开票或是办理电子加油卡的客户车辆引导到停车场，不占用现场车位。

（4）优化现场排班。高峰时段现场保持3人，前厅主管到现场加油或引导车辆，保证排队无空机位，提示加完油进室内结算的顾客将车停到停车场，提高现场效率。

（5）加强员工现场服务培训，将加油十三步曲简化为六步曲，提高服务态度和水平；使用专业营销话术，利用现有促销策略，加强现场高标号汽油推荐，提高加油枪使用效率。

2. 阶段优化方案

（1）根据数据分析，本站汽油交易使用现金、IC卡的客户约占62%，银联卡（微信、支付宝、银联）支付客户占36%，电子券占不到2%，可先按照支付方式进行车道分类。建议将加油站场地东侧（离进站口较远）的一排加油机（3-4号机）两边车道设置为"现金/加油卡"车道，并做好标识牌。鉴于电子券支付比例较低，加上前期加强引导，预计不会影响总体快加快走的效果。

（2）根据数据分析，该加油站流程标准服务时间用时较长，主要是室内付款开票环节。下一步工作要做好以下几方面：站内重要促销活动节点，机关人员下站帮扶，缓解一线人员紧张压力，减少服务时间；提升服务质量，该站室内支付占比较大，工作人员要着重推介电子加油卡，引导顾客使用APP室外付款，线上开票，不下车无接触，方便快捷，快加快走，持续提高站内卡销比；开展三方合作，工行无感支付、平安好车主等支付方式，随加随付随走，不需要进入室内，增加顾客消费体验感，提升客户满意度。

（四）实施效果

按照全流程优化参考值改进，优化方案对该站主要指标均可有一定改进提升效果。实际本站油品月均销量从16t/d提升到18t/d，提升幅度12%；非油日均收入从1000元上升到2000元，提升至2倍左右。

1. 油品销售情况

（1）销量分析：汽油，尤其92号汽油是主要增量品种。表5-5显示，2022年10月份黑龙江A加油站销量达到16.61t/d，同比增长14%，环比增长5%。其中，汽油销量

15.51t/d，同比增长 12%，环比增长 6%，92 号汽油同比增长 14%，环比增长 5%。

表 5-5 2022 年与 2023 年黑龙江 A 加油站油品销量增长情况对比   t/d

日期	92 号汽油销量	95 号汽油销量	98 号汽油销量	汽油销量	柴油销量	汽柴油合计
2022 年 10 月	10.30	5.20	0.01	15.51	1.10	16.61
2023 年 9 月	11.10	5.60	0.10	16.80	0.80	17.60
2023 年 10 月	11.70	5.70	0.30	17.70	0.90	18.60
同比	14%	10%	2900%	14%	-18%	12%
环比	5%	2%	200%	5%	13%	6%

（2）单车加油量分析：汽柴油单车加油量同比有小幅增长。表 5-6 显示，2023 年 10 月份黑龙江 A 加油站 92 号汽油、95 号汽油单车加油量同比存在不同程度增长；柴油单车加油量环比降低 12%；92 号汽油单车加油量环比降低 3%（油价因素影响），95 号、98 号汽油单车加油量环比增长 3%，柴油单车加油量同比降低 7%。单车加油量的变化与国内成品油价格调整有关。

表 5-6 2022 年与 2023 年黑龙江 A 加油站单车加油量增长情况对比   L/车

日期	92 号汽油单车加油量	95 号汽油单车加油量	98 号汽油单车加油量	汽油单车加油量	柴油单车加油量
2022 年 10 月	22.3	28.2	40.1	30.2	42.5
2023 年 9 月	23.4	29.3	38.2	30.3	44.9
2023 年 10 月	22.7	30.2	39.3	30.7	39.7
同比	2%	7%	-2%	2%	-7%
环比	-3%	3%	3%	1%	-12%

（3）提枪次数分析：汽油提枪次数显著增加，是增量主要原因。表 5-7 显示，2023 年 10 月份黑龙江 A 加油站汽油提枪次数同比增长 18%，环比增长 8%。92 号、95 号、98 号汽油提枪次数同比分别增长 18%、16%、300%。

表 5-7 2022 年与 2023 年黑龙江 A 加油站提枪次数增长情况对比   次/日

日期	92 号汽油提枪次数	95 号汽油提枪次数	98 号汽油提枪次数	汽油提枪次数	柴油提枪次数	汽柴油合计
2022 年 10 月	392	167	1	560	21	581
2023 年 9 月	432	182	2	616	22	638
2023 年 10 月	463	194	4	661	19	680
同比	18%	16%	300%	18%	-10%	17%
环比	8%	7%	200%	8%	-14%	7%

2. 非油销售情况

非油收入增幅较大。表 5-8 显示，2023 年 10 月黑龙江 A 加油站非油销售收入达到 0.2 万元/日，同比、环比分别增长 79%、104%。其中，非油客单价达到 42 元/笔，同比、环比分别增长 50%、40%；非油交易笔数也有不同程度增长。经与站经理沟通了解到有三方面原因：一是加油效率提高后，顾客愿意花时间停留购买非油商品；二是年底增加了一些非油促销活动；三是商品种类以及结构有所调整，增加了性价比较高的家庭食品，比较受欢迎。

表 5-8　2023 年与 2022 年黑龙江 A 加油站单车加油量增长情况对比

日期	非油收入，万元/月	非油交易笔数 笔/日	非油客单价 元/笔	非油销售收入 元/日
2022 年 10 月	16	121	28	1123
2023 年 9 月	10	112	30	986
2023 年 10 月	29	170	42	2015
同比	81%	40%	50%	79%
环比	190%	52%	40%	104%

第二节　旅游站

一、云南 A 旅游加油站案例

（一）基本信息

云南 A 加油站位于云南省昆明市官渡区，占地面积 1908.86m²，便利店面积 100m²，属于旅游景区加油站。加油站共有加油机 4 台（2 台 6 枪机、2 台 4 枪机，加油枪 20 把；其中汽油 17 把，柴油 3 把），30m³ 储油罐 4 具，洗车设备 1 台。加油站现有员工 12 人，平均年龄 28 岁，实行 2 班 2 倒+机动班的排班模式。

加油站位于滇池湿地旅游景区，周边区域商圈主要分布有：居民住宅区、环境保护区、自贸区，加油站属于典型的景区社区混合型加油站。范围内有 7 座加油站，中国石油 3 座、中国石化 2 座、社会点 2 座，主要竞争对手为云南 Q 站。加油站潜在日均销量 30.6t。

2023 年 1—10 月油品销量 7408t，其中：汽油销量 6441 吨，柴油销量 967 吨，柴汽比 0.15，非油销售额 282 万元，日均收入 9276 元。

（二）诊断分析

通过诊断报告得知该站存在以下问题：

1. 外观指标：油站外观陈旧，能见度不够，影响进站率

本站原有两个进出口，分别位于环湖东路和福保路一侧。但福保路方向进出口有产权纠纷已被社区封堵，未来将面临只有环湖东路一个进出口的局面；由于进出共用一个口，宽度较窄，进口能见度较低，高峰时段容易出现车辆进出拥堵，进站困难的情况。

2. 现场通行：加满率、现场通行率还需提升

根据消费时段，从单车加油量、高峰期拥堵指数、人均提枪次数、枪量匹配、加油枪

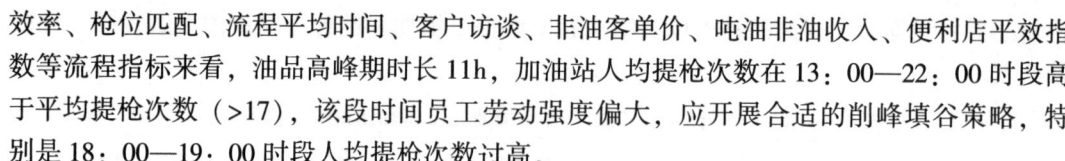

效率、枪位匹配、流程平均时间、客户访谈、非油客单价、吨油非油收入、便利店平效指数等流程指标来看，油品高峰期时长 11h，加油站人均提枪次数在 13：00—22：00 时段高于平均提枪次数（>17），该段时间员工劳动强度偏大，应开展合适的削峰填谷策略，特别是 18：00—19：00 时段人均提枪次数过高。

3. 非油业务：非油客单价、平效指数、品效指数、陈列效率需持续优化

该站非油客单价为 32.4 元，较本区域平均值 35.2 元低 2.8 元，较分公司平均值 41.5 元低 9.1 元。该站油非转化率为 29%，与全省同类型站平均值 25% 相比，高 4 个百分点。从诊断优化建议看，应着重提升客单价；平效指数为 3050 元，仍有提升空间。根据销售贡献与陈列效率比对，香烟、包装饮料、个人护理、汽车服务陈列面匹配，结合加油站商圈，粮油类商品缺少爆款商品支撑，可适当尝试新品。

（三）优化方案

根据目标导向"定方向"，问题导向"定原因"，本次全流程诊断，共发现问题 22 项，主要集中在进站、加满、加油枪使用、开口、复购等问题上。针对诊断出的问题，梳理出对应的 55 条优化措施，分阶段进行优化。

1. 提升加油站可视距离

在距离加油站 200m 处及站前路口，分别设置道路指示牌，提示车辆前方有加油站；在环湖东路方向进站口靠路设置加油站进口提示牌，提升进站指引；高峰时段必须在进站口安排专职引车员，避免洗车机排队车辆、进出站车辆因进站口较窄造成堵车。向路政部门申请，定期对上游道路旁树木进行修剪，提升加油站整体可视度。

2. 多维度增加汽油客户黏性

利用销售低峰期、下班时间有计划地对周边小区、商铺、单位、公园进行走访，对加油站开展的活动进行宣传；以加油免费洗车为噱头，通过线上线下进行宣传，吸引客户到站消费；加快新客户的开发进度，尤其是高质量客户的开发强度。

3. 强化服务技能，提升现场效率

通过班前会、站务会加强培训，提高员工业务技能，高峰期人员及时补位，有效提升车辆通行效率。加强在结账、开票、充值等方面的培训，增加员工处理熟练度，提高相关环节效率。加大电子卡的推荐力度，减少客户在高峰期在收银台的等待时间，缩短客户的离站时间。优化加油站排班，高峰期增加现场服务人员，管理人员补充到现场，提高现场的服务效率。

4. 围绕旅游景区，做好服务延伸

低峰时段，员工主动到洗车等待位，为客户做洗车引导，现场为客户收集垃圾、擦拭后视镜等，通过拉近与客户的距离，增加与客户的交流时间，为商品销售提供契机，不断提供更暖心的延伸服务；抓住各种节日、特殊时间点等，想客户所想，提供客户预期外的服务；定期在社群发送节日问候、暖心提示；急客户之所急，主动为客户送油、送货上门等；走进企业和社区，开拓新的销售渠道；利用与固定客户沟通交流，了解关联企业的用油情况和需求，找寻新的突破点。

5. 优化选品，做好员工开口激励

商品选择尝试新品，选择高毛利商品组合销售，提高商品毛利点；在周末旅游外出人员增加的时段，店内加强糖果玩具、小零食等高毛利商品的突出陈列；根据季节变化，优化风幕柜商品的选择，减少包装饮料陈列，增加新鲜水果、生鲜等商品，设置酒类商品专区；优化海报展示和店内灯光亮化，增加集采商品堆头，让商品和活动自己说话，减轻员工开口强度；高峰期做好引导服务及开口营销，优化现场商品陈列，便于快速为客户把商品送上车辆。

（四）实施效果

因旅游站的客户群体主要为旅游大巴车、短途客运车和私家车等。此类站点作为景区的配套，市场竞争程度不高，客户对于服务、促销活动的需求较多，要积极与景区沟通和联系，力争做到加满油返程。旅游景区站应科学规划站内动线、加油位和停车位，提高加满率和加油枪使用效率；方便车辆进出和快捷通行，优化话术和促销氛围，提升客户的到站体验，提高加满率和油非转化率。要在加油站设立旅游大巴等旅游车辆休息休闲的场所，维护好与旅游大巴、短途客运司机的关系，提供餐饮等服务，开展加油送香烟、饮料等活动，吸引大巴车辆加油。同时优化便利店单品和陈列，推广增值服务项目，提高客户回头率和满意率，建立壁垒形成黏性。围绕主非油制约销量的提升，影响效率、效益的关键问题进行诊断优化，对内抓流程优化，提高效率；对外站在客户的角度，提升客户的感受，全面提量创效。

1. 单车加油量

2023 年 1—8 月，汽油单车加油量为 30.44L，其中 92 号汽油单车平均加油量为 27.4L，95 号汽油为 35.2L，98 号汽油为 43.2L。

通过开展加满送洗车的活动，10 月汽油单车加油量为 30.8L，较区域平均值 25.59L 高 5.21L，较全省同类型站平均值 26.67L 高 4.13L。从趋势来看，10 月单车汽油加油量比优化前平均值 30.44L 高 0.36L；比过去半年的平均值 30.67L 高 0.13L；比近 3 个月的平均值 30.53L 高 0.27L。

2. 加油枪效率

优化前人员布置站位靠近便利店，1、2 号加油机使用效率较高，3、4 号加油机使用效率偏低。外排为六枪机，未能充分发挥多枪优势。现场高峰时段未合理引车，导致加油机使用效率不均衡。

通过优化重新进行车位划线，外侧车道采用叶脉式停车法，将现有车位由 16 个增加至 24 个，提高高峰时期的现场通过率；合理安排现场上班员工，主动有意识地将车辆引导至利用率较低的油枪位置；加强油站现场管理，避免车辆停放影响通过。10 月，1、4、5 号枪使用效率从 0.9 以上降低为 0.75 左右，10 号枪使用效率由 0.3 提升至 0.6。

3. 非油客单价

优化前选品比较单一，2023 年 1—8 月非油店销客单价为 32.4 元，较区域平均值 35.2 元低 2.8 元，较分公司平均值 41.5 元低 9.1 元，仍然有提升空间。

通过选择高毛利、高客单价商品作为主推，积极开发高客单价商品客户，如高档香

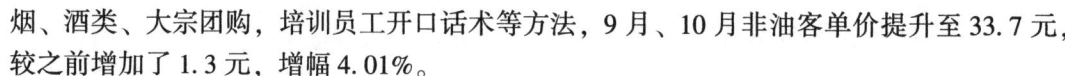

烟、酒类、大宗团购，培训员工开口话术等方法，9月、10月非油客单价提升至33.7元，较之前增加了1.3元，增幅4.01%。

4. 吨油非油收入

优化前，加油站吨油非油收入为391.6元，受油非一体化营销政策影响较大，员工主要根据活动进行重点商品推荐。

通过评估当前非油营销手段的适用性，制定有针对性的激励措施及营销话术，激励员工开口营销，有效提升员工开口效率。9月、10月吨油非油收入为422.5元，较区域平均值299.6元高122.9元，较分公司平均值383.2元高39.3元。

5. 支付结构

优化前，加油站微信和支付宝支付比例超过50%。通过云油会员卡的推荐和固定客户的开发，10月加油站移动支付占比46%，微信支付占比29.7%，实体IC卡占比9.4%，现金占比5.7%，电子券占比3.3%、支付宝占比2.8%，加油卡使用率明显提升。

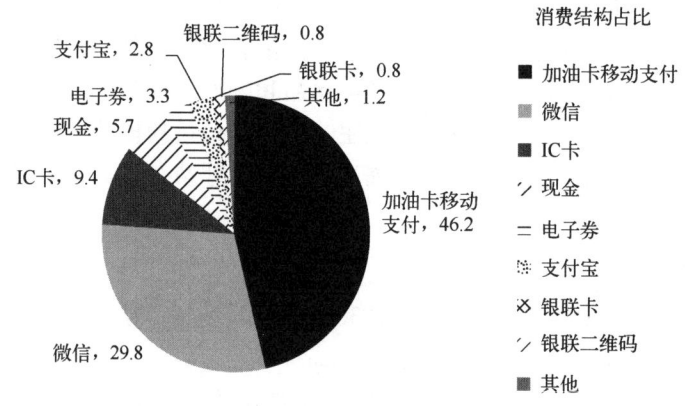

二、甘肃A旅游加油站案例

（一）基本信息

甘肃A加油站位于陇南市武都区东江新区，距离陇南市著名旅游景点万象洞5.4km，其客户以周边社区居民及旅游车辆为主，是典型的社区型、景区型加油站。该站主要经营全品号油品，当期日均销量约28t，主要是汽油（20t），该站柴汽比为0.48；便利店经营603种非油商品种类，当前非油日均8494.7元。该站地处国道212线，且位于陇南市东出口方向，每逢假期旅游旺季，车流量就会随之增加，由甘入川旅游的车辆，也会选择该站作为补给站。该站3km范围内共有2座加油站，一座是甘肃W加油站，属于中国石油自营加油站，营销策略一致，对本站影响较小，不作为主要竞争对手；另一座为甘肃H加油站，于2023年7月建成投运，站内开展加微信客户群消费汽油微信支付每升直降0.4元，星期二、星期五汽油直降1元，柴油直降0.7元，促销活动对本站影响较大。

（二）诊断分析

经过诊断，发现该加油站主要存在五个问题：除98号汽油之外，其余品号油品单车加油量处于下降态势，加满率有所降低；加油、付款环节存在影响效率的瓶颈问题；存在时点拥堵情况，影响现场效率；枪量匹配比例不协调；高峰期油非转化率较低。

（1）除98号汽油之外，其余品号油品单车加油量处于下降态势，加满率有所降低。

该加油站92号汽油单车加油量基本稳定在22.63L水平，略有下降，主要是受到了竞争对手甘肃H加油站，星期二、星期五汽油直降活动的优惠冲击。

柴油单车加油量87.88L，环比有所下降，但是柴油车客户主要为单位客户，其单车加油量变化与客户用油情况密切相关，本年度较去年工程减少。

（2）加油、付款环节存在影响效率的瓶颈问题。

该加油站流程标准时间平均值259.05s，顾客用时最长达310s，其中加油、消费付款开票环节超时严重。该加油站面对顾客多样化，客户流动性强，特别是遇到旅游客户咨询旅游景点、住宿、当地美食等情况时，现场耽误时间久，且加油站未开通微信支付功能，在引导流动客户线上充值、移动支付、下载App、申领电子加油卡、指导开票等环节流程比较复杂，进而影响了顾客结账时间。

（3）存在时点拥堵情况，影响现场效率。

该站油品高峰期时长超过4h，分别为08：00—11：59、13：00—16：59、18：00—20：59等时段。拥堵指数大于1.5，该时段内现场效率偏低。主要由于该加油站周边居民私家车，习惯在上班、下班时段集中加油，且旅游站点客户习惯于早上出行或晚上回来时加油，导致该站点出现早上和晚上消费高峰期，现场拥堵严重，服务效率低。

（4）枪量匹配比例不协调。

该站柴油和汽油的枪量匹配比例理论上为1：2.92，实际上是1：2，汽油枪数量偏少，92号汽油、95号汽油、98号汽油枪量匹配比例理论上是1：0.39：0.02，实际比例为=1：0.5：0.5，92号汽油枪数量明显过少。

（5）高峰期油非转化率较低。

该站油品销售高峰期，员工开口营销的动力不足，特别是节假日旅游旺季，未及时推荐当地特色产品，且便利店内对特色商品陈列面积不够，没有达到吸引客户购买的目的，未抓住旅游型加油站增收创效的好时机。

（三）优化方案

为优化加油站拥堵问题，该站应结合诊断发现的五方面主要问题，开通微信支付，增设便民洗车服务，加强员工岗位练兵，合理优化自助机的布置，鼓励单位客户错峰加油，打开汽油车快速通道。认真落实消高峰顶前引导、一机四车、优化排班、关键岗位补位等各项治理措施，综合解决五方面的问题。同时，优化方案设计应主要从硬件和软件两个方面着手，对比诊断数据综合提升，对于优化后的效果要及时跟进，与前期多作对比，综合评估，确保实现量效齐增。

1. 最优方案

（1）第一步：有针对性地开展营销活动；增设便民洗车业务，上调洗车券核销档次；鼓励客户加满，提升单车加满率；同时开展点对点竞争活动，客户使用移动支付满200元赠送10元电子券一张。

（2）第二步：开通加油站微信支付功能，满足景区站点客户多样化需求，加强在结账、开票、充值方面的培训，提高员工处理熟练度，提升相关环节效率；适当调整岗位，替换熟练员工在高峰期参与相关工作；增加站内活动的广播宣传，引导客户自助办理电子加油卡、完成付款开票业务。

（3）第三步：合理优化自助机的布置，高峰期及时调增加油机自助模式；鼓励单位客户错峰加油，保证现场通行。拆除汽油加油机之间的堆头陈列，拆除原有的服务台，打开汽油车快速通道，认真落实消高峰顶前引导、一机四车、优化排班、关键岗位补位等各项治理措施。

（4）第四步：打造景区站点特色旅游文化，制作当地旅游出行攻略手册，将景区路线图、周边美食、住宿等信息搜集汇总，客户咨询时，为客户发放手册解答，省时又省力。

（5）第五步：将原有的 2 台双枪汽油机更换为四枪加油机，增加 92 号汽油枪 2 把，95 号汽油枪 2 把。

2. 阶段优化方案

一是根据数据分析，本站旅游出行旺季，当地土特产销售增加，应加大适销对路商品的铺货力度，每周开展分析，并适时调整商品品类；增加黑木耳、花椒、油橄榄、香菇等商品种类，实施差异化营销，力求让顾客买到心仪的特色商品。在商品陈列上，开设土特产专区，员工抓住暑期旅游旺季的时机，开展饮水节、啤酒节等活动，并在显著位置设计美观的商品堆头，吸引客户注意力。同时，注重拓展便利店功能，增设休闲区和"服务吧"，让旅游客户在加油、洗车的间隙，可以购买零食慢慢品尝，也可以享受体验甘肃销售"四季服务"特色饮品，满足旅游型站点客户的多元需求。

二是解决旅游型站点客户反馈最多的"车位难找、厕所难闻"的问题。旅游型站点客户支付方式多元化，可以依据移动支付、现金、互联网客户划分绿色通道，方便引导客户办理业务，同时增加现场临时停车位。强化卫生间管理，在洗手台配备温水洗手，安置消毒洗手液、干燥机，把加油站打造成温馨舒适的功能区。

（四）实施效果

按照全流程优化参考值改进，优化方案对该站主要指标均可有一定改进提升效果。实际本站油品月均销量从 25t/d 提升到 28t/d，提升幅度 11%；非油月均收入从 5000 元上升到 8494.7 元。

（1）销量分析：汽油，尤其 92 号汽油是主要增量品种。表 5-9 显示，2023 年 10 月份甘肃 A 站汽柴油销量合计达到 28t/d，同比增长 86.9%，环比增长 9%。其中，汽油销量 20t/d，同比增长 104.7%，环比增长 5.4%；92 号汽油同比增长 92.5%，环比增长 4.04%。

表 5-9 2022 年与 2023 年 10 月甘肃 A 加油站油品销量增长情况对比   t/d

时间	92 号汽油销量	95 号汽油销量	98 号汽油销量	汽油销量	柴油销量	汽柴油合计
2022 年 9 月	8.94	3.49	0.1	12.53	6.39	18.92
2022 年 10 月	6.95	2.74	0.07	9.76	5.21	14.97
环比	-22.25%	-21.49%	-3%	-22.18%	-18.46%	-20.87%
2023 年 9 月	12.86	5.89	0.2	18.95	6.72	25.67
2023 年 10 月	13.38	6.38	0.22	19.98	8	27.98

续表

时间	92 号汽油销量	95 号汽油销量	98 号汽油销量	汽油销量	柴油销量	汽柴油合计
同比	92.5%	132.8%	21.4%	104.7%	53.5%	86.9%
环比	4.04%	8.3%	10%	5.4%	19%	9%

（2）单车加油量分析：汽柴油单车加油量环比大部分有小幅增长。表 5-10 显示，2023 年 10 月份甘肃 A 加油站 95 号汽油、98 号汽油单车加油量环比存在不同程度增长，好于去年环比水平（负增长）；柴油单车加油量环比增长 2.7%，低于去年环比增幅。2023 年 10 月份甘肃 A 加油站汽油单车加油量同比降低 5.5%，柴油同比增加 0.48%。单车加油量的变化与国内成品油价格调整有关。

表 5-10　2022 年与 2023 年 10 月甘肃 A 加油站单车加油量增长情况对比　　　L/车

时间	92 号汽油单车加油量	95 号汽油单车加油量	98 号汽油单车加油量	汽油单车加油量	柴油单车加油量
2022 年 9 月	27.2	37.2	41.7	37.1	39.2
2022 年 10 月	28.3	36.9	49.5	36.5	41.2
环比	4.04%	-0.8%	18.7%	-1.6%	5.1%
2023 年 9 月	32.2	38.7	44.3	33.3	40.3
2023 年 10 月	31.1	39.2	48.2	34.5	41.4
同比	9.8%	6.23%	-2.6%	-5.5%	0.48%
环比	-3.4%	1.3%	8.8%	3.6%	2.7%

（3）提枪次数分析：汽油提枪次数显著增加，是增量主要原因。表 5-11 显示，2023 年 10 月份甘肃 A 加油站汽油提枪次数同比增长 53%，高于单车加油量增幅 58.5 个百分点，低于销量增幅 51.7 个百分点；环比降低 4%，也略好于去年同期环比水平。92 号、95 号汽油提枪次数同比分别增长 50%、59%。

表 5-11　2022 年与 2023 年 10 月甘肃 A 加油站提枪次数增长情况对比　　　次/日

时间	92 号汽油提枪次数	95 号汽油提枪次数	98 号汽油提枪次数	汽油提枪次数	柴油提枪次数	汽柴油合计
2022 年 9 月	398	216	18	632	115	747
2022 年 10 月	389	198	15	602	126	728
环比	-2%	-8%	-16%	-5%	10%	-3%
2023 年 9 月	605	323	25	953	135	1088
2023 年 10 月	583	315	21	919	128	1047
同比	50%	59%	40%	53%	2%	44%
环比	-4%	-2.5%	-16%	-4%	-5%	-4%

（4）非油收入增幅较大。表5-12显示，2023年10月甘肃A加油站非油销售收入达到8484.7元/日，同比、环比分别增减5.4%、15%。其中，非油客单价降低到24元/笔，同比、环比分别增减0.8%、20%。非油交易笔数也有不同程度增长，主要有两方面原因：从营销方式来看，本站营销活动内容丰富、方式多样，对汽油客户群体有较强的针对性；从营销力度来看，本站开展点对点竞争，移动支付赠送10元非油电子券，且10元非油券的核销门槛为消费满20元，这一促销优惠，也为店销增收起到了促进作用。

表5-12　2022年与2023年10甘肃A加油站非油销售增长情况对比

时间	非油交易笔数笔/日	非油客单价，元/笔	非油销售收入，元/日
2022年10月	338	23.8	8059
2023年9月	376	30	10056
2023年10月	431	24	8494.7
同比	28%	0.8%	5.4%
环比	15%	−20%	−15%

第三节　乡村站

一、内蒙古A乡村加油站案例

（一）基本信息

内蒙古A加油站（GA2G）位于内蒙古呼伦贝尔阿荣旗解放屯村东侧，主要客户群为农户。该站是三类全资站，加油站罩棚面积300m^2，便利店22m^2。经营92号汽油和0号柴油两种油品，加油机2台，加油枪4把，其中92号汽油枪2把，柴油枪2把。现有储油罐4个，其中92号汽油罐2具、柴油罐2具，合计120m^3。本站无洗车设备。2023年纯枪销售1144t，其中汽油140t，柴油1004t，柴汽比为7.12，非油品销售完成8.5万元。2024年日均销量3.5t，其中汽油0.4t，柴油3.1t，销售柴汽比7.8。目前经营134种非油商品种类，非油日均销售额5370元。现有员工2人，其中1名站经理，1名加油员，实行两班两倒工作制度，晚上半停业状态。

经现场调查，该站站前G111国道道路车流约200辆/时，商圈潜力有限。本站地理位置不佳，进站固定客户占比60%，主要是附近私家车、摩托车和种植户；周围无大型景点，且加油站前道路为双向车道，中间有隔离带导致对向车道内车辆无法进站，所以进站车辆较少。各车型分时段标准进站率见表5-13。

表5-13　各车型分时段标准进站率

车型	上午	中午	下午	小计
汽油汽车	0.38%	0.6%	0.45%	1.43%
柴油汽车	2%	3.33%	1.23%	6.56%
摩托车	0.22%	0%	0%	0.22%
总计	0.75%			
标准进站率	1.46%			

该站竞争对手主要是分布在该站上游的站点。本站周边5km范围内共有竞争对手5个，其中中国石化1座、民营2座、兄弟站点2座。中国石化N站，销量高于本站，是本站主要的竞争对手；内蒙古Q加油站距离本站3.5km，内蒙古R加油站距离本站3.3km，商圈重叠，是本站重要竞争对手；内蒙古S加油站距离本站较近，但与本站基本没有重叠客户。本站周围社会加油站挂牌价格明显低于本站，形成非公平竞争。

（二）诊断分析

1. 客户进站诊断

从诊断指标来看，该站客户进站诊断中，潜在销量和进站率两项指标低于参考值。

（1）销量仍有较大提升空间：本站的市场份额为23%。中国石化N站与2座社会加油站是本商圈内市场份额最大站点，销量为24t/d。因为中国石化等站点商圈更好，且营销策略灵活，所以相较本站销量更好。

（2）道路车辆的进站率偏低：该站位置为中国石化N站与2座社会加油站下游站，且进口位置能见度不足15m，导致车辆发现加油站时速度无法降低而错过进站时机。

2. 油品消费诊断

从诊断指标来看，站内油品诊断中，汽、柴油单车加油量、枪量匹配比例、加油枪效率等指标存在不足。

（1）汽油单车加油量较低，柴油单车加油量较高：本站2023年10月柴油单车加油量受优惠策略影响，大幅度上升，但受限于加油机流量限制无法解决车辆拥堵现象产生。

（2）待上量后，增加柴油枪数：从枪量匹配比例来看，本站柴油枪相对偏少。汽柴油枪数量比例理论上为4：1，实际比例为2：1，目前该站未按照此方案进行优化布局。

（3）部分汽油枪效率偏低：该站有2把柴油枪及2把汽油枪，汽油1.2枪（系统枪号）加油效率低于0.3，使用效率较低。柴油方面较为平稳，所有枪加油效率均高于0.3。

3. 非油消费诊断

从诊断指标来看，站内非油诊断中，吨油非油收入、品效指数、未动销商品等3个指标存在问题，需进一步改进提升。

（1）吨油非油收入低于区域平均值：该站2023年10月油品销售远高于去年全年销售总额，非油销售高于去年同期，造成吨油非油收入下降的主要原因为油品销售提升幅度大。

（2）便利店商品品效指数下降：该站非油品效指数下降的原因为部分商品未动销造成大量占用库存，应迎合顾客需要更新商品品种吸引顾客进站选购。

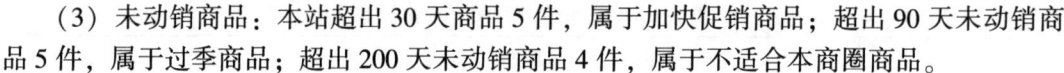

（3）未动销商品：本站超出30天商品5件，属于加快促销商品；超出90天未动销商品5件，属于过季商品；超出200天未动销商品4件，属于不适合本商圈商品。

4. 站内体验（油品）诊断指标

从该站期初站内车辆数量与拥堵指数来看（表5-14），该站8：00—11：59、13：00—14：59拥堵指数大于2，属于重度拥堵，较为繁忙。加油站拥堵时间段加油车辆为排队灌装春耕、秋收农户生产用油，平均车辆单枪加油量较大，流程标准（平均）时间长。

表5-14　拥堵指数统计表

时间	期初站内车辆数，辆	平均服务周期内出站车辆数，辆	拥堵指数
0：00—0：59	0	0	0
1：00—1：59	0	0	0
2：00—2：59	0	0	0
3：00—3：59	0	0	0
4：00—4：59	0	0	0
5：00—5：59	0	0	0
6：00—6：59	1	2	0.5
7：00—7：59	2	2	1
8：00—8：59	10	4	2.8
9：00—9：59	14	5	2.8
10：00—10：59	11	5	2.2
11：00—11：59	16	6	2.6
12：00—12：59	14	9	1.56
13：00—13：59	9	4	2.2
14：00—14：59	11	3	3.6
15：00—15：59	15	8	1.8
16：00—16：59	13	7	1.8
17：00—17：59	6	7	0.9
18：00—18：59	3	4	0.8
19：00—19：59	1	1	1
20：00—20：59	0	2	0
21：00—21：59	0	1	0
22：00—22：59	0	0	0
23：00—23：59	0	0	0

5. 营销策略诊断

该站客户多为周边村镇人员，竞争相对激烈，所以该站目前针对农户执行柴油加满数量单价阶梯优惠促销活动，单次加满200L，每升优惠0.5元；单次加油满1000L及以上，每升优惠0.7~0.9元，与竞争对手缩小价格差距（表5-15）。

表5-15 内蒙古A加油站营销策略分解测算表

加油站	序号	营销方式	价值额度，元	油品折价，元/L	营销组合	优惠力度，元/升
本站	1	满立减	0.7~0.9	0.7~0.9	—	0.7~0.9
	2	移动支付	10~15	—	1+2	0.3~0.4
	3	充值赠	—	—	—	—
社会站	1	直降	1.12	1.12	—	1.12
中国石化	1	专属阶梯降	0.5~0.9	0.7	—	0.7

（1）柴油是本站销量增长的主要品种：如表5-16所示，2024年1—8月汽油销售107.673t；柴油销售842.487t；汽油日均销量0.441t，同比增幅18.55%；柴油日均销量3.51t，同比增幅223%。从销量看，该站2—4月春耕、8—10月秋收活动促销期间是销售高峰，同时带动汽油销售增长，其余月份销售均在20t。

营销增量的主要油品：柴油销量占比较大，日均销售3t，春耕与秋收为主要销售旺季，属于全年销售重点。

表5-16 内蒙古A站2023年与2024年销量情况

月份	2024年销量，t			2023年销量，t		
	合计	汽油	柴油	合计	汽油	柴油
一月份	15	11	4	17	14	3
二月份	53	14	40	14	10	4
三月份	66	12	54	22	10	13
四月份	123	12	111	142	10	132
五月份	22	14	9	17	11	5
六月份	17	12	5	15	10	5
七月份	54	17	38	20	14	7
八月份	599	18	582	32	12	20
九月份				316	13	303
十月份				482	16	466
十一月份				48	10	38
十二月份				19	11	8
合计	950	108	843	1144	141	1004

（2）高峰拥堵是降量的主要因素：本月柴油单车加油量为452.26L，较区域平均135.05L高317.21L，较全区平均111.31L高340.95L，站内使用柴油加油枪为2把，不能满足高峰期车辆加油效率。

（三）优化方案

1. 运营优化建议

（1）加油站外观优化诊断：本站能见度不够，进出口宽度不足，无标识标志牌影响进站率。

（2）有针对性地丰富适合本商圈内的非油商品种类：该站商圈主要为农村型，应考虑适合当地以及村镇客户的商品种类，对于本站高档烟酒可以将货品调至城市中心站销售；将清洁用品等陈列效率较低的商品采取更换货架位置的方式，经过一段时间观察后，该类商品销量仍未变化，可适当减少陈列面积。结合本站客户需求，将电池等长时间未动销的商品适时加大促销力度或下架处理，降低库存费用。

（3）调整加油枪数量：建议更换柴油机为四枪机，增加柴油枪数量，满足繁忙时段顾客拥堵情况。

2. 营销优化建议

本站周围 5km 范围内，竞争对手较多。本站商圈内车辆及消费实力尚可，且过路车辆较多。建议本站营销着力点：首先可以借助"春耕""秋收"惠农政策提高加油站对周边农户及过往车辆的影响力，提高该站销量；其次，站外销售是打开本站效益的突破口，应积极走出去，联系种植大户将润滑油送到田间地头，开发好客户，努力让其成为回头客；最后，在优化服务上下功夫。

（1）油品营销：应抓住本站距离黑龙江省近的优势，进行集中营销。可以通过主动宣传和加群等方式，与客户建立联系，定期在群内发布油品、非油商品优惠信息。

（2）与周边种植户建立联系，沟通推广专项加油卡或电子卡，吸引客户。

（3）优化服务流程，提高服务效率，增加客户满意度；优化加油站安全措施、改善卫生状况、提高员工服务态度，从而让消费者在加油站获得更优质的体验。

（四）实施效果

柴油 7 月份同比日均增量 1.002t，8 月份同比日均增量 21.348t。汽油 7 月份同比日均增量 0.094t，8 月份同比日均增量 0.179t。2023 年汽、柴油销售 1144t，2024 年截至 8 月份汽柴油销售 950t，增量 670t。增量原因为抓住秋收旺季，将优惠信息宣传到邻近省份及周边村屯，努力开发新用户维护好老用户，维持站内销售稳定增长。2023 年与 2024 年 8 月日均销售情况对比见表 5-17。

表 5-17　2023 年与 2024 年 8 月日均销售情况对比

时间	汽油销量, t/d	柴油销量, t/d	汽柴油合计, t/d
2023 年 7 月	0.447	0.212	0.659
2023 年 8 月	0.390	0.648	1.038
环比	-12%	205%	58%
2024 年 7 月	0.541	1.214	1.755
2024 年 8 月	0.569	21.996	22.565
同比	45%	3290%	2074%
环比	5%	1712%	1186%

二、广西 A 乡村加油站案例

（一）基本信息

广西 A 加油站位于福成镇上窑岭，站前道路为 X221 县道，是乡村加油站，周边 10km 范围主要为乡村，有 22 个村委，237 个自然村，总人口 10 万人左右。广西 A 加油站距离福成镇中心约 1km，主要目标客户群体为私家车、摩托车、工业、农业生产用油。福成镇上居民生产生活用油基本在广西 A 加油站加油消费，部分车辆往返北海、南康、合浦在镇外加油，部分客户配送油品在北海、合浦等地采购或私人油车、改装车辆配送。该站主要经营 0 号柴油、92 号汽油、95 号汽油，当期日均销量 10.8t；便利店商品种类共 297 种，当前非油日均收入 2616 元。

（二）诊断分析

经过诊断，发现该加油站主要存在 11 个问题：加油站外观条件不足，可视度较差，潜在销量低于参考值，单车加油量较低，油品销售高峰期较长，高峰期拥堵指数大于 1.5，人均提枪次数过高，吨油非油收入较低，部分商品陈列效率较低，未动销商品较多，分时段油非转化率有提升空间，油品卡销比较低。

1. 加油站外观条件不足

该站进出口宽度满足车辆进站需求，地面无破损，不过能见度不够（仅有 200m，低于标准值 300m），无标识标牌，便利店灯光未达到亮化标准要求。外观条件信息见表 5-18。

表 5-18　广西 A 加油站油站外观条件信息表

类别		标准值	实际值	分值
能见度，m	站类型：其他类型	300	200	0.67
进出口宽度，m	进口	10	10	1
	出口	10	10	
进口布局，m	拐弯半径	15	15	1
	进站纵深	15	15	
类型		条件 1	条件 2	分值
标识标牌完整性		有无破损：无标牌	有无严重褪色：无标牌	0
地面破损程度		进出口是否破损：无	车道是否破损：无	1
夜间亮化程度		罩棚亮化情况：好	便利店亮化情况：差	0.5
综合得分		4.17		

2. 该站实际销量小于潜在销量

该站的实际单站日销量为 9.24t，小于潜在日销量 10.52t。分析商圈可知，该站 10km 半径范围内有在营业竞争对手加油站 2 座，销量最大的是中国石化 B 加油站，市场份额约

为42%，该站位于向海主干道，位置优势明显，主干道车流不断增加；次要竞争对手为广西S加油站，该站主要以低价竞争抢夺市场份额。本站具有服务效率高、优惠策略灵活、客户开发能力强的优势，目前在商圈内市场份额为49%，实际销量仍有提升空间。

3. 单车加油量较低

汽油：2023年8月汽油单车加油量为17.95L，较区域平均值20.91L低2.96L，较全省同类型站平均值17.40L高0.55L。该站为乡镇站，周边摩托车消费较多，导致该站单车汽油加油量普遍偏低。

柴油：2023年8月柴油单车加油量为57.75L，较区域平均值62.32L低4.57L，较全省同类型站平均值90.58L低32.83L。该站为乡镇站，周边以农用运输柴油车消费居多，此类车辆单次加油量普遍偏少，导致该站单车柴油加油量偏低。此外，员工开口引导客户加满也有所欠缺。

4. 油品销售高峰期时间过长

该站油品高峰期为08：00—19：59，高峰期时长达到11h，其中10：00、14：00、17：00服务拥堵现象突出。经现场诊断分析，客户进店扫码支付、办理开票、购买非油商品等业务，车辆占用加油位影响其他车辆加油是主要原因；此外，排班不合理、高峰期人手不足也是导致高峰期持续时间长的重要因素。

5. 高峰期拥堵指数较大

该站对应高峰期15：00—16：59的时间段拥堵指数大于1.5，该时段内现场效率偏低。经诊断分析，主要原因为：一是该站现场油品布局不合理，自助加油枪使用率低，人工加油枪数量偏少；二是周边乡镇赶集，15：00—17：00为返程高峰，而加油站16：00交班短时暂停加油，容易形成拥堵高峰。

6. 人均提枪次数较大

该站人均提枪次数在07：00—07：59、09：00—10：59、17：00—17：59等时段高于平均提枪次数（>1.5），该段时间员工劳动强度偏大。主要原因为以上时段为油品销售高峰期，现场人员不足，高峰期不能及时补充现场。

7. 吨非油收入低于平均水平

本月吨油非油收入为578.51元/吨，较区域平均值773.33元/吨低194.82元/吨，较全省同类型站平均值787.40元/吨低208.89元/吨。吨油非油收入低于平均水平，主要原因为该站便利店硬件设施陈旧，便利店销售氛围不足；此外，非油商品陈列布局不合理，需优化调整。

8. 部分商品未动销时间较长

该站超出30天商品57件，属于需加快促销商品；超出90天37件，属于过季商品；超出200天15件，属于不适合本商圈的商品。经诊断分析，该站在商品选品方面存在欠缺，未根据目标客群需求进行订货；此外，非油营销力度不足，未结合客户特点制定针对性的营销方案。

9. 部分时段油非转化率低

本站在07：00—10：59等时段未能在加油顾客较多时间段内实现更多的非油转化。

经诊断分析，主要原因为员工开口营销不到位，油品销售高峰期未积极推荐非油商品。

10. 油品卡销比呈下滑趋势

油品卡销比比过去一年平均值 14.51% 低 2.24 个百分点，比过去半年的平均值 10.58% 高 1.69 个百分点，比近 3 个月的平均值 9.46% 高 2.81 个百分点。主要原因为员工开口营销不到位，加油卡业务推广力度不足。

（三）优化方案

根据诊断发现的 10 项主要问题，结合该站乡村道路车流量（摩托车多）及周边商圈特点，确定优化重点为：提升顾客满意率及油非转化率；现阶段优先调整加油枪布局，提高加油服务效率，提升车辆进站率及顾客满意率；同时，优化便利店包装及商品布局，加强非油氛围营造，优化非油品类管理，加强油品销售高峰期开口营销，提升油非转化率。

整体思路为三"导"三"定"原则，即：目标导向定方向、问题导向定原因、结果导向定措施。实施优化方案按照先易后难的原则，优先抓市场影响强、提量见效快、改造投入小的项目进行实施。

1. 提升加油站可视度

一是与旁边食品公司沟通，将门前绿植进行修剪，提升加油站可视度；二是将洗车机安装在罩棚靠近公路一侧并粘贴全机海报，增强对外宣传效果。

2. 主动出击，加大开发客户力度

一是成立客户开发攻坚小组，直批客户经理、片区经理与站经理共同走访周边市场，积极主动服务当地工、农业用油客户，大力开发配送客户，稳定耕地配送客户 42 户；二是建立动态跟踪机制，针对未完成开发客户，通过定期现场拜访、电话、微信等方式加强沟通交流，及时反馈油价变化及购油建议，争取顾客认同，2023 年，累计实现配送油品 172t；三是通过批零一体化政策开发批发用油 184t。

3. 用足促销策略，提升单车加油量

汽油方面，认真执行加满赠促销策略，实行有客必推荐加满、必问电子券，提示顾客获券并及时核券，汽油单车加油量有较大提升。

柴油方面，针对柴油货车客户申请（单次加满 1000 元及 1600 元）0.25～0.3 元/L 阶梯柴油折扣，开发客户 150+28 户，柴油单车加油量有较大提升。

4. 实行机动排班制度，缓解油品销售高峰

本站油品高峰期时段为 08：00—19：59，通过安排加油站管理人员现场顶岗，增加现场当班人员，油品销售高峰期现场服务人员增加至 3 人，提升现场服务效率。

5. 优化加油机布局，提升服务能力

结合本站场地特点，将内侧 1 台 2 枪机更换为 4 枪机，将原先停用的柴油加油枪更换为 92 号汽油加油枪，同步对地面车位划线进行优化调整。改造后，内通道由原先 2 支 92 号汽油加油枪、1 支 95 号汽油加油枪升级为 4 支 92 号汽油加油枪及 2 支 95 号汽油加油枪，内侧加油岛通过率大幅提升。调整前后加油机油品布局见图 5-6。

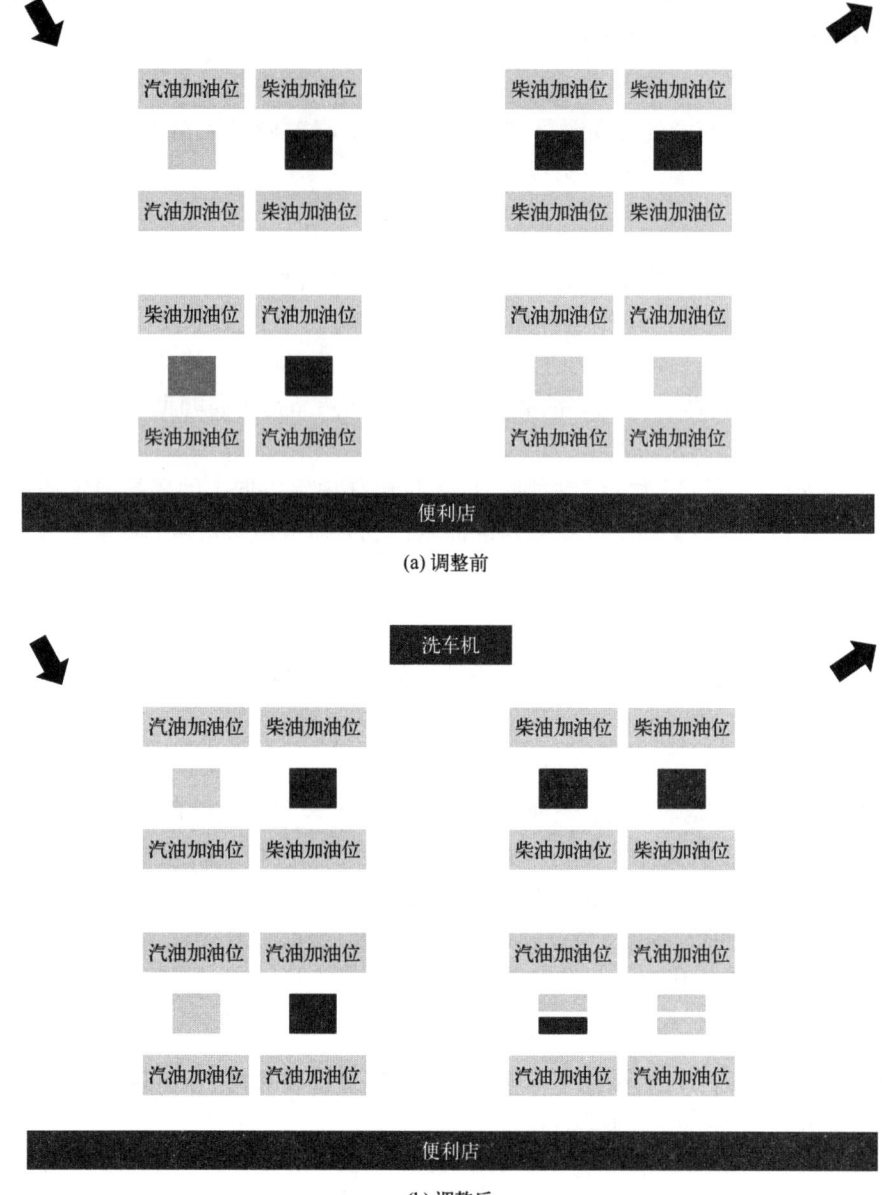

(a) 调整前

洗车机

(b) 调整后

图 5-6 调整前后加油机油品布局图

6. 强化自助加油推广，降低员工劳动强度

针对汽油客户，升级加油机实现预约加油功能，指导员工强化电子卡预约加油推广引导，站内制作并粘贴预约加油操作流程，提升预约加油客户占比。

针对柴油客户，积极协调车队客户转为自助加油（已办理 172 户），内侧加油枪数量增加以后，外侧加油通道目前已基本实现自助加油，有效缓解现场员工劳动强度。

7. 两个"五"措施，提升吨油非油收入

在管理思路方面，从以下 5 点进行优化提升，分别是：总结卖点提炼话术、分解任务

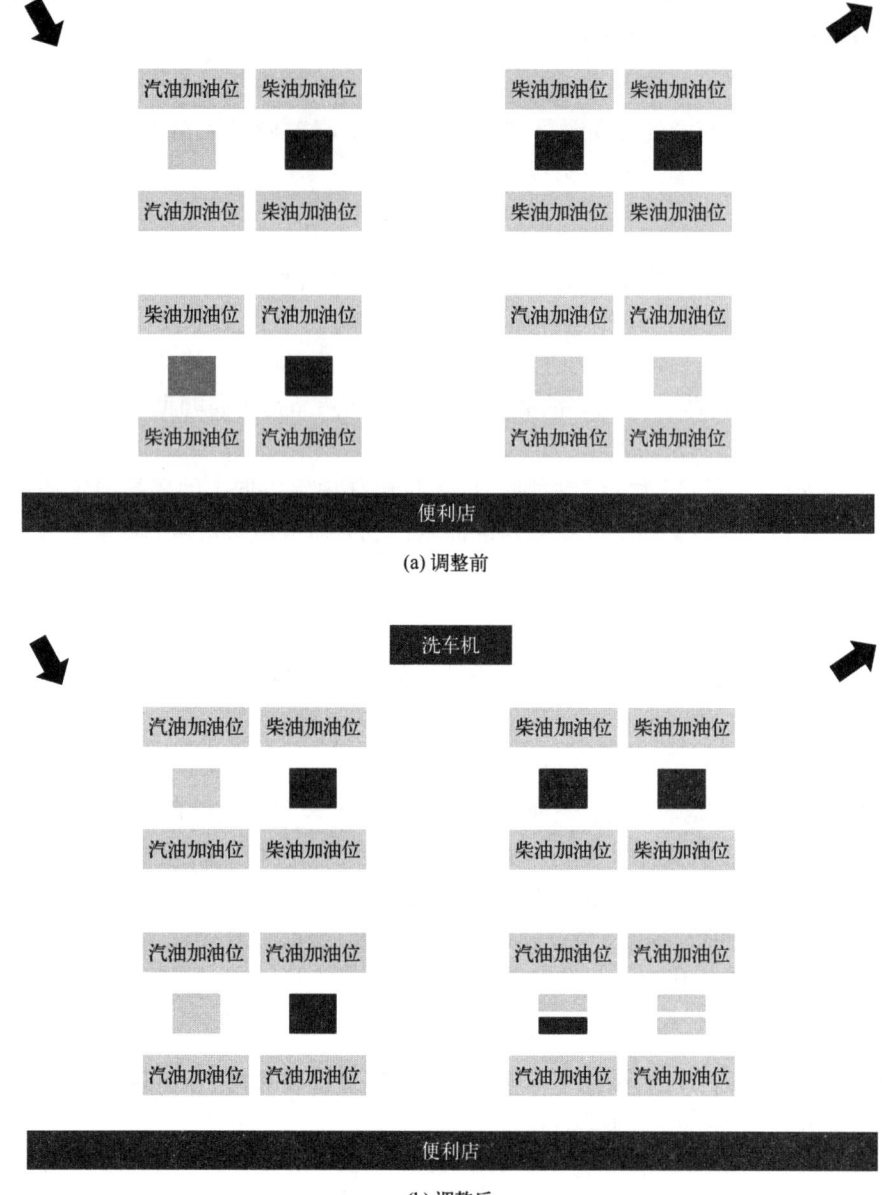

便利店

汽油加油位　柴油加油位　　　　柴油加油位　柴油加油位
汽油加油位　柴油加油位　　　　柴油加油位　柴油加油位
柴油加油位　汽油加油位　　　　汽油加油位　汽油加油位
柴油加油位　汽油加油位　　　　汽油加油位　汽油加油位

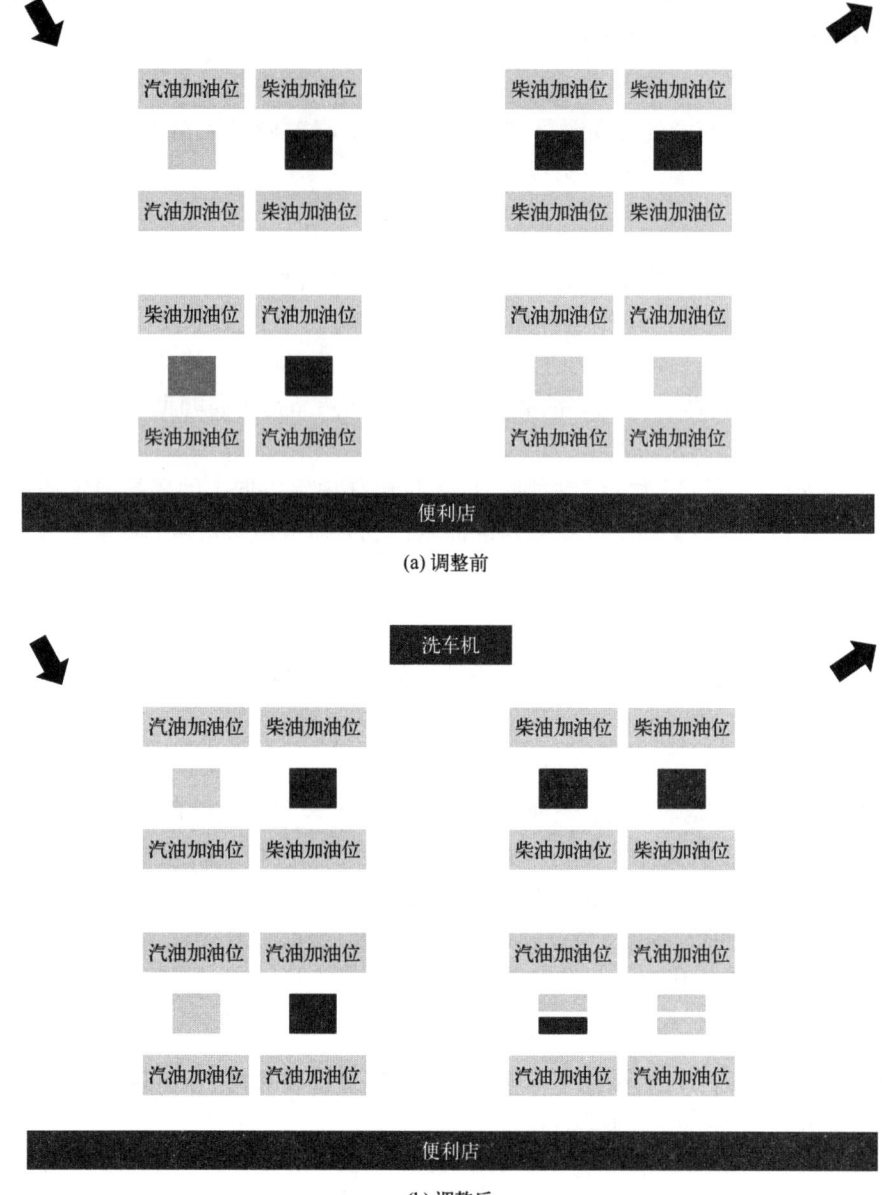

汽油加油位　柴油加油位　　　　柴油加油位　柴油加油位
汽油加油位　柴油加油位　　　　柴油加油位　柴油加油位
汽油加油位　汽油加油位　　　　汽油加油位　汽油加油位
汽油加油位　汽油加油位　　　　汽油加油位　汽油加油位

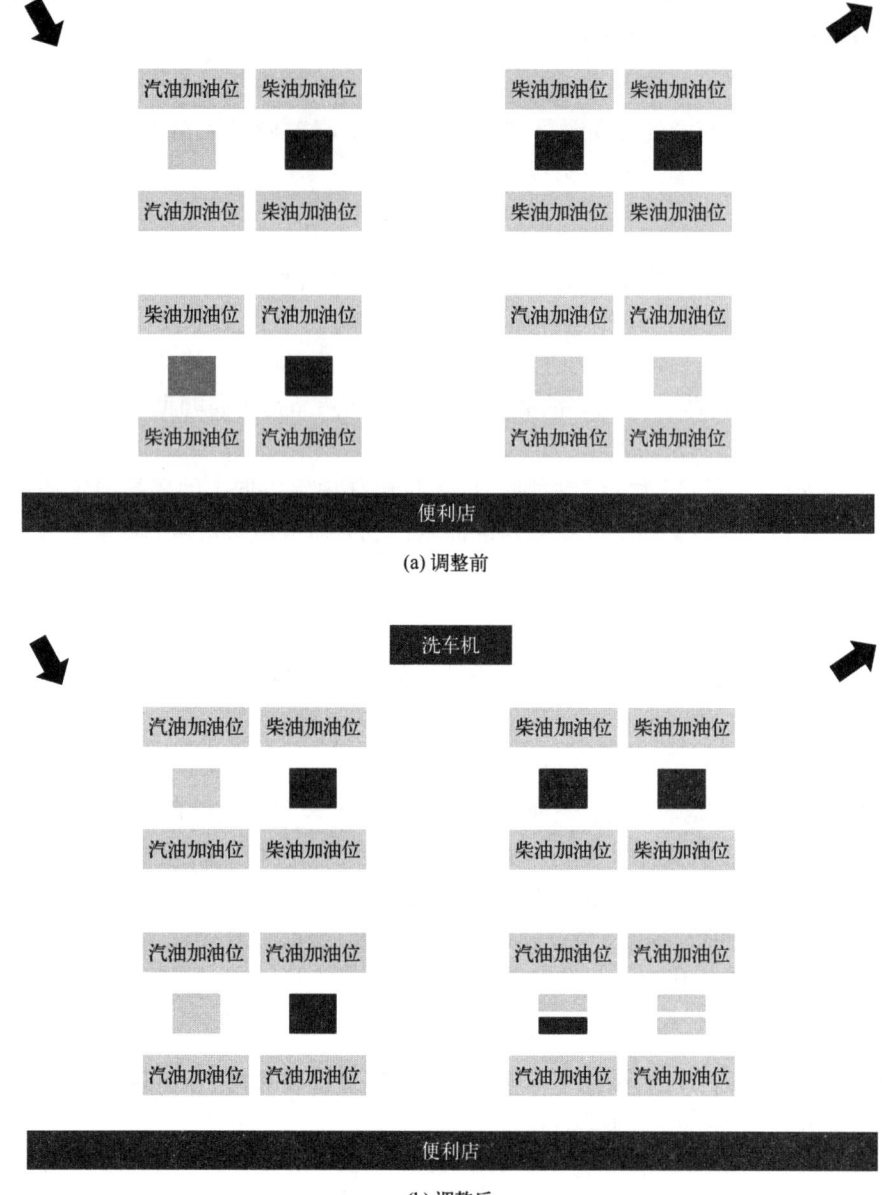

共担压力、及时激励形成对比、通报成绩提振士气、营造氛围争当先进。

在具体措施方面，从以下 5 个方面进行推进，分别是：拓展化肥等新业务、进行便利店升级改造、增加全自动洗车设备、开展油非互促营销活动、调整散装汽油认证设备安装在便利店内增加进店率。

8. 及时处理滞销品，优化非油选品

针对部分商品长期未动销问题，结合该站周边主要为乡镇居民的特点，在站内通过问卷调查的形式，广泛了解当地居民、村民需求，优化商品品类。

对于 57 件超出 30 天未动销商品，向公司申请开展降价促销或捆绑销售活动，加快商品销售节奏；针对 37 件超出 90 天未动销商品，向公司申请调拨至其他油站进行销售；针对 15 件超出 200 天未动销商品，表明以上品类不符合本商圈目标客户需求，叮嘱便利店主管做好记录不再订购，并及时下架处理。

9. 因地制宜强化非油品销售

针对员工开口营销积极性不足的情况，组织站内员工讨论优化薪酬分配方案，激励员工加大便利店商品开口营销力度；针对油品销售高峰期油非转化率不足的情况，强化高峰期员工服务培训，提升油品作业效率，并充分利用收银区等黄金位置强化促销商品陈列，提升非油销量；针对电动汽车群体，申请开展洗车促销活动（购买便利店商品满额赠送洗车券），吸引非油品客户进店。

10. 双轮驱动提升卡销比

对外强化办卡客户优惠力度，为福成镇人民政府等 9 家企事业单位申请专属折扣（汽油优惠 0.3 元/升），目前已登记 341 户，成功办理 150 户。

对内完善激励机制，提升员工开口积极性，通过调整二次分配制度，明确电子卡售卡除固定提成外再奖励 2 元/张；同时结合洗车业务开展，继续强化电子卡推广，实现稳定顾客目标。

（四）实施效果

以上优化方案实施后，与优化前关键指标进行对比提升明显；优化后，进站率 10.80%，提升 2.82 个百分点；油非转换率 16%，提升 1 个百分点；油品日均销量 14t/d，增幅 29.63%；非油日均收入 2915 元/日，增幅 10.26%；日均毛利 9000 元，增幅 40.23%，如表 5-19 所示。

表 5-19　广西 A 加油站优化前后关键指标对比表

关键指标	2023 年 10 月	2023 年 11 月	提升
进站率，%	7.98	10.80	2.82
油非转化率，%	15	16	1
日均销量，t/d	10.8	14	3.2
非油日均收入，元/日	2616	2915	299
日均毛利，元/日	6418	9000	2582

第四节　旗舰站

一、甘肃 B 加油站案例

（一）基本信息

甘肃 B 加油站位于兰州市城关区，毗邻美丽的黄河风情线。加油站地理位置优越，周边有甘肃国际会展中心、甘肃大剧院 2 座地标性建筑，出口连接雁滩黄河大桥，是进出东面高速通道距离最近的城区加油站。商圈 500m 内有学校 1 座、小区 5 个，客户以企事业单位为主，属于流量型、社区型加油站。中国石油甘肃 Y 加油站距离 1.2km，为主要竞争对手。加油机 5 台，油品有 92 号汽油、95 号汽油、98 号汽油和柴油，日均销量 63.3t；便利店商品 1050 余种，非油日均销售 9000 元。

（二）诊断分析

经过诊断，发现该加油站潜在销量有待挖掘、流程标准时间待优化、高峰期拥堵时间较长、部分加油枪利用效率待提高、非油商品部分品类陈列效率较低。

1. 实际销量小于潜在销量，尚有挖潜空间

以商圈需求、位置条件、品牌影响力为基础进行分析，加油站实际销量小于潜在销量，尚有挖潜空间。私家车占比 53%，单位车辆占比为 46%，出租车占比 1%，周边小区住户、单位客户为主要固定客户来源，客户质量相对较高，目前存在营销方式趋于稳定、客户开发力度不足等问题，潜在销量有待发掘提升。

2. 流程标准时间待优化

加油站流程标准时间平均值 308s，加油、付款环节存在影响效率的瓶颈问题，流程标准时间有待优化。主要原因是员工现场促销推荐及办卡顾客未移车、线下充值活动流程偏长、顾客购物扫货环节时间过长等问题，进而导致加油服务、收银付款环节超时。

3. 油品销售高峰期长，拥堵指数较高

加油站有早、中、晚三个高峰期。早高峰 8：30—10：30、午高峰 14：00—16：30、晚高峰 18：00—20：30。导致拥堵的原因主要有：一是政府及企事业单位客户集中加油造成现场拥堵；二是毗邻盐场堡小学，早晚高峰期接送学生车辆造成加油站进口堵塞。

4. 部分汽油枪效率低下，有提升空间

加油站部分加油枪效率较低。例如，1 号、4 号、7 号、10 号、13 号、16 号 6 把 92 号汽油枪平均油枪效率为 28%；2 号、5 号、14 号、17 号 4 把 95 号汽油枪平均油枪效率为 20%，高峰时段人枪匹配比例待提升。主要原因：一是为方便不同类型的车辆加油，部分汽油枪位置（1 号、2 号、4 号、5 号、7 号、8 号、10 号、11 号、13 号、14 号、16 号、17 号油枪）与柴油枪处于同一机位。但由于柴油车辆加油时间较长、车辆体积较大等原

因，部分汽油客户高峰时段不愿在此类机位等待加油，致使汽油枪使用效率较低；二是城市中心站前车流量较大，车辆进站率较高，人均提枪次数为525次，且车辆较为集中在里道入口和出口机位加油，缺乏有效引导；三是加油站5台加油机30把加油枪，3个高峰时段现场仅4名员工服务，无法满足现有客户加油服务需求，造成客户等候时间过长，高峰期易造成现场拥堵，人枪匹配比例有待提升。

5. 非油商品部分品类陈列效率较低，部分商品未动销时间过长

研究分析存在的问题：一是便利店内清洁用品等陈列面过多、部分陈列面未合理利用；二是商品订货未考虑单品销售能力，对商品动销关注度不足，导致部分品类陈列效率较低；三是大于半年以上未动销的单品有33种，大于100天以上未动销的单品有52种，大于30天未动销的商品为147种，未动销商品待及时处理。

（三）优化方案

以问题为导向，以目标为牵引，以协调为抓手，加油站结合诊断结果，针对五大突出问题，制定阶段性优化方案，在全站全范围全员推行。优化方案设计主要依据现场观察、数据分析、员工访谈及客户调研情况，根据站内主要设施情况和公司促销策略，分别设计可行性方案及长远规划方案，便于分阶段实施优化。可行性方案实施后，通过一个月左右跟踪调研，以现场检测及数据分析结果为判断依据，评估优化效果。

1. 最优方案

第一步：提升潜在销量。一是结合公司主推活动，加油站大力推行中油好客e站个人电子卡移动支付，通过优化客屏显示内容，滚动展示近期活动及参与方式，便于顾客了解最新活动，全面宣传优惠措施。移动支付占比从9月15.54%增加到10月17.92%，提高了用户黏性，进而提升油品销量。二是办理充值电子卡赠送电子券，直接带动非油销售量。三是大力推行单位电子卡，宣传充值优惠活动，提高移动支付占比和卡销比，让利客户，增加客户忠诚度，全面提高油品销量。四是积极发掘本站优势，与站内德克士加强联动促销，印制加油客户满赠优惠券，向加油满一定金额的客户赠送德克士优惠券，增加非油与油品互动，提升潜在销量。

第二步：优化流程标准时间。一是缩短流程标准时间，强化员工业务培训，让员工形成良好的顶前引车习惯，准确引导车辆停靠、快速加油，形成一岛停四车的模式。二是更改加油机外道为斜插式停车位，在充分发挥地划线的作用下，配合员工主动、准确引导客户至加油机位和提高加油枪利用率。三是便利店营业室内通过对区域进行划分，将办业务、登记摩托车、付款顾客进行分区，引导顾客有序办理业务。四是加强结账、开票、充值培训，增加员工处理熟练度，提高各环节效率，推荐办卡引导顾客移车，缩短排队等待时间。甘肃B加油站现场服务站位流程见图5-7。

第三步：减轻高峰期压力。一是建立快速微信联系机制，引导固定客户错峰加油，在提高固定客户满意度的同时，一定程度上缓解现场车辆拥堵情况。二是调整加油机品号，延长加油胶管，更改加油机外道为斜插式停车位以实现多车辆同时加油，加快加油速度，减少客户等待时间。三是强化员工业务培训，优化车辆引导模式。四是早晚高峰时期，在入口处设专人专岗，机动排班补充服务力量，一步到位引导分流进站车辆，保证车辆快进

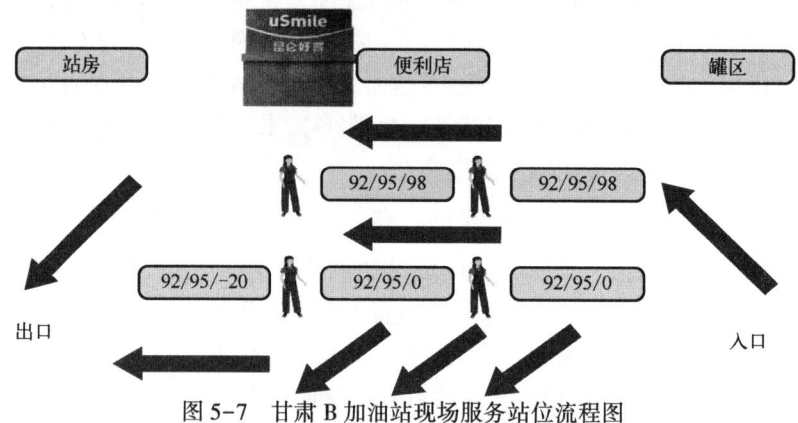

图 5-7　甘肃 B 加油站现场服务站位流程图

快出，减少现场拥堵状况，高峰拥堵指数由 9 月的 1.57 降至 10 月的 1.55，不仅提高了客户的满意度，也提升了加油站的效益。

第四步：提升加油枪效率及高峰期人枪匹配比例。一是针对加油枪效率问题，该站地处繁华路段，占地面积相较于销量过于狭小，加油机间距和车辆通过性不好，部分油枪不能达到预期利用率，后期应与投资、管理部门加强沟通，通过整体改造扩建优化拥堵情况，提高加油枪利用率。二是针对高峰期人枪匹配问题，该站通过机动排班补充服务力量，正常班人员轮流现场补位进行引导和收银补位服务，保证高峰期现场 6 人、营业室 2 人，增强现场团队协作服务和接力服务，实现高效快速加油。

第五步：提升商品陈列效率、优化未动销商品。一是有针对性地丰富店内商品种类，同时可根据便利店销售实际情况选取畅销品进行捆绑销售，提高销售额。二是利用好主题促销堆头，如夏季饮水节、中秋国庆团圆月等，结合公司当期主题促销，陈列高毛利、特色商品，吸引顾客购买。三是优化陈列商品，针对便利店内品类陈列效率较低的商品，可采取更换货架位置的方法，观察随后商品销量变化情况，若仍无明显改善则适当减少该类商品，增加其他畅销商品的陈列面积，如考虑柴油客户偏少，该站适当减少柴油的润滑油等商品，提高便利店内陈列面利用率。通过便利店区域划分，有针对性地丰富店内商品种类、优化便利店空间布局、创意堆头和增加开口营销培训等优化措施，该站非油销售状况和油非转换率有明显提升。

2. 阶段优化方案

根据站内设备设施情况分析及顾客采访调研，为不断提升油品和非油联动，为顾客提供更加优质贴心的服务，甘肃 B 加油站计划在未来增设洗车及汽服业务。一是临近兰州城区高速进出口，外地来兰、返兰顾客常有洗车需求，未来引进中国石油自助洗车服务将极大方便顾客出行；二是针对大量企事业单位定点加油顾客，增设汽服业务，同时可为单位车辆提供维修保养业务，进而提升非油收入。

（四）实施效果

按照全流程优化参考值改进，通过实施可行性方案，主要指标均有一定改进提升效果。实际油品日均销量从 23.46t/d 提升到 50.96t/d，提升幅度 117%；非油月均收入从 49.7 万元上升到 74.3 万元，提升幅度 49%。

（1）销量分析：汽油，尤其 95 号汽油是主要增量品种。2023 年 10 月份日销量达到 59.58t，同比增长 48%。其中，汽油销量 50.96t，同比增长 54%；95 号汽油同比增长 58%，见表 5-20。

表 5-20　2022 年与 2023 年甘肃 B 加油站油品销量增长情况对比　　　　t/d

时间	92 号汽油销量	95 号汽油销量	98 号汽油销量	汽油销量	柴油销量	汽柴油合计
2022 年 9 月	25.15	19.13	1.87	46.15	8.72	54.88
2022 年 10 月	13.14	9.37	0.95	23.46	7.81	31.27
环比	−48%	−51%	−49%	−49%	−10%	−43%
2023 年 9 月	29.21	24.63	1.93	55.77	8.65	64.43
2023 年 10 月	27.04	22.23	1.69	50.96	8.62	59.58
同比	51%	58%	44%	54%	9%	48%
环比	−7%	−10%	−12%	−9%	0%	−8%

（2）单车加油量：汽柴油单车加油量环比均有小幅增长。2023 年 10 月份 92 号汽油、95 号汽油、98 号汽油单车加油量环比存在不同程度增长（2%~3%），整体好于去年环比负增长水平；柴油单车加油量环比增长 1%，比去年环比增幅低 5 个百分点。2023 年 10 月份 92 号汽油、95 号汽油单车加油量同比均降低 7%，柴油同比降低 11%。汽柴油单车加油量同比均有明显降低，单车加油量的变化与国内成品油价格调整及疫情影响有关，见表 5-21。

表 5-21　2022 年与 2023 年甘肃 B 加油站单车加油量增长情况对比　　　　升/车

时间	92 号汽油单车加油量	95 号汽油单车加油量	98 号汽油单车加油量	汽油单车加油量	柴油单车加油量
2022 年 9 月	32.8	42.7	50.7	36.4	42.5
2022 年 10 月	32.1	41.7	48.5	35.6	44.9
环比	−2%	−2%	−4%	−2%	6%
2023 年 9 月	29.1	37.9	47.3	32.2	39.7
2023 年 10 月	30	38.9	48.2	33.2	40.1
同比	−7%	−7%	−1%	−7%	−11%
环比	3%	3%	2%	3%	1%

（3）提枪次数：汽油提枪次数有一定增加，对增量有正向影响。2023 年 10 月份汽油提枪次数同比增长 9%，高于单车加油量增幅 16 个百分点；环比增长 22%，高于去年同期环比水平，92 号、95 号汽油提枪次数同比分别增长 12%、8%，见表 5-22。

表 5-22　2022 年与 2023 年甘肃 B 加油站提枪次数增长情况对比　　　　次/日

时间	92 号汽油提枪次数	95 号汽油提枪次数	98 号汽油提枪次数	汽油提枪次数	柴油提枪次数	汽柴油合计
2022 年 9 月	617	313	20	950	21	1921

时间	92 号汽油提枪次数	95 号汽油提枪次数	98 号汽油提枪次数	汽油提枪次数	柴油提枪次数	汽柴油合计
2022 年 10 月	695	357	24	1076	22	2174
环比	13%	14%	20%	13%	5%	13%
2023 年 9 月	638	314	13	965	20	1950
2023 年 10 月	776	384	16	1176	21	2373
同比	12%	8%	−33%	9%	−5%	9%
环比	22%	22%	23%	22%	5%	22%

（4）非油销售情况：非油收入增幅较大。2023 年 10 月份非油日销售收入达到 2.4 万元，环比增长 44.7%。虽交易笔数有所下降，但非油客单价由 15 元/笔增加到 30 元/笔，环比增长 93%。经调研总结后主要有三方面原因：一是流程标准时间缩短后，顾客愿意花时间停留购买非油商品；二是配合公司增加非油促销活动，一定程度上激发顾客购买欲；三是 10 月恰逢中秋国庆双节，外地来兰旅客较多，整体到店顾客人数较往常有所增加，见表 5-23。

表 5-23 2023 年 9—10 月甘肃 B 加油站非油销售增长情况对比

时间	非油客单价，元/笔	非油销售收入，元/日
2023 年 9 月	15.56	16574
2023 年 10 月	30.02	23980
环比	92.8%	44.7%

二、甘肃 C 加油站案例

（一）基本信息

甘肃 C 加油站（IF0J）位于张掖市甘州区西二环路与张肃路交叉处，是张掖市老城区与新城区交汇处的加油站。属于一类站，是社区型加油站，客户以周边企事业单位车辆和社区私家车辆为主，该站经营全品号油品，当期日均销量 40t，其中汽油 32t，柴油 8t。便利店面积 120m^2，经营 18 个大类 1200 余种商品，当前非油日均销售 5000 元。该站周围商圈较丰富，有学校、医院、小区、购物商场等。经调查，该站站前有两条主干线，东侧为张掖市西二环路，南侧为张肃公路。道路前车流较大，由于限行，服务车辆主要为汽油车。该站 3km 范围内共有 3 座加油站，其中中国石油 2 座，私人加油站 1 座，由于特殊的地理位置和客户对中国石油品牌的信赖，竞争对手的营销策略对本站影响较小。

（二）诊断分析

经过诊断，发现该加油站主要存在 5 个问题：现场两个进口，一个出口，车辆进出混乱；现场加油枪布局不合理，98 号加油枪使用率低；前台业务量大，增加客户等待时间；员工排班有待优化；非油品销售仍有较大增长空间。

1. 现场两个进口，一个出口，车辆进出混乱

加油站地处十字路口，在加油站东侧西二环路临近红绿灯位置有一个进口，加油站东南侧张肃路口临近红绿灯有一个进口，加油站西南侧张肃路上有一个出口，由于张肃路没有道路分隔带，张肃路下行进城车辆由出口驶入站内加油，由出口进入的车辆在站内绕行或掉头造成站内拥堵，有部分车辆不愿意掉头直接驶入停车位造成逆向停车加油。

2. 现场加油枪布局不合理，98号加油枪使用率低

该站现场有2台双枪加油机，4台四枪加油机，20把加油枪，其中0号柴油6把加油枪日均销售8t，92号汽油4把加油枪日均销售24t，95号汽油4把加油枪日均销售8t，98号汽油4把加油枪日均销售0.6t，客户对高标号汽油的接受度较弱，所以本站98号加油枪数量明显偏多，使用率非常低。

3. 前台业务量大，增加客户等待时间

由于该站周边有100余家企事业单位，这些单位都使用单位卡加油。加油站卡系统日均办理充值、分配等业务110笔。摩托车、散装油品登记系统日均系统登记、手工登记100笔。前台有主副两台收银POS机，日均交易次数1200次。客户习惯以支付宝和微信支付为主。固定的前台收银只有1人，站经理在高峰时期进行补位服务。前台业务繁忙，人员少，造成客户等待时间过长。

4. 员工排班有待优化

该加油站定编13人，其中站经理1名；前厅主管1名，负责油品接卸，报表审核和设备管理工作；便利店主管1名，负责加油站便利店和加油站店外店的商品管理工作；倒班员工10人，排班为两班倒，每班5人，早8：00交接班至次日8：00，现场有固定加油员4人，前台收银固定1人。加油站7：00至22：00车辆匀速进入，高峰期主要集中在上下班时间段。现场人均提枪次数为400次，加之上班时间较长，员工劳动强度较大。

5. 非油品店销收入有待提高

该加油站油非转换率较低，未动销商品数量较多。调研结果显示，油非转换率19%，本站未动销商品数量较多，大于120天的未动销单品有106种，大于60天以上的未动销单品有161种，大于30天以上的未动销商品有253种。现场员工没有开口推荐，没有进行促销商品陈列是油非转换率低的主要原因。由于移动支付的大力推广，客户不下车加油也是油非转换率低的原因。未动销商品数量较大，在选品时应慎重考虑。非油提成按照每日销售的3.5%进行日兑现，非油提成工资在整个绩效中占比只有30%，员工不重视非油销售。

（三）优化方案

以"两优化、两提升、两缩短"提升措施和"两促进、三提升、四治理"短板治理入手，重点推进现场"消高峰"工作，不断优化员工现场服务能力，提升客户体验感。同时，积极推进员工培训和塑造服务文化，助推员工素养全面提升。为解决加油站拥堵问题，该站应结合诊断发现的5方面主要问题，利用出口车道分离，现场柴油车道有效利用、增加硬件设施、员工优化排班、加油枪布局优化等多维度手段，综合解决。同时，优化方案设计应主要依据现场实际情况，各项指标测算，员工服务能力，制定出最优方案。

最优方案实施 3 个月后，通过现场监测和数据分析，发现优化方案效果比较明显，很好地治理了前台和现场的拥堵现象。

第一步：将出口处的车道进行分离。出口宽度约为 22m，利用警戒桩将出口隔离分开，分为加油后驶出车辆的出口和车辆的进口（图 5-8）。

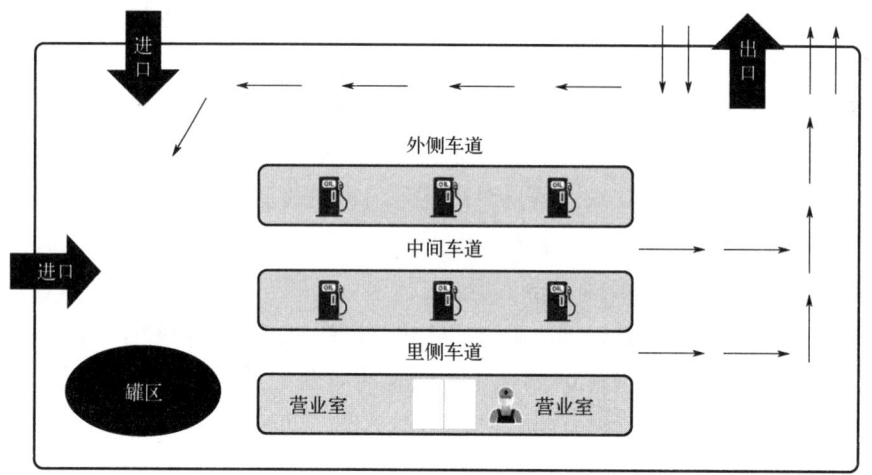

图 5-8　柴油车道有效利用示意图

第二步：合理利用柴油车道。由于大车限行，该站柴油销售主要以皮卡车和小型货车为主。从出口处进入的汽油车辆可从外侧的柴油车道绕行至中间的汽油车道加油，避免现场拥堵、车辆加塞、车头对车头加油的现象。规范现场标识张贴，统一员工的服务手势，让客户从进站到停靠均要展现出"无声胜有声"的服务，"环境卫生整洁、标识标牌清晰、现场音频、文字、图片温馨提示"等，用"无声"的现场氛围形成无声服务名片，提高客户的到站体验。

第三步：在现场不进行管线开挖和工艺改造的情况下，将现有的 2 把 98 号汽油枪改为 92 号汽油枪，增加 92 号汽油枪的数量（图 5-9）。改造后，92 号汽油枪为 8 把，提高了车辆的快速通过率。此项方案加油站提前和公司信息部门、维修部门对接，只需要加油

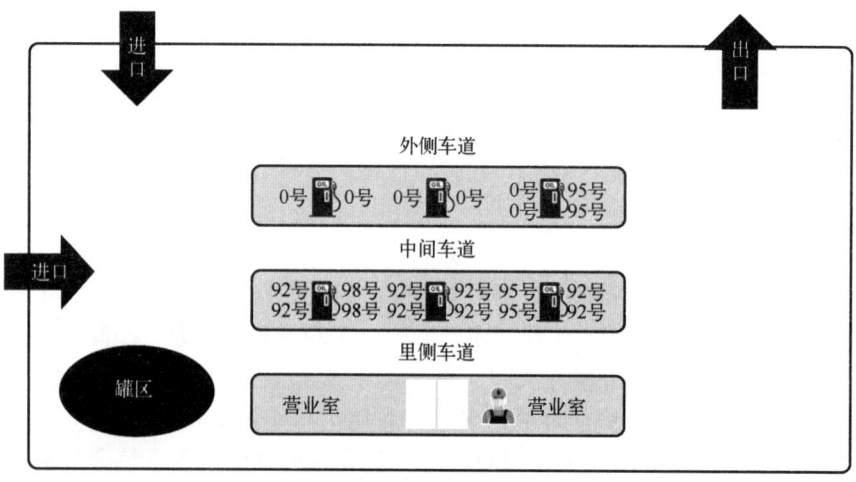

图 5-9　调整后的油枪布局图

站在夜间停业5h，便可进行设备和系统上加油枪品号的更换。

第四步：引导100余家单位主客户开通电子卡业务，客户可实现线上操作，出示二维码付款即可，方便客户的同时减少了前台服务人员的工作强度。加站经理在非高峰时段、晨会期间，利用现场培训油站微信群将业务办理、促销活动、营销话术、微笑服务、服务效率培训常态化，使员工熟悉当期促销策略，在开口服务的推进中，将推介服务做到现场，落到实处。

第五步：大力推荐私家车办理电子卡，推荐客户使用移动支付，减少进店频率，降低前台人员的工作强度。高峰期采取收银双岗制，通过收银员能力提升、业务信息化、收银话术、等候安抚等手段保证客户满意离站。通过增加办卡设备设施，提高操作人员技能，设立高峰期办卡专席，六进发卡等措施，提升卡客户满意度。此项方案的实施需要加油站给现场员工下达日均办卡量和移动支付占比，并对完成情况进行通报和考核。

第六步：优化现场排班。班内现场4人改为2人固定班，2人机动班，机动班8：00—22：00在岗，22：00下班回家休息。员工每两个班次增加休息时间为10h，有效缓解了员工的劳动强度。由加油站经理、前厅主管、便利店主管组合成为一个机动班，主要在前台收银和卡业务办理，加油站经理外出时，由前厅主管补位。前台机动班无缝隙交接，有效解决了前台因业务多造成的拥堵现象。通过持续优化排班，实现油气站人力资源合理优化。

第七步：给员工下达每日非油促销任务，完成任务给予奖励，让员工积极开口推荐。现场加油岛陈列促销商品；培养员工"多说一句话，多卖一件货，多省一分钱，服务快一秒"四个一服务入脑入心。便利店按照客户动线和畅销商品重新陈列，增加卖场的氛围；调整非油提成工资在绩效工资中的占比达到50%。

第八步：利用加油站便利店一角设置服务吧，多项便民服务措施彰显特色服务魅力；用"名片服务"来提升服务效应；持续做精四季服务唱全年活动，把"春有柠檬、菊花茶；夏有凉茶、绿豆汤；秋有山楂、酸梅汁；冬有暖茶、姜味汤"的特色服务做实、做细、做优，让客户感受到中国石油的温暖。

（四）实施效果

按照全流程优化参考值改进，优化实施步骤对加油站的油品销售、现场拥堵指数指标、汽油移动支付占比、员工劳动强度等指标有了很大的提升。油品销售由2022年的月均31.8t增长到2023年的月均35.2t；现场拥堵指数下降18%；汽油移动支付占比由2022年的16%增长到2023年的25%；员工在岗时间月均减少80h。

（1）油品销量分析：汽油，尤其95号汽油是主要增量品种。表5-24显示，汽油销售逐年递增，同比2022年日均增长3.4t，增幅12.8%，同比2021年日均增长4t，增幅12%。92号汽油同比日均增长1.9t，增幅8%。95号汽油同比日均增长1.5t，增幅16%。柴油由于道路限行原因，呈下降趋势。

表5-24　2022年与2023年甘肃C加油站汽油销量增长情况对比　　　　　t/d

时间	92号汽油销量	95号汽油销量	98号汽油销量	汽油销量	柴油销量	汽柴油合计
2021年	22	8.8	0.4	31.2	10.8	42

续表

时间	92号汽油销量	95号汽油销量	98号汽油销量	汽油销量	柴油销量	汽柴油合计
2022年	22.4	9	0.4	31.8	8	40
2023年	24.3	10.5	0.4	35.2	7.6	42.8
同比2022年	8%	16%	—	12.8%	−5%	7%
同比2021年	10%	19%	—	12%	−29%	2%

（2）现场拥堵指数分析：现场油枪的合理布局，有效增加了车辆的快速通过率，降低了现场拥堵指数，现场拥堵指数2021年1.6，2022年1.4，2023年1.3。2023年较2022年降低7%，较2021年降低18%。连续三年现场拥堵指数下降18%，见表5-25。

表5-25 近三年现场拥堵指数对比分析

时间	现场拥堵指数（5月）	现场拥堵指数（6月）	现场拥堵指数（7月）	现场拥堵指数（8月）	现场拥堵指数（9月）	现场拥堵指数（10月）
2021年	1.6	1.5	1.7	1.6	1.6	1.7
2022年	1.5	1.3	1.4	1.5	1.4	1.5
2023年	1.4	1.3	1.2	1.3	1.3	1.3
同比2022年	−6%	0	−14%	−13%	−7%	−13%
同比2021年	−12.5%	−33%	−29%	−18%	−18%	−23%

（3）移动支付占比分析：现场大力推行电子卡，电子卡不下车加油提高现场整体通行效率，减少前台刷卡开票等业务量。汽油移动支付占比由2022年的16%提高为2023年的25%，汽油移动支付占比提高有效缓解了现场的拥堵指数，见表5-26。

表5-26 2022年与2023年汽油移动支付对比

时间	汽油移动支付占比（5月）	汽油移动支付占比（6月）	汽油移动支付占比（7月）	汽油移动支付占比（8月）	汽油移动支付占比（9月）	汽油移动支付占比（10月）
2022年	12%	15%	16%	16%	18%	19%
2023年	22%	23%	24%	25%	25%	26%
同比增幅	10%	8%	8%	9%	7%	7%

（4）员工劳效分析：优化排班后，增加了白天现场服务人员，加油效率、服务能力有了很大的提升。减少了员工夜间在岗时间，增加了员工的休息时间。优化排班前，每月员工在站时间380h左右；优化排班后，每月员工在站时间300h左右，每月员工在站时间减少80h左右。员工休息时间充足了，才能有更好的精神服务客户。

（5）非油收入和油非转换率分析：通过优化措施的实施，非油销售收入增长25%，达到了公司平均增幅率。员工开口营销、店面优化陈列使油非转换率增长4%。通过商品优化、畅销品更新、滞销品淘汰，120天未动销商品减少26种。员工非油提成工资在二次考核中占比45%，同比增长15%，见表5-27。

表 5-27 非油销售情况对比表

时间	非油销售收入	油非转换率	120 天未动销商品数量	非油提成工资
2022 年	400 万元	19%	106	30%
2023 年	500 万元	23%	80	45%
同比增幅	25%	4%	−26	15%

加油现场高峰期的服务能力是检验现场服务水平的重要指标。加油站要根据所处地理位置、商圈情况，节省顾客等待时间，提高现场效率，从优布局、强培训、勤补位、养习惯、多协调五个方面着手，结合加油站分时段销售数据，分析找准销售高峰，安排关键岗位人员及时补位，同时利用班前、班后会，每天带领员工进行加油服务演练，培训促销推荐话术。在保持快捷服务的同时安抚等待的顾客，不断提升加油效率，有效解决顾客等待时间长的问题。

第五节 高速站

一、广西 B 下行加油站案例

（一）基本信息

广西 B 下行加油站位于桂林市全州县凤凰乡泉南高速凤凰服务区，客户为高速路上从湖南去往桂林方向（由北向南）的车辆。该站属于租赁站，二类站，加油站罩棚面积 625m²，便利店面积 60m²。本站目前有加油机 6 台，加油枪 20 把，其中，92 号汽油枪 4 把、95 号汽油枪 2 把，柴油枪 14 把；5 具油罐，92 号汽油罐 1 具、95 号汽油罐 1 具、0 号柴油罐 3 具，每具 30m³，共 150m³。目前，本站无洗车设备。2020 年纯枪销售 1.85×10^4 t，其中汽油 2160t，柴油 16369t，柴汽比为 7.58，非油品销售完成 54 万元；10 月日均销量 30t，其中汽油 3.5t，柴油 26.5t，柴汽比为 7.57，非油品销售 5000 元/天。现有员工 10 人，其中加油员 6 人，站经理 1 人，便利店主管 1 人，一班 2 人，实行 3 班倒工作制度。

该站周围商圈无住宅及单位，距离桂林市区约 70km，其位于返回桂林的东北向高速路上，客户多以长途客货运柴油车为主，少部分为汽油补油车辆。经现场调查，受疫情及道路因素影响，该站站前道路车流降幅较大，目前仅为 500 辆/时。目前本站过路的柴汽油车辆比例约为 2：5。

与本站形成竞争关系的共有 4 座站，均为中国石化站点。该站上游 76km 的中国石化 Z 服务区（湖南）加油站以及下游约 65km 的中国石化 L 服务区加油站与本站形成强竞争关系；广西 R 加油站及广西 Q 服务区加油站是本站次要竞争对手。

（二）诊断分析

1. 客户进站诊断

从诊断指标来看，该站客户进站诊断中，潜在销量低于参考值，加油站外观还有提升空间。

（1）销量仍有较大提升空间：本站潜在销量为42.5t/d，高于实际销量30t/d。本站市场份额（商圈内4个竞争对手）为16%。中国石化L服务区加油站是本商圈内市场份额最大站点，销量为60t/d；其次是中国石化Z服务区加油站（湖南），销量为40t/d。中国石化站点因为营销活动力度较大以及支付管理不规范等因素远高于本站销量。

（2）进站口转弯半径较小且能见度较低：外观诊断综合结果4.5，主要是能见度较低；本站进出口宽度较好，但转弯半径较小，有剐蹭的风险；且在高速上能见度500m，仅为参考值的一半。

2. 油品消费诊断

从诊断指标来看，该站汽油、柴油单车加油量、流程标准时间、加油枪效率等4个指标存在不足。

（1）汽油单车加油量较年初有下降趋势：本站汽油单车加油34.1L，低于参考值36.4L，且上半年有下降趋势。该站汽油客户多为过路补油车辆，加92号汽油顾客在30L以下较多。

（2）柴油单车加油量降幅明显：该站除10月受资源紧张有所反弹外，2023年已连续多月柴油单车加油量下降明显，9月为100.8L，10月反弹至250.6L，但仍未恢复到2022年底309L的峰值。本站加油100L以下的交易较多，占比1/3。该站柴油营销力度与竞争对手差距拉大，造成柴油车单车加油量下滑。

（3）部分样本顾客加油、付费环节用时较长：本站流程标准时间平均值为399s，部分顾客加油、付费用时较长。1号、2号、6号、8号顾客加油环节用时较长，2号、5号顾客付费环节用时较长。因本站加油多为柴油车，而便利店较小，造成本站的现场加油时长较长，进店时间相对较短。

（4）部分柴油枪效率低：该站离站房远端的1号、4号、9号、17号、18号加油枪加油效率低于0.3。经与站经理沟通，6号、7号、19号、20号自助枪有加满500元每升减0.1元的优惠，所以造成其他柴油枪效率较低。

3. 非油消费诊断

从诊断指标来看，该站非油客单价、品类布局效率、油非转化率、未动销商品序列4个指标存在问题，需进一步提升改进。

（1）非油客单价有下降趋势：本站非油客单价78.6元，低于参考值（122元）。剔除10月，从年初以来，有走低趋势。进站多为柴油客户，对价格较为敏感，更喜好特定或促销商品。9月开始有所回升，主要是因为近期开展的"一篮子"礼包阻止了客单价的下降。

（2）油品高峰期油非转化率偏低：由于油品销售高峰期内，便利店内人手不足，现场服务及推销非油无法较好兼顾。本站油品销售高峰期是18：00—21：00时段，此间非油的转化率相对较低。尤其是晚高峰时段，油品提枪次数基础较高，该段时间挖潜价值大。

（3）家庭食品、面包等品类商品布局效率偏低：该站香烟、汽车用品、酒类等商品陈列效率大于1，销售情况较好（剔除收费服务），而家庭食品、速食、面包、饼干、包装饮料等商品陈列效率小于0.5，应优化布局。

（4）部分商品未动销时间过长：超出30d商品49件，属于需加快促销商品；超出90d 32件，属于过季商品；超出200d 5件，最长未动销时间达到362d，建议结合便利店实际销售情况，更换或下架该类单品。

4. 客户离站诊断

该站客户离站诊断指标中，除油品卡销比外，整体水平较高。本站受柴油持卡客户影响较大，卡销比在80%和26%之间波动。本站柴油客户受营销策略、修路以及资源等因素影响，卡销比会有较大变动。

5. 营销策略诊断

本站目前主要营销策略：柴油，自助加油机加满500元后，可以享受0.1元/升的优惠；汽油，电子卡优惠0.2元/升，省内统一优惠；非油，价值599元/799元/999元的全省统一礼包套餐。

主要竞争对手营销策略：加油满600元送35元现金券，每多加300元递增18元，多加多得上不封顶。

（1）销量分解：进站率下降是汽柴油降量的主要因素。汽柴油提枪次数近半年一直在低位徘徊。2023年92号汽油提枪次数月均3900笔，较同期月均5954笔下降了34%，10月虽有回升，但未恢复到2022年水平。从单车加油量来看，汽油单车加油量一直较为平稳，92号汽油均值为31L；柴油波动较大，2—9月均值为180L，10月跃升为250L，但离2020年还有一定差距。

（2）区间分析：92号汽油单次加油量在25~30L的客户较为集中。从加油升数来看，10月份92号汽油在25~30L加油量的交易笔数占27%，小于20L（不含）加油量的交易笔数占16%，有部分原因是高速车辆经常少量补油。对应加油金额来看，10月份92号汽油在150~200元区间的加油金额的交易笔数占27%。

而柴油单次加油量小于100L的客户较为集中。从加油升数来看，10月份柴油小于50L（不含）加油量的交易笔数占15%，50~100L加油量的交易笔数占16%。从对应加油金额来看，10月份柴油加油金额在200~700元区间的交易笔数占26%，小于1000元加油金额的笔数占37%。

（3）客户消费分析：10月份92号汽油单车加油量平均31.55L，中位数30.22L，略低于平均数。方差和极差相对较小，说明汽油客户加油习惯相对稳定。10月柴油单车加油量250L，中位数201.85L，方差和极差波动较大，说明受外部修路及资源紧张影响，客户加油行为有所变化。

（三）优化建议

1. 运营优化建议

（1）通过电子围栏，将本站促销信息精准触达客户：针对经常往来本路段的柴油客户，应该积极留下其联系方式，可以定期发送相关营销活动，促进其进站加油。围绕加油员熟悉的顾客，以建微信群的方式对客户进行宣传。同时也可以通过与通信公司合作，通过"虚拟电子围栏"的方式，给路过本站的客户发送促销短信。

（2）新添临时加油机，提升通行效率：本站加油机间距仅为 13～14m，但目前长挂货车最长可达到 21～23m。本站客户多为长挂货车，一辆车就将占据一整条车道，为了提高现场通行效率，可以在场地空闲区域新添临时加油机；或者将加油机布局整体改为"起跑式"的斜岛布局。

（3）优化现场及室内沟通：针对部分顾客加油及付费用时较长情况，本站应全员配备现场及收银区域对讲设备或者麦风，提高室内外效率。

（4）加大加油机流速以及延长加油机胶管：考虑本站顾客多为大油箱的柴油客户，但本站柴油加油机流速仅 50L/min，为了提高加油效率，加大油品标准服务能力，可以加大加油机流速。同时也可以适当加长汽油枪胶管，方便汽油车两侧加油。

（5）有针对性地丰富适合高速往来车辆的商品种类：该站商圈主要为流量型，应结合大货车司机需要，适当考虑丰富早餐及速食类食物等商品种类，也可在醒目位置辟出功能饮料区来满足开车客户的需求。

对于本站高档烟酒可以将货品调至城市中心站或汽油站点销售；将清洁用品等陈列效率较低的商品采取更换货架位置的方式，经过一段时间观察后，若该类商品销量仍未变化，可适当减少陈列面积；结合本站客户需求，将洗衣粉、陶瓷等长时间未动销的商品适时加大促销力度或下架处理，降低库存费用。

（6）宣传单便于营销推介：本站卡销比波动较大，除进站客户下降外，部分原因是柴油顾客加油时间较紧张，没有时间对本站除直降外的营销进行了解，所以其对油非互促活动的感知性不强。除员工积极推介外，本站也可将营销活动清楚列示到宣传单上发放，便于顾客了解最高优惠，达到快速营销的目的，也可以减轻现场加油员工的压力。

2. 营销优化建议

本站地理位置较好，是从湖南进入广西后泉南高速的首座中国石油站点，往返周围旅游景点车辆以及往返湘桂物流车辆较多；站前道路刚维修完，销量处于恢复期。但是，该站目前卡销比波动较大，营销策略及加油卡管理方案没有中国石化灵活。

本站汽油客户对价格并不敏感，可以不用大力开展汽油价格上的营销活动；柴油应通过短期降价吸引客户进站，进一步加大与货车司机联系力度以及车队办卡力度。

（1）汽油可以开展"多加一升油"的提升单车加满率活动：因本站汽油不用开展汽油价格上的营销活动，因此可以针对加满率进行营销活动。近期本站 92 号汽油单车加油量多在 31L 左右，95 号汽油单车加油量多在 41L 左右，单车加油量水平较高，但仍有提升空间。建议培训员工对进站顾客主动询问"加满么"，从心理上鼓励客户加满。除此之外，也可以给 92 号汽油加满 240 元或 95 号汽油加满 320 元的顾客赠送一瓶水或抽纸，从物质上鼓励顾客再多加一升油。

（2）柴油"油非互动"活动：可分为短期、中期、长期促销三种类型。

短期促销：本站短期内应开展直降活动，将湖南修路后仍跑本线路的固定线路司机吸引到本站，降价幅度应接近中石化 Z 服务区加油站力度，借机建立微信联系群，扩大客户触达面。待修路结束后再选择丰富加满赠/购活动的商品。

中期促销：本站加油小于 500 元的柴油客户占比 25%，所以可以根据油价波动，适当将加满赠门槛提高到 550 元后，赠送非油套餐。例如，加油满 550 元送水饮套餐（功能饮料+水）；加油满 1100 元后送吃饱套餐（20~30 元的快餐/速食套餐）；加满 2200 元送尿素套餐（尿素+玻璃水）；加满 3300 元送家庭套餐（清洁套餐/视频会员季度套餐）；加满 5500 元送体检套餐（全国连锁体检机构代金券）。

长期来看，可适当添加柴油添加剂，仍以正常价销售，提高司机口碑，扭转柴油站点网络不占优的劣势。

二、甘肃 D 加油站案例

（一）基本信息

甘肃 D 加油（气）站地处河西走廊甘肃境内最西端，位于甘肃、新疆交界的瓜州县连霍高速公路南侧国道 312 线处，是连接甘、青、新、藏四省区的陆路交通枢纽，是甘肃销售的西大门，属于一类站。是高速公路沿线加油气站，其客户以进出甘肃新疆过路大货车以及定点单位客户为主。该站主要经营全品号油品，当期淡季受物流等因素影响日均销量 33t，主要是柴油（28t）；便利店内经营 663 种非油商品种类，当前非油日均销售额 4200 元。同时，该站在服务区内建设有司机之家，司机之家于 2021 年 9 月 15 日投入试运营，拥有备餐间、休息大厅、休息室、汽修、汽服设备间，这些特色服务可供 25 名司机朋友同时进行餐饮、休闲、休息、洗浴、洗衣等。一楼有特色餐厅，司机之家前置停车场能够同时停放 60 台大型卡车。该站周围商圈单一，基本属于无人区。经调查，该站前道路车流较大，其中主要为柴油大货车。该站 67km 内共有 8 座加油站，这 8 座站在地理位置和营销策略方面对本站影响较大（以下具体说明），因此要首先了解竞争对手，从而制定营销策略、现场优化措施，提升加油站整体销售。

距离甘肃 D 加油站 500m 的中国石化 H 加油站 0 号柴油价格较甘肃 D 加油站长期低 0.11 元/升，同时有电子钱包每升优惠 0.2 元的活动，所以即使甘肃 D 加油站 0 号柴油有 0.15 元/升的持卡优惠，但中国石化 H 加油站 0 号柴油价格仍然较甘肃 D 加油站低 0.16 元/升，该竞争对手对甘肃 D 加油站影响较大。

距离本站 62km 的甘肃 S、甘肃 X 加油站的 0 号柴油价格与本站都有 0.15 元/升的持卡优惠，这两个加油站在地理位置方面对本站的整体销售有影响。

距离本站 20km 的 H 加油站 0 号柴油价格较本站长期低 0.11 元/升，但本站 0 号柴油有 0.15 元/升的优惠，H 加油站在地理位置方面也有影响，但影响不大。

距离本站 25km 的 I 加油站 0 号柴油价格较本站长期低 0.11 元/升，但本站 0 号柴油有 0.15 元/升的优惠，I 加油站在地理位置方面也有影响，但影响不大。

距离本站 67km 的 L 服务区加油站 0 号柴油价格与本站持平。

距离本站 62km 的 J 加油站 0 号柴油价格较本站长期低 0.11 元/升，同时 J 加油站 0 号柴油有电子钱包每升优惠 0.2 元的活动，所以即使本站 0 号柴油有 0.15 元/升的持卡优惠，但 J 加油站 0 号柴油价格仍然较本站低 0.16 元/升，该竞争对手对本站影响较大。

距离本站 62km 的 K 加油站 0 号柴油价格较本站长期低 0.49 元/升，即使本站 0 号柴油有 0.15 元/升的持卡优惠，但 K 加油站 0 号柴油价格仍然较本站低 0.34 元/升，该竞争

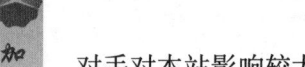

对手对本站影响较大。

（二）诊断分析

根据周边竞争对手营销策略，整合甘肃D加油气站环境、进行市场调查后，制定营销策略。同时诊断发现站内存在以下问题：高峰期拥堵时间较长、分品号加油枪利用效率不均衡、非油品销售仍有较大增长空间。

1. 高峰期拥堵时间较长

该加油站7：00—22：00期间持续中度以上拥堵（尤其是节假日）。经研究发现，拥堵情况的出现是由外部因素导致的，主要包括进站加油的顾客较多，排队车辆较多，进店客户比例较大，车辆停放在现场造成拥堵。同时，内部原因是该站有5台加油机，其中5号加油机设置于加气站通道处，利用率很低。

2. 分品号加油枪利用效率不均衡

该加油站共14把枪，其中8个加油枪使用效率较高，而其余6把加油枪利用率比较低。经过诊断，发现该现象的主要原因是分品号加油枪利用效率不均衡。由于汽油本身销量较少，且主要为进出疆旅游季节客户加油，因此汽油枪使用效率低；在分品号加油枪中，柴油枪的使用效率较高。

3. 非油品销售仍有较大增长空间

该加油站非油客单价和便利店平效指数均较低，单位面积非油创效有提升空间。调研结果显示，本站未动销商品数量较多，且未动销时间较长，选品有优化空间：大于100天以上未动销的商品有6种，大于30天未动销的商品为11种。另外，本站绩效考核中非油占比较小，非油商品组合促销、油非互动促销活动较少，也是非油销售欠佳的原因。

（三）优化方案

为优化加油站业绩下滑问题，该站应结合诊断发现的三方面主要问题，利用现场车道优化、非油商品优化、加油枪布局优化、营销策略等多维手段，综合解决。同时，优化方案设计应主要依据现场观察、关键数据测算、与加油站员工访谈等途径实现，并根据现有设备设施条件和促销策略，分别设计最优方案和阶段方案，便于分阶段实施优化。最后，优化方案实施后，结合现场监测以及数据分析的方式，通过3个月左右的跟踪，评估优化效果。

1. 硬件方面

第一步：车道分类。将加油站场地北侧（离进站口较近）的2排加油机（1-4号机）两边车道设置为"即加即走"车道（图5-10），并做好标识牌。实行期间一直安排专人在车辆入站口进行引导。

第二步：调整5号加油机的停车位，根据停车位指示将等待的柴油小车引导到相应加油机位置，提高5号加油机的加油枪利用率。

第三步：更新车道划线。在站内每个车道更新地划线，提前将车道划分开，让顾客根据提示牌有序加油，提高加油效率。

第四步：运用服务区司机之家的便利性，提高加油站便利店的商品销售业绩。

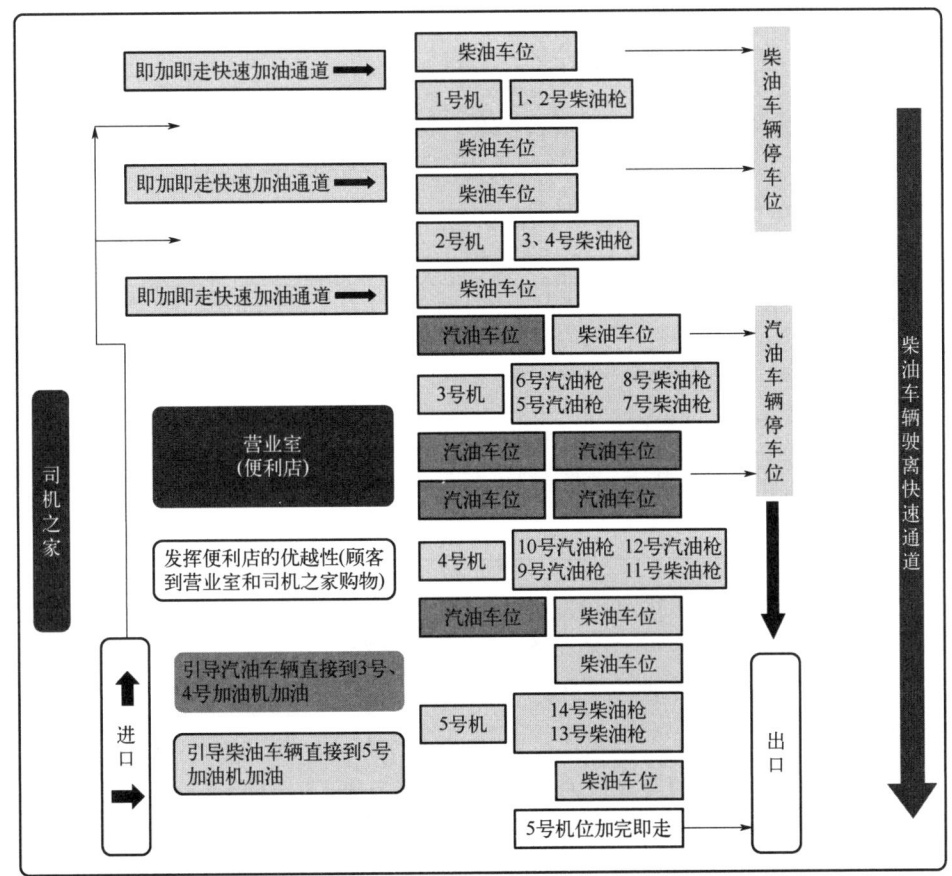

图 5-10 甘肃 D 服务区加油站车位图

2. 软件方面

第一步：依据公司 0 号柴油 0.15 元/升的优惠活动，建立微信客户群，积极与客户进行沟通，将甘肃 D 加油站的优惠信息及时传导给顾客。

第二步：增加电子加油卡的发行。帮助顾客迅速办理电子卡，提升电子卡的利用率，提升加满率，如果顾客在中油好客 e 站 App 用电子卡完成交易，交易会自动推送至 POS 机，可以收到语音播报提醒并确认放行。

第三步：组合非油礼包。根据加油区间的频次分布，92 号汽油、95 号汽油应向 30L 以上加油交易转化，约合加油金额 210 元；0 号柴油应向 70L 以上转化，约合加油金额 500 元。

由此可设计 92 号汽油和 95 号汽油加油满 210 元，0 号柴油加油满 500 元，赠送非油商品。另外，建议设计非油捆绑销售礼包，供 92 号汽油、95 号汽油加油 210 元以上、0 号柴油加油 500 元以上的客户优惠购。捆绑礼包可以直接陈列于"即加即走"加油车道。

（四）实施效果

按照全流程优化参考值改进，营销策略优化方案对该站主要指标均可有一定改进提升效果。实际本站油品月均销量从 52.996t/d 提升到 89.9t/d，提升幅度 41%；非油日均收入从 3500 元上升到 4200 元，提升 16% 左右。

（1）销量分析：汽油，尤其 92 号汽油是主要增量品种。表 5-28 显示，2023 年 6 月份本站汽油销量达到 4.715t/d，环比增长 42%。2023 年 7 月份本站汽油销量达到 9.6t/d，环比增长 51%。2023 年 6 月份本站柴油销量达到 66.273t/d，环比增长 24%。2023 年 7 月份本站柴油销量达到 80.244t/d，环比增长 17%。

表 5-28　2023 年 5—7 月甘肃 D 加油站油品销量增长情况对比　　　　　　t/d

时间	92 号汽油销量	95 号汽油销量	汽油销量	柴油销量	汽柴油合计
2023 年 5 月	2.198	0.549	2.747	50.249	52.996
2023 年 6 月	2.772	0.943	4.715	66.273	70.988
环比	21%	42%	42%	24%	25%
2023 年 7 月	7.7	1.9	9.6	80.244	89.9
环比	64%	50%	51%	17%	21%

（2）单车加油量分析：汽柴油单车加油量环比均有小幅增长。表 5-29 显示，2023 年 5—7 月份本站 92 号汽油、95 号汽油单车加油量环比存在不同程度增长（8.5%～14%），好于去年环比水平；柴油单车加油量环比增长 15%～22%，好于去年环比水平。汽柴油单车加油量环比均有明显增加，是销量增长的推动因素。

表 5-29　2023 年 5—7 月甘肃 D 加油站单车加油量增长情况对比　　　　　　L/车

时间	92 号汽油单车加油量	95 号汽油单车加油量	汽油单车加油量	柴油单车加油量
2023 年 5 月	30.2	32.6	31.4	195.2
2023 年 6 月	33.1	35.6	34.35	250.8
环比	10%	8%	8.5%	22%
2023 年 7 月	38.5	40.3	39.4	296.3
环比	14%	12%	13%	15%

（3）提枪次数分析：汽油提枪次数显著增加，是增量主要原因。表 5-30 显示，2023 年 5—7 月份本站 92 号汽油、95 号汽油提枪次数环比存在不同程度增长，好于去年环比水平；柴油提枪次数环比增长 7%～9%，好于去年环比水平。汽柴油提枪次数环比均有明显增加，是销量增长的推动因素。

表 5-30　2023 年 5—7 月甘肃 D 加油站提枪次数增长情况对比　　　　　　次/日

时间	92 号汽油提枪次数	95 号汽油提枪次数	汽油提枪次数	柴油提枪次数	汽柴油合计
2023 年 5 月	98	23	61	334	395
2023 年 6 月	113	36	75	367	442
环比	13%	36%	19%	9%	11%
2023 年 7 月	270	64	167	394	561
环比	58%	43%	55%	7%	21%

（4）加满率分析：汽柴油加满率显著提高，也是增量主要原因。汽柴油加满率环比均有小幅增长。表5-31显示，2023年5—7月份本站92号汽油、95号汽油、柴油加满率环比存在不同程度增长（3%~13%），好于去年环比水平，是销量增长的推动因素。

表5-31　2023年5—7月甘肃D加油站车辆加满率增长情况对比

时间	92号汽油车加满率	95号汽油车加满率	柴油车加满率
2023年5月	81%	72%	61%
2023年6月	85%	78%	75%
环比	5%	8%	8%
2023年7月	89%	82%	86%
环比	3%	6%	13%

（5）进站率分析：汽柴油进站率显著提高，也是增量主要原因。汽柴油进站率环比均有小幅增长。表5-32显示，2023年5—7月份本站92号汽油车、95号汽油车、柴油车进站率环比存在不同程度增长，好于去年环比水平，是销量增长的推动因素。

表5-32　2023年5—7月甘肃D加油站车辆进站率增长情况对比

时间	92号汽油车进站率	95号汽油车进站率	柴油车进站率
2023年5月	56%	59%	62%
2023年6月	65%	68%	72%
环比	14%	13%	14%
2023年7月	73%	75%	85%
环比	11%	9%	15%

（6）非油销售分析：表5-33显示，非油销售交易次数、非油客单价、非油销售收入在2023年5—7月中，环比均有所增加。经与站经理沟通了解有三方面原因：一是加油效率提高后，顾客愿意花时间停留购买非油商品；二是急客通道的非油礼包销售情况较好；三是加满油促销活动的非油商品能更好更快地销售。

表5-33　2023年5—7月甘肃D加油站非油销售情况对比

时间	非油交易笔数，笔/日	非油客单价，元/笔	非油销售收入，元/日
2023年5月	568	13	7384
2023年6月	597	14	8363
环比	5%	7%	12%
2023年7月	607	16	9714
环比	2%	12%	14%

（7）司机之家投运前后销售及非油对比：甘肃D加油站地处新疆和甘肃省的交界处，大多数进站司机都是物流货运长途司机，司机之家为顾客提供的休息、住宿等服务能较好地满足司机需求，从而提升车辆进站率及日均销量。司机之家投运后油非销售情况见表5-34。

表5-34　2022年与2023年甘肃D加油站站司机之家投运后油非销售情况对比

项目		数据
2022年1—10月日均销量	非油，元/d	9570
2023年1—10月日均销量	非油，元/d	9829
销量同比增减	非油，元/d	259
2022年1—10月日均销量	汽油，t/d	2.56
	柴油，t/d	58.5
	LNG，t/d	73.2
2023年1—10月日均销量	汽油，t/d	6.053
	柴油，t/d	50.598
	LNG，t/d	113
销量同比增减	汽油，t/d	2.6975
	柴油，t/d	17.163
	LNG，t/d	27.94

第六节　物流站

一、甘肃E加油站案例

（一）基本信息

甘肃E加油站（IH43）位于临洮县红旗乡牟家大湾，属于三类站，是物流型加油站，其客户以周边石料厂及石料运输车队客户为主。该站主要经营全品号油品，当期日均销量42t，主要是柴油（29t）；同时，经营11种车辅商品，当前车辅日均销售额2380元。经调查，该站处于国、省道或地区城市物流园、区域物流集散地，客户主体为中长途物流车、短途工程车，柴油的加油量大，除了对油品的需求外，重视对车辆的中途保养、检查，对中低端生活必需品和车辆的附属品具有较高的需求。该站5km范围内共有3座加油站，但受地理位置影响，对手营销策略对本站影响较小。

（二）诊断分析

经过诊断，发现该加油站主要存在4个问题：高峰期拥堵时间较长，分品号加油枪利用效率不均衡，车辅产品、功能饮料、低档香烟仍有较大增长空间，员工排班与现场匹配存在优化空间。

1. 高峰期拥堵时间较长

该加油站从13：00—18：00期间持续中度以上拥堵，其中有3个小时处于重度拥堵。经研究发现，拥堵情况的出现是由外部因素和内部因素的共同作用导致。外部因素有二，一是加油车辆体积较大，加油车辆在现场造成拥堵；二是加油车辆加油时间集中，傍晚和夜间车辆较多，从而造成了拥堵。同时，内部因素也是一方面，该站4台四枪加油机，其中2台为柴油机，2台为汽油机，受车辆及高峰时期的影响，柴油4把小流量加油枪加油效率相对较低。

2. 小流量加油枪利用率较低

该加油站柴油枪的大流量加油枪使用效率较高，而4把小流量加油枪利用率比较低。经过诊断，发现该现象的主要原因是现在车辆油箱普遍较大，小流量加油枪加油速度较慢，从而使用效率较低。

3. 车辅产品、功能饮料、低档香烟仍有较大增长空间

根据调查显示，该站油非转化率为17.54%，较区域平均值38.00%低20.46%，较全省同类型站平均值45.38%低27.84个百分点。针对大中型货运车辆居多的特点，应加强对车辅产品、功能饮料、低档香烟的推销力度，使非油销售更上一层楼。

4. 员工排班与现场匹配有优化空间

该加油站高峰期现场加油人数偏少，加油现场大部分时间维持2人的排班，与油品销售高峰期不符。目前，加油站4名加油员实行两班两倒排班（上24h休24h），早上9：00换班。每班4人中，加油现场2人，便利店内2人。

（三）优化方案

为优化加油站拥堵问题，该站应结合诊断发现的主要问题，利用现场车道优化、员工排班优化等多种手段，综合解决。同时，优化方案设计应主要依据现场观察、关键数据测算、与加油站员工访谈等途径实现，并根据现有设备设施条件和促销策略，分别设计最优方案和阶段方案，便于分阶段实施优化。最后，优化方案实施后，结合现场监测以及数据分析的方式，通过1个月左右的跟踪，评估优化效果。

（1）第一步：车辆引导。将大型加油车辆指挥至柴油车道的东侧1号加油机，对车辆进行半进入方式的加油，以加油枪能够到加油车辆的油箱为限，有效利用加油机位的空间。同时，将大型或者小型加油车辆引导至2号加油机，合理利用两台加油机4枪优势，使加油车辆快速加油，快速通过。

（2）第二步：优化现场排班。根据站内油品高峰拥堵指数，每日的13：00—18：00为车辆加油高峰时段，在这个时间段，由站经理、前厅主管以及便利店主管等关键岗位员工组成机动班组，深入现场进行补位，为现场进行车辆引导，按照进站车辆实际情况，合理安排车辆加油位置，使现有地、加油枪利用率最大化。同时，与邻近的大型忠诚客户（如砂厂桶装客户）协商，尽量避开高峰时段加油，做到削峰填谷。

（3）第三步：由于大部分柴油车辆车身较长，在实际操作中加油完成后，没有地方供加油完毕的车辆临时停靠进行付款，所以，利用站内现有支付方式，尽可能发挥加油卡移动支付、加油卡自助加油、移动支付等支付方式，避免顾客进入营业室内进行付款，节约部分付款时间，避免加油车辆付款而导致的加油枪闲置，加剧现场拥堵。

（4）进站客户大多为大中型车辆货运司机，虽消费水平不高，但应加强开口营销提升油非转化率，加大开展本站的油非互动活动，提高转化率。重点根据大中型货运车辆顾客消费特点,积极开展油非互促的营销活动。努力提升车辅产品、功能饮料以及低档香烟的销售。

(四)实施效果

按照全流程优化参考值改进,优化方案对该站主要指标均有一定改进提升效果。实际本站油品月均销量从 37t/d 提升到 41t/d,提升幅度 10.08%左右。

1. 油品销售情况

(1)销量分析:柴油为主要增量品种。表 5-35 显示,2023 年 10 月份甘肃 E 加油站销量达到 43.84t/d,同比去年增长 15.21%,环比上月增长 13.87%。其中,柴油销量 34.99t/d,同比增长 14.94%,环比增长 15.8%。

表 5-35　2022 年与 2023 年底甘肃 E 加油站油品销量增长情况对比　　　　t/d

时间	柴油销量	汽油销量	汽柴油合计
2022 年 9 月	26.27	7.22	33.49
2022 年 10 月	30.44	7.61	38.05
环比	15.8%	6.6%	13.87%
2023 年 9 月	30.2	8.3	38.5
2023 年 10 月	34.99	8.85	43.84
同比	14.94%	16.29%	15.21%

(2)单车加油量分析:汽柴油单车加油量环比均有小幅增长。表 5-36 显示,2023 年 10 月份甘肃 E 加油站柴油单车加油量环比存在大幅度增长(10.35%),好于去年环比水平。

表 5-36　2022 年与 2023 年 10 月甘肃 E 加油站单车加油量增长情况对比

时间	汽油单车加油量,L/车
2022 年 9 月	368
2022 年 10 月	397
环比	7.8%
2023 年 9 月	367
2023 年 10 月	405
环比	10.35%
同比	2%

(3)提枪次数分析:柴油提枪次数显著增加,是增量主要原因。表 5-37 显示,2023 年 10 月份甘肃 E 加油站柴油提枪次数同比增长 39.49%,高于单车加油量增幅约 37 个百分点,高于销量增幅约 24 个百分点。

表 5-37　2022 年与 2023 年底甘肃 E 加油站提枪次数增长情况对比

时间	柴油提枪次数,次/日
2022 年 9 月	108

续表

时间	柴油提枪次数，次/日
2022 年 10 月	119
环比	11.47%
2023 年 9 月	132
2023 年 10 月	166
环比	25.75%
同比	39.49%

2. 车辅销售情况

车辅收入增幅较大。表 5-38 显示，2023 年 10 月甘肃 E 加油站车辅销售收入达到 2400 元/日，同比、环比分别增长 42.43%、24.03%。其中，车辅单价达到 40 元/笔，交易笔数分别增长 53.84%、36.36%。车辅交易笔数增长原因：一是加油效率提高后，顾客愿意花时间停留购买车辅商品；二是现场高峰期有补位人员，现场服务压力减轻，员工有比较充裕的时间进行开口营销。

表 5-38　2022 年与 2023 年底甘肃 E 加油站车辅增长情况对比

时间	车辅交易笔数，笔/日	车辅销售收入，元/日
2022 年 10 月	39	1685
2023 年 9 月	44	1935
2023 年 10 月	60	2400
同比	53.84%	42.43%
环比	36.36%	24.03%

二、吉林 A 加油站案例

（一）基本信息

吉林 A 加油站（DHAN）位于吉林省松原市 203 国道，属于三类站，是物流型加油站，其客户以物流车辆客户为主。该站主要经营 0 号柴油，当期日均销量 23t，同时，经营 455 种非油商品，当前非油日均销售 4500 元。经调查，该站前道路车流较大，其中主要为柴油车辆。该站 10km 范围内共有 2 座加油站，但受地理位置影响，对手营销策略对本站影响较小。

（二）诊断分析

经过诊断，发现该加油站主要存在 4 个问题：高峰期拥堵时间较长；距离吉林 A 加油站 3km 处的称重站对柴油车辆进站率有很大影响；网络不畅通延长顾客支付时间；加油站人员不足，高峰期无法有效消高峰。

1. 高峰期拥堵时间较长

吉林 A 加油站 5：00—22：00 期间持续高峰拥堵。经研究发现，拥堵情况的出现是由外部因素和内部因素的共同作用导致。外部因素是加油车辆大多数属于大型货运车辆，从入口到出口单侧最多能排 2 台车，车辆停放在现场其他车辆进不来造成拥堵；内部因素是该站 2 台柴油加油机距离较近，影响进站率和排队等候时间。

2. 称重站对柴油车辆进站率的影响

2023 年初，前郭县拐脖店附近新成立物流车辆称重站，距离本加油站仅有 3km，以往长途货运车辆进站都是加满油，由于称重很多司机选择加半箱或者尽量少加，然后到下一个加油站加油，对本站的销量造成直接影响。

3. 网络不够畅通延长顾客支付时间

吉林 A 加油站高峰期现场加油车辆排队，但是由于本站附近没有外网基站，顾客扫优惠券时网络不佳，导致优惠码迟迟不出，司机加完油扫码支付的时间较长，约 2~3min 才能完成，导致加完车辆无法及时驶离，后车上不来，形成拥堵局面，很多司机嫌麻烦选择去其他加油站加油。同时，办理电子卡等需要手机操作的工作都很耽误时间。

4. 加油站人员不足

吉林 A 加油站因人手相对有限，一是不仅需要维持加油站现场的运营秩序，同时还需要负责其他事项，繁重的任务使得管理难度增加。二是现场长期仅有 2 名员工加油，高峰期明显人手不足，经常性出现顾此失彼的情况，无法有效兼顾。

（三）优化方案

为优化加油站拥堵问题，吉林 A 加油站结合诊断发现的 4 方面主要问题，利用现场车道优化、协调地方关系、加油枪布局优化等多维手段，综合解决。同时，优化方案设计应主要依据现场观察、关键数据测算、与加油站员工访谈等途径实现，并根据现有设备设施条件和促销策略，分别设计最优方案。最后，优化方案实施后，结合现场监测以及数据分析的方式，通过 1 个月左右的跟踪，评估优化效果。

第一步：车道分类，增加车位划线。

将加油站场地北侧（离站房较近）的一台停用的加油机（4 号机）启用，并做好标识牌。实行的前 1 周安排专人在车辆入站口进行引导。

因本站场地南北横向长度有限，实际上每条车道只能停放 1 台车辆加油，从而导致效率低下。如图 5-11 所示，将离出口较近的 3 号加油机北侧划出 1 个车位，实现多一条车道同时加油。

第二步：加油站经理与当地称重站交通运输部门沟通协调车辆拥堵、加油受限等现实问题。

第三步：加油站经理与当地联通公司、移动公司、电信公司等沟通，协商在加油站附近建立基站，解决本站网络不畅问题。

第四步：通过优化人员配置，在高峰时段加油站经理、副经理同时在现场进行加油及指挥车辆的疏通，室内只留 1 人收款并照顾便利店，尽管这样很难兼顾站内其他日常站务

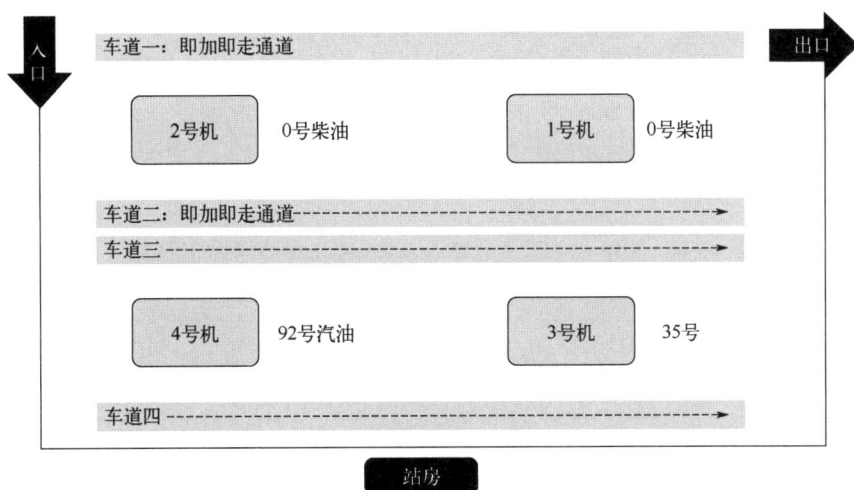

图 5-11　加油站现场车位划线示意图

和临时事务，给管理工作带来较大挑战。

（四）实施效果

按照全流程优化参考值改进，优化方案对该站主要指标均有一定改进提升效果。本站油品月均销量从 27t/d 提升到 30t/d，提升幅度 11%；非油日均收入从 3000 元上升到 4500 元，提升 1.5 倍左右。

（1）销量分析：柴油，尤其 0 号柴油是主要增量品种。表 5-39 显示，2023 年 10 月吉林 A 加油站柴油销量达到 25t/d，同比增长 37%。

表 5-39　2019 年与 2023 年吉林 A 加油站油品销量增长情况对比　　　　t/d

时间	92 号汽油销量	0 号柴油销量	汽油销量	柴油销量	汽柴油合计
2019 年 10 月	1.1	18.25	1.1	18.25	19.35
2023 年 10 月	1.5	25	1.5	25	26.5
同比	36%	37%	36%	37%	37%

（2）提枪次数分析：汽油提枪次数显著增加，是增量主要原因。表 5-40 显示 2023 年 10 月吉林 A 加油站汽油提枪次数同比增长 16%，环比增长 12.9%，也显著高于 2019 年同期环比水平。

表 5-40　2019 年与 2023 年吉林 A 加油站提枪次数增长情况对比　　　　次/日

时间	92 号汽油提枪次数	0 号柴油提枪次数	汽油提枪次数	柴油提枪次数	汽柴油合计
2019 年 10 月	30	169	30	169	199
2023 年 10 月	35	184	35	184	218
同比	16%	8.9%	16%	8.9%	10%
环比	12.9%	15.7%	12.9%	15.7%	14.7%

（3）非油销售情况：非油收入增幅较大。表5-41显示，2023年10月吉林A加油站非油销售收入达到4042元/日，同比增长62%。其中，非油客单价达到24元/笔，同比增长9%。非油交易笔数也有不同程度增长，经了解有三方面原因：一是加油效率提高后，顾客愿意花时间停留购买非油商品；二是大米销售情况较好；三是增加了一些非油促销活动。

表5-41　2019与2023年吉林A加油站非油销售增长情况对比

时间	非油交易笔数，笔/日	非油客单价，元/笔	非油销售收入，元/日
2019年10月	113	22	2500
2023年9月	160	54	8666
2023年10月	168	24	4042
同比	49%	9%	62%
环比	5%	-55%	-53%

第七节　区域诊断

一、通辽市科尔沁区重点站区域协同优化案例简介

（一）基本信息

通辽市地处内蒙古自治区东部，东靠吉林省。通辽市地区长期存在成品油需求低迷、资源渠道复杂、站点竞争激烈等问题。针对典型的销量下滑严重的，改造后仍未获得显著成效的7座加油站，中国石油的课题研究团队开展了通辽市科尔沁区的区域诊断和区域内站点的协同优化工作。这7座诊断站点分别为A加油站、B加油站、C加油站、D加油站、E加油站、F加油站、G加油站。7座诊断站点主要分布在，以通辽市哲里木广场为中心的东西6km、南北8.5km的范围内。其中，B加油站、D加油站、F加油站以及C加油站位于西辽河以东的通辽市主城区内，A加油站、E加油站以及G加油站位于西辽河以西的新开发片区。在新开发片区的引领下，目前系统外竞争对手站点主要分布在西辽河以西及主城区西南方向，同时通辽市内已形成"西向"的加油惯性。加油站分布图见图5-12。

（二）诊断站点分类及特点

7座诊断站点可划分为增量稳效型、稳量增效型、量效兼顾型三种定位，以便开展后续诊断分析。增量稳效型：站点地理位置重要，现场硬件条件较好，位于战略要地，商圈内有系统外竞争对手，竞争激烈，开展营销活动对系统内其他站点影响有限，包含B加油站、E加油站2个诊断站点；稳量增效型：场地硬件条件一般，会限制营销活动的开展，

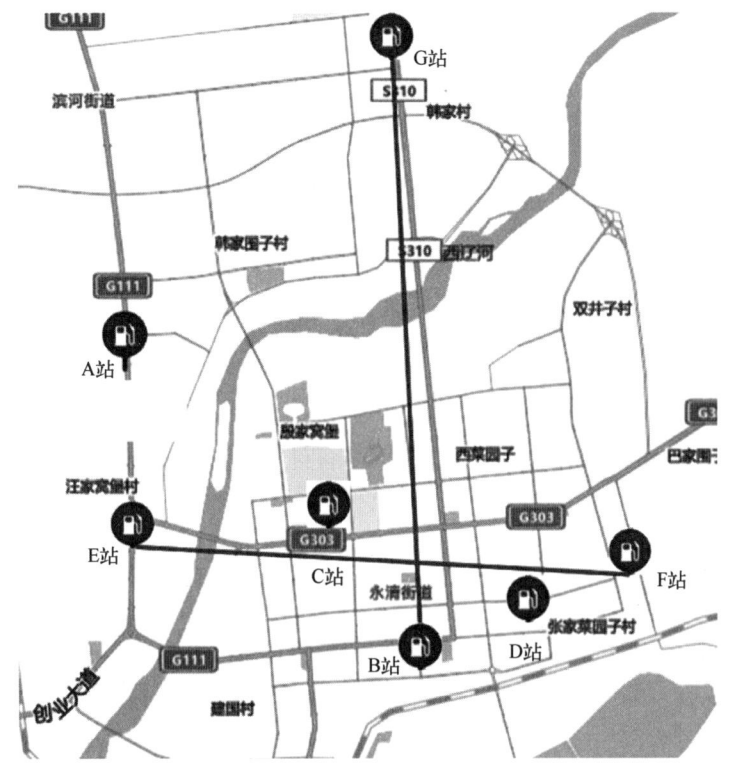

图 5-12　七座诊断站点及主要系统外竞争对手分布图

同时开展营销活动后会对系统内其他站点造成较大影响，商圈内无系统外竞争对手，竞争程度不激烈，包含 C 加油站、F 加油站、D 加油站、G 加油站 4 个诊断站点。量效兼顾型：站点周边顾客相对稳定，便于培养忠诚度及品牌意识，定制化营销方式能起到立竿见影的效果，商圈内有一定程度的系统外竞争，包含 A 加油站 1 个诊断站点。

增量稳效型站点中，B 加油站位于通辽市科尔沁区明仁街道新建大街与和平路交汇处，紧邻通辽站，属于交通枢纽型加油站，该站 4km 范围内有 9 个站点，竞争激烈。同时该站用户群体复杂，包含出租车、网约车、私家车、大巴等多种车型的不同用户，销量 14t/d。E 加油站位于通辽市科尔沁区创业大道永茂国际西侧，属于市内社区型加油站，用户主要是社区居民和附近商户，该站 4km 范围内有 5 个站点，竞争较为激烈，同时该站位于中国石化旗舰站和中国石油 A 加油站南面 2km 内，日销量在两座大站的激烈竞争之下仅有 9.1t。

稳量增效型站点中，C 加油站位于通辽市科尔沁区西门街道霍林河大街 1011 号附近，属主城区中部，是市内社区型加油站，用户主要是附近居民，销量稳定在 22.7t/d，该站 3km 范围内有 8 个站点，竞争激烈。D 加油站位于通辽市科尔沁区科尔沁大街 1141 号，附近小区众多，属于市内社区型加油站，用户同样是附近居民，该站 4km 范围内有 7 个站点，竞争激烈，日销量维持在较低水平的 11.7t。F 加油站位于通辽市科尔沁区明仁大街明珠小区南侧，属于市内社区型加油站，但因该站地理位置在主城区偏东部，处于通辽市东部高价区，所以日销量水平偏低，维持在 6.7t。G 加油站位于通辽市科尔沁区建国北路大元风情园，该站属于学校型商圈，用户大多为学生家长及教职工，同时该站属于外环及高速型加油站，车流量较大且较为稳定，该站 4km 范围内有 8 个站点，竞争激烈，日销量可达 17.1t。

量效兼顾型站点中，A 加油站位于通辽市科尔沁区创业大道，这一大道是通辽市辽河以西新开发片区的主干要道，属于外环及高速型加油站，因此该站高峰期持续时间超过 10h，车流量稳定在较高水平，日销量能达到 26.6t。该站主要用户较为综合，囊括了私家车、货车、客车等多种类型车辆，该站 4km 范围内有 5 个站点，竞争较为激烈。

二、诊断分析

（一）区域整体问题诊断

2017—2019 年，内蒙古销售通辽分公司零售纯枪量累计减少 16×10^4t，绝对份额从 76% 降至 57%，三年时间降低了 19 个百分点。同时，现已有 327 座加油站分布在通辽市内，平均看单站日销量仅 6t，竞争十分激烈。而通辽市社会站的年纯枪量反而逐年走高，对于区域内中国石油的众多加油站点来说，竞争形势不容乐观。

（二）区域内部问题诊断

区域内 7 座诊断站点在 2019 年二季度总体销量的同比降幅高达 11%（图 5-13），其中 5 座站点的同比降幅在 12%~25% 不等。另外，D 加油站在周边环境转好的前提下销量远低于预期；G 加油站在 2018 年同期接受改造后销量仍低于预期。

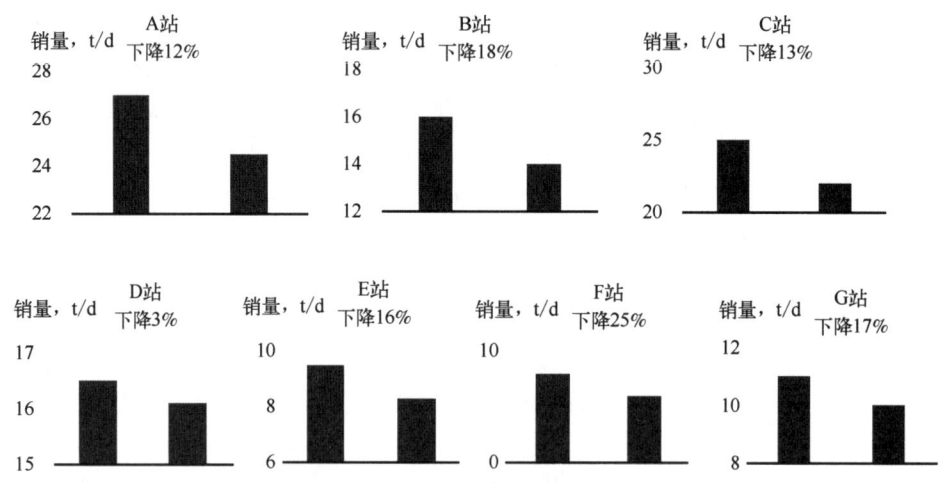

图 5-13　2019 年二季度 7 座诊断站点销量变动情况

1. 区域内站点问题诊断

表 5-42 显示了研究团队的初步诊断结果。各站点普遍存在同商圈竞争站点众多、外部竞争对手降价幅度过大等外部困境，以及不同程度的拥堵、低效、布局混乱等站点内部问题。

表 5-42　7 座站点问题初步诊断汇总表

序号	站点名称	二季度销量同比降幅	4km 内站点数	周边竞争站价格策略	本站自身主要问题
1	A 加油站	−12%	5	中石化站：白天降 1.0 元/升，晚上降 1.3 元/升	拥堵；缺少洗车等增值服务
2	C 加油站	−13%	8	社会站：直降 1.2 元/升	拥堵；汽油枪效率低
3	F 加油站	−25%	5	系统内站：自助降 0.5 元/升	枪效低；内车道窄
4	D 加油站	−3%	7	系统内站：自助降 0.5 元/升	停车混乱；便利店门前拥堵
5	G 加油站	−17%	8	中石化站：白天降 1.0 元/升，晚上降 1.3 元/升	卡销比低；汽油枪位不匹配
6	E 加油站	−16%	5	社会站：直降 0.9 元/升，持卡降 0.3 元/升	能见度低；场地未有效利用
7	B 加油站	−18%	9	社会站：直降 1.8 元/升	−35 号枪效低；停车乱

基于上述三类站点定位，在某类定位中各选择一个典型站点进行详细的问题诊断。增量稳效型站点中，E 加油站位于中国石化旗舰站和中国石油 A 加油站南面 2km 内，在北边两座站点的大力度促销竞争下，该站日销量仅有 9.1t/d。该站处于重要地理位置，且硬件条件良好，但因同时被两座大站争夺客户，竞争较为激烈，且该站开展营销活动对系统内其他站点影响有限。

在稳量增效型站点中，选择两个典型站点进行问题诊断。C 加油站地处通辽市主城区，靠近西边低价竞争区。该站客户群体中私家车是核心车型，卡销比长期维持在 40% 的较高水平，同时机构客户占比较高——15% 左右，受限于站点硬件条件，该站开展营销活动较为困难，增加客户黏性是其核心目标。该站周边 3km 内，有中国石油加油站 5 座、中国石化及社会站各 1 座，竞争程度一般，经站级营销支撑体系测定，该站潜在日销量可达 31t/d。G 加油站位于主城区外环，周边商圈欠发达，周边客户消费水平一般。该站过往车流量较大，但用户黏性较低，主要诉求是"快加快走"。该站点内部存在油枪布局不合理、划线不明确等问题，根据分时加油笔数分析，高峰期提枪次数为低谷期的十几倍。

量效兼顾型站点中，A 加油站位于西辽河以西新开发区的主干道——创业大道上，属于战略核心位置。该站车流量高峰期持续时间较长，超过 10h，但该站在多个时间段均出现了拥堵指数大于 1.2 的较严重拥堵，可能导致部分客户的流失。同时站点内部枪量匹配比例不合理，共有 6 把柴油枪、6 把 92 号汽油枪、2 把 95 号汽油枪，同现有油品的市场需求比例不匹配。该站 4km 内，共 4 座竞争站点。由于该区域属通辽市西边低价竞争区，"价格敏感型"顾客偏多，顾客加满率总体偏低，竞争站点降价营销力度较大，竞争同样激烈。同时由于各竞争站点之间距离较短，固定幅度的降价策略易引起周围竞争站点的连锁反应，营销策略制定较为复杂和困难。

2. 区域内站点协同问题诊断

（1）价格分化导致客户流失。通辽市存在明显的东西部油价分化，东部为主城区的油品高价区，西部为新开发区的油品低价区，且市内现已形成了加油的"西向"惯性。位于东部高价区的系统内站点亟须改变策略，提高客户黏性，避免客户向低价区流失；位于西部低价区的系统内站点处于激烈的竞争环境中，亟须探索出适合的营销策略，提高市场份额，抓住更大规模的客户群体。

（2）邻近站点之间存在内部竞争。E加油站位于中国石化旗舰站和中国石油A加油站南面2km内，受这两座站点的大力度营销策略影响，该站日销量是7座诊断站点中的最低水平。解决内部竞争的核心诉求是，在促进E加油站销量提升的同时，让E加油站成为A加油站的协同站点，在营销策略上实现整体协同，又存在一定差异。

（3）单一降价营销方式收效甚微。中国石油在通辽市的本地站点占有近50%的市场份额，仅参考系统外竞争站点的单一降价营销策略收效甚微，甚至在部分站点出现了得不偿失的反效果。解决这一问题的核心在于改变原有的单一营销策略，从系统整体视角出发，统筹布局7座诊断站点的竞争策略。

三、优化方案

（一）方案制定

为实现区域内站点优化及站点间的协同，本次区域诊断采用全流程诊断及优化方法，经过实地调研、初步诊断、方案修改与完善、现场优化、效果跟踪与策略调整等过程，发现不同诊断站点问题60余条。同时，考虑投资时效性问题，提出优化建议40余条，多为软性措施。针对区域诊断工作的要求，以整体最优方案为引领，先设计7座站点的阶段优化方案并进行现场优化，后依据现场优化效果，设计并实施了为期一个月的加满竞赛活动，进一步推动区域内7座站点的良性竞争，加速区域内站点协同目标的实现。

（二）最优方案

第一步：找准区域内各站点定位。第一，中国石油在通辽市各站点的目标定位由于各站点的自身条件和竞争情况有所区分：竞争程度一般、顾客较稳定、需要定制化品牌营销的站点定位为增量稳效型；竞争不激烈、内部影响较大、硬件受限的站点定位为稳量增效型；竞争激烈、位置核心、内部影响有限、硬件良好的站点定位为量效兼顾型；进一步，最优方案的制定要在区域内整体定位的基础上，依据"站级营销支持方法"，结合区域整体视角，做到区域内各站点在竞争目标上或量或效、量效成果上有稳有升、竞争政策上有攻有守，做到区域内7座站点在系统内协同合作，共同进步。最优方案确定的站点定位分组为：增量稳效型，A加油站、C加油站、E加油站；稳量增效型，F加油站、D加油站；量效兼顾型，G加油站、B加油站。第二，确定公司整体营销优化方向。设计针对公司整体需求的综合营销体系，发挥中国石油的网络优势，从而实现营销支出不增长或小幅增长，纯枪销量明显增长的目标。具体来说，综合营销体系包含六大领域：一是充分发挥自身优势，利用中国石油已有优势，充分发挥站点协同及信息系统的积极作用。二是强化品牌效应，通过营销策略，让客户从油品及非油品购买中切实感受到品牌优势，建立用户的长期忠诚度。三是避免价格战，避免与社会站点开展恶性价格战，携手区域内各站点共同推价维护市场。四是开展油非互促营销，兼顾营销支出降低和顾客折扣感知度的提升。五是保留并优化自助降，根据用户画像和站点类型，调整自助降力度，并探索与其他营销方式相结合的途径。六是加强长尾效应，利用充值卡及电子券等营销方式，充分满足顾客需求，形成长尾效应。

第二步：进行全流程诊断，依据定位制定各站点的优化策略。开展地市油非规律分析、单站油品全流程诊断、单站非油诊断、营销策略设计等工作，给出 7 座站点各自的单站优化方案和营销优化方案。

第三步：优化策略实施，开展竞赛活动。在方案前期落地的基础上，开展反馈跟踪，设计并开展区域内 7 座站点的油品加满竞赛活动。按照基础加满笔数超过 200 笔，并考虑销量规模，将 7 座诊断站点分为两组，考核日均加满笔数：第一组为 A 加油站、C 加油站、G 加油站；第二组为 E 加油站、B 加油站、D 加油站、F 加油站。起奖值为竞赛期间的日均加满笔数，加满的标准为 92 号汽油 200 元、95 号/98 号汽油 300 元。为期一个月的竞赛活动结束后，设置加满奖、新高奖、挑战奖、先进奖 4 个奖项，为表现优异的站点提供合理的激励机制。

（三）阶段优化方案

根据各个诊断站点的自身条件和用户画像，设计并形成具有针对性的各站点全流程诊断与优化研究方案，以及营销优化方案，见表 5-43、表 5-44。

表 5-43　通辽市七座站点全流程诊断问题与优化建议

序号	加油站名称	典型问题	优化建议
1	A 加油站	1. 柴油枪效率普遍偏低； 2. 与竞争对手相比，无洗车服务	1. 柴油枪由 8 把减少到 2 把，汽油枪由 8 把增加到 14 把； 2. 在便利店门口及出口处增加斜向停车位，减少门口拥堵； 3. 增加洗车增值服务
2	C 加油站	1. 98 号汽油枪效率偏低； 2. 有拥堵情况发生	1. 98 号汽油油枪由 6 把减少到 4 把，95 号汽油由 6 把增加到 8 把； 2. 调整品号布局，均衡加油枪效率； 3. 现场增加移动 POS 机或现场二维码等支付途径
3	F 加油站	1. 柴油枪及 98 号汽油枪效率偏低； 2. 最内侧加油机离便利店距离较近	1. 取消柴油枪，减少 98 号汽油枪； 2. 增设自助洗/刷车区； 3. 增设便利店两侧竖向停车位
4	D 加油站	1. 加油站内乱停车现象严重； 2. 便利店门口有拥堵情况	1. 将 7 号及 14 号的 98 号汽油油枪改为 92 号汽油油枪，提升加油枪效率； 2. 入口处乱停车辆较多，最外侧加油跑道受阻； 3. 加大便利店门口疏导及入口引导工作
5	G 加油站	1. 柴油枪效率偏低； 2. 汽油加油机位有拥堵现象； 3. 卡销比较低	1. 减少柴油枪，增加汽油枪； 2. 增加更加醒目的品号引导标牌，方便顾客直接入位加油； 3. 进附近村屯、社区及学校推介加油卡

序号	加油站名称	典型问题	优化建议
6	E加油站	1. 加油油站能见度较低； 2. 室外场地空旷未有效利用	1. 增加98号汽油油枪，形成全品号站点； 2. 就绿化遮挡及时与园林沟通进行修剪； 3. 增加现场堆头营销
7	B加油站	1. -35号柴油枪闲置率太高； 2. 加油站内乱停车现象严重； 3. 周边民营加油站竞争激烈	1. 减少-35号柴油枪数，增加92号和95号汽油枪数； 2. 纾解现场乱停车辆现象，尤其是入口处较为严重； 3. 利用现场服务及油非互促进行促销，避免价格战

表5-44 通辽市七座站点营销优化方案

序号	加油站名称	目标定位	策略定位	主要策略	策略详细内容
1	A加油站	量效兼顾	进攻型	充值赠 +持卡阶梯降等	阶梯降： 150元以下，直降0.5元/L； 150~200元，直降0.5元/L+卡0.1元/L； 200元以上，直降0.5元/L+卡0.2元/L
2	C加油站	增量稳效	防御型	充值赠 +自助降等	(1) 自助0.5元/L+卡0.2元/L； (2) 保留"充值赠"，策略为充1000元送60元礼包；充2000元送130元礼包
3	F加油站	稳量增效	防御型	返折扣等	(1) 自助降0.3元/L； (2) 添加"充值赠"策略：充1000元送60元礼包，充2000元送130元礼包； (3) 销量不降，每升奖励员工0.01元； (4) 8站、21站、22站自助降调为0.3元/L，且增加充值赠政策
4	D加油站	稳量增效	防御型	累计消费赠等	(1) 自助降0.3元/L； (2) 持卡30天内在本站消费满500元（不含充值当日消费的金额）可凭小票（核对消费站点及卡号即可）领取38元礼包；满800元可凭小票领取68元礼包；满2000元可凭小票领取188元礼包一份（个人卡客户随时兑换，车队卡客户月初10号前兑换上个月，仅兑现一次）； (3) 保留现有"充值赠"，策略为充1000送60元礼包；充2000送130元礼包
5	G加油站	量效兼顾	复合型	直降 +卡折扣等	(1) 直降0.4元/L+卡0.2元/L； (2) 保留现有"充值赠"，策略为充1000元送60元礼包，充2000元送130元礼包
6	E加油站	增量稳效	进攻型	持卡直降等	周五"深度优惠日"，汽油自助降1元/L
7	B加油站	量效兼顾	复合型	充值赠 +增值服务等	(1) 自助降0.3元/L； (2) 持卡30天内在本站消费满500元（不含充值当日消费的金额）可凭小票（核对消费站点及卡号即可）领取38元礼包；满800元可凭小票领取68元礼包；满2000元可凭小票领取188元礼包一份（个人卡客户随时兑换，车队卡客户月初10号前兑换上个月，仅兑现一次）； (3) 保留现有"充值赠"，策略为充1000元送60元礼包；充2000元送130元礼包

四、实施效果

依照全流程优化参考值改进，整体区域优化方案落地和开展效果反馈跟踪工作后，该区域诊断站点主要指标均有一定改进提升效果。最终目标实施情况可从区域总体提升和各站点优化效果两个视角出发，区分油品销量、用户结构、营销效果三个领域来考察。

（一）区域总体目标实施情况

1. 油品销售情况

2019 年上半年，通辽市分公司汽油销量同比低位徘徊，累计同比下降 13%；6 月区域诊断工作逐渐开始后，公司销量开始有所反弹，6—10 月销量同比降幅收窄至-9.1%，尤其从 7 月开始，销量有明显连续回升趋势，降幅收窄，9 月销量同比实现了 3.4% 的增长（图 5-14），这也与本次区域优化第二阶段的开始时间相一致。

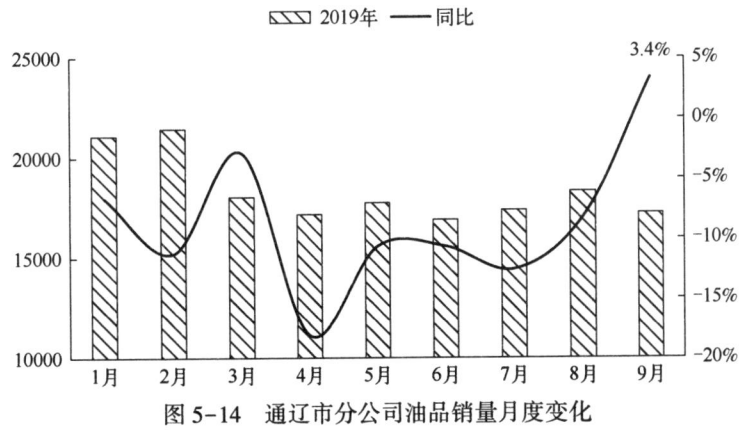

图 5-14　通辽市分公司油品销量月度变化

2019 年，7 座诊断站点油品销量增幅超公司增幅 13 个百分点。1—10 月份，7 座诊断站油品销量（剔除 18 年及 19 年双层罐改造的影响）总体同比增长 1%，通辽公司整体同比下降 11%（图 5-15）。

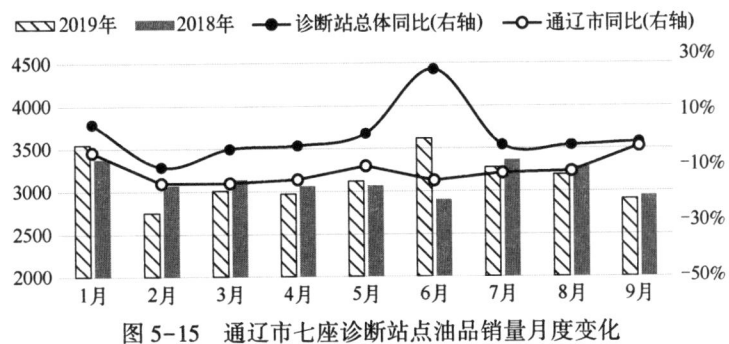

图 5-15　通辽市七座诊断站点油品销量月度变化

2. 用户卡销比调整情况

2019 年，7 座诊断站点的卡销比整体都呈现加速上升态势。根据各站点的客户规模和

销量规模，将7座站点区分为开发区团队（A加油站、C加油站、E加油站）和科尔沁团队两组（B加油站、D加油站、F加油站、G加油站），考察卡销比变动情况。开发区团队的3座站点呈现波动上升态势，下半年受区域改造的影响，波动幅度较大，在8-9月均表现出较快增幅。科尔沁团队4座站点的卡销比在上半年增幅较大，下半年保持了相对稳定的趋势（图5-16）。

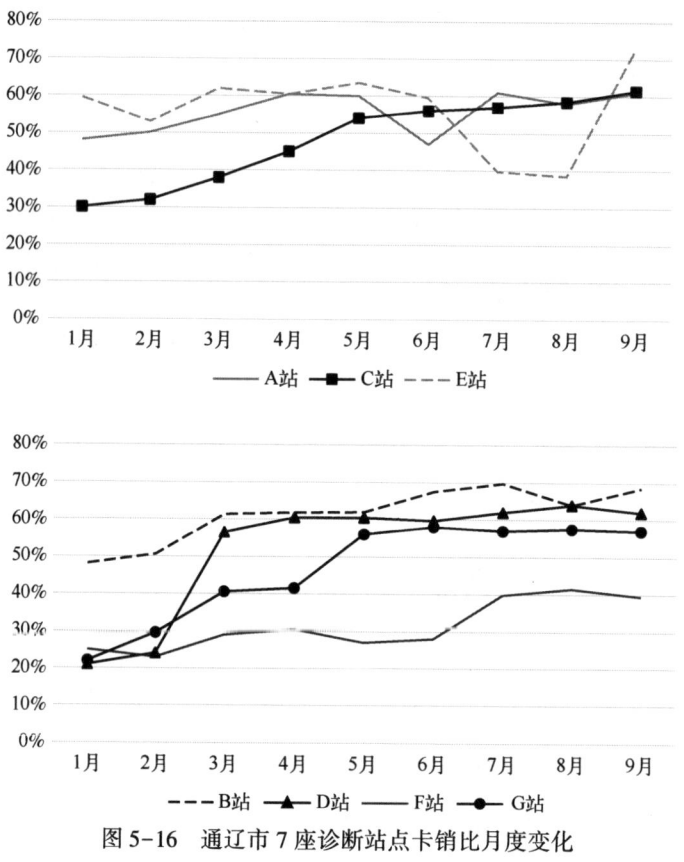

图5-16　通辽市7座诊断站点卡销比月度变化

3. 营销效果

2019年，7座诊断站点整体营销支出增幅呈下降趋势（图5-17）。1—6月，诊断站点营销支出月均213万元，7—10月的月均营销支出167万元。10月实现了营销支出同比下降19%，但销量同比上升0.2%的情况，说明该月营销政策效果显著。

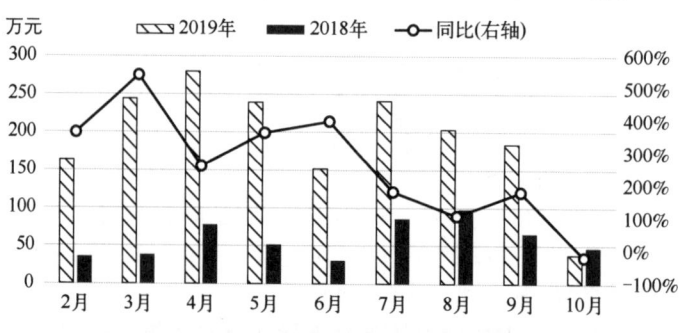

图5-17　通辽市7座诊断站点营销支出同比变动

（二）各站点目标实施情况

7座诊断站点的目标实施情况需在区域的整体框架之下进行横向对比，同样划分油品销量、用户结构、营销效果三个领域，来进行考察和效果评估。

1. 油品销售情况

依据站点分组情况，分别对开发区团队和科尔沁团队进行站点油品销量变动的横向对比分析。A加油站油品销量（6月改造销量按照前5个月均值计算）在1—9月份同比增长30%，开发区团队整体同比下降13%。其中，6—9月份，A加油站销量同比上升26%，较开发区团队总体销量同比高出40个百分点（图5-18）。

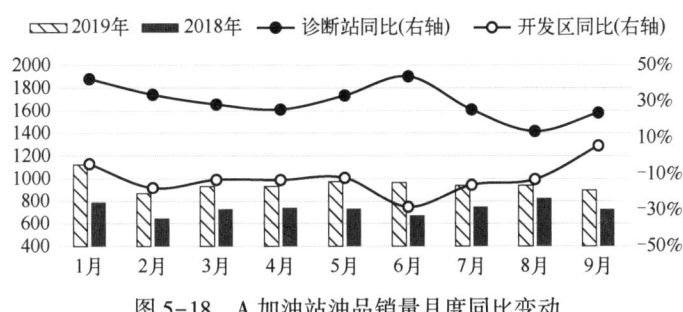

图5-18　A加油站油品销量月度同比变动

C加油站油品销量在1—9月份销量同比下降18%（图5-19）。其中，6—9月份C加油站销量同比下降13%，而诊断优化开始前（1—5月份）销量同比下降19%，销量降幅收窄了6个百分点。

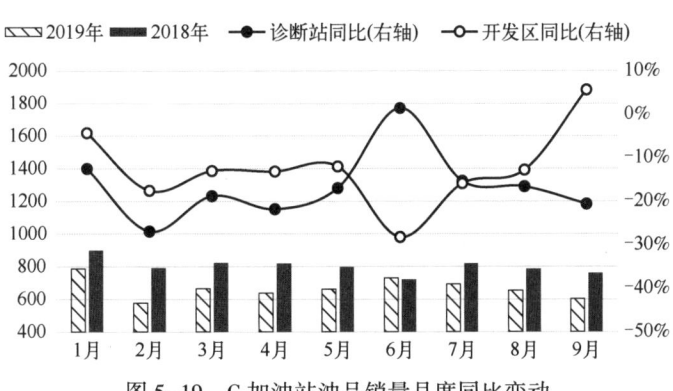

图5-19　C加油站油品销量月度同比变动

E加油站受A加油站下半年优化改造的影响，2019年6月销量较大。1—9月份，该站销量同比下降10%。6—9月份，该站销量同比增长12%，而诊断优化开始前（1—5月份）销量同比为-27%（图5-20）。

G加油站油品销量同比增速好于片区，D加油站油品销量同比降幅收窄，B加油站与F加油站与片区同比增速相比保持稳定。科尔沁团队整体同比增速为-13%，G加油站在1—9月份销量同比增长19%，6—9月份，该站销量同比增长6%（图5-21）。D加油站在1—9月份销量同比下降9%，6—9月份，该站销量同比下降7%，而诊断优化开始前

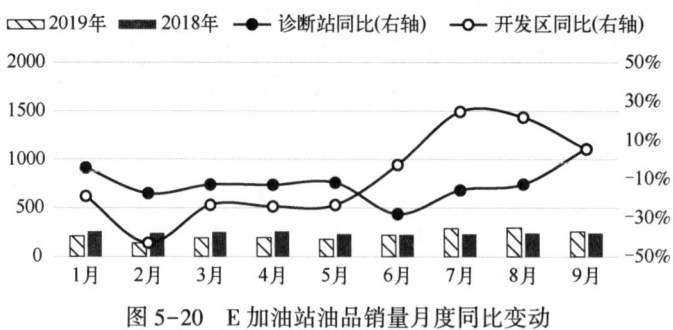

图 5-20 E 加油站油品销量月度同比变动

（1—5月份）销量同比为-11%，销量降幅收窄了 4 个百分点（图 5-22）。

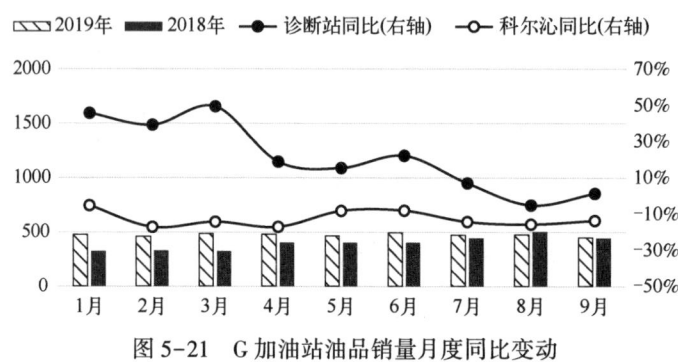

图 5-21 G 加油站油品销量月度同比变动

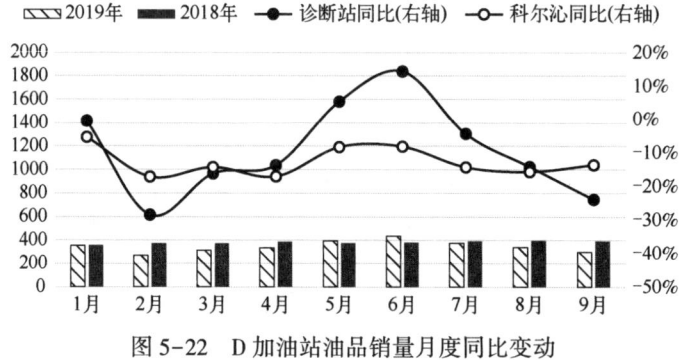

图 5-22 D 加油站油品销量月度同比变动

2. 用户卡销比调整情况

结合各站点营销策略的优化进程对比发现，开发区团队中，A 加油站在 9 月随着挂牌降+阶梯卡折扣的营销策略实施，卡销比有所上升；C 加油站随着持卡折扣力度的加大卡销比有所增长；E 加油站在 6/7 月的策略是挂牌降价，卡销比持续下滑，但随着 8/9 月深度会员日的开展，该站卡销比有了明显的提升（图 5-23）。

（三）加满竞赛活动实施情况

2019 年 9 月，区域诊断与优化方案落地的第二阶段基本完成后，中国石油的课题研究

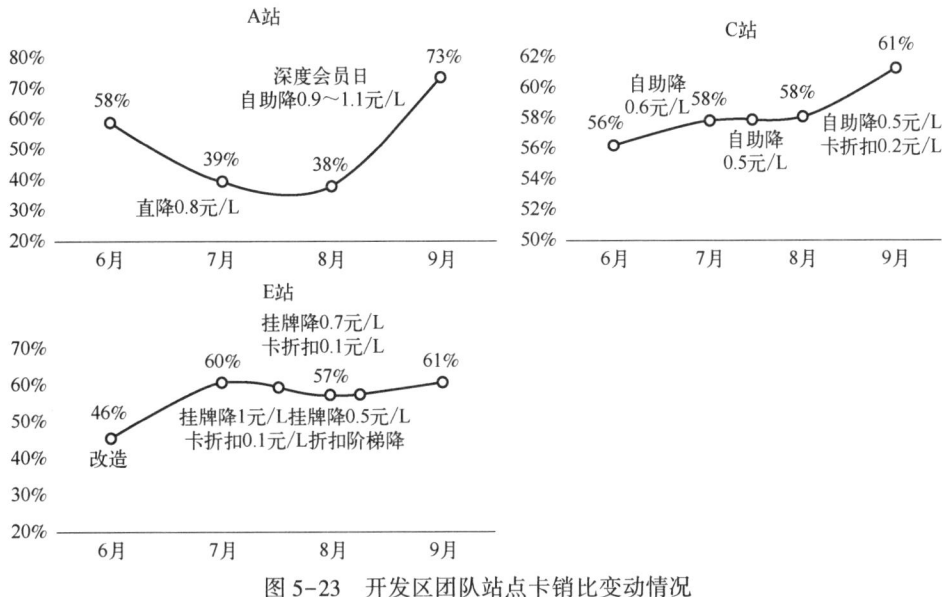

图 5-23　开发区团队站点卡销比变动情况

团队在区域优化的第三阶段，设计并开展了为期一个月的加满竞赛活动。按照基础加满笔数超过 200 笔，并考虑销量规模，将 7 座诊断站点分为两组考核：第一组为 A 加油站、C 加油站、G 加油站；第二组为 E 加油站、B 加油站、D 加油站、F 加油站。竞赛设置了 4 个奖项作为站点竞赛的激励机制：加满奖、新高奖、挑战奖、先进奖。最终，加满竞赛显著提升了通辽市各站点加满笔数，整体日均加满笔数从 1659 笔增加到了 1935 笔，提升了 16.7%。

1. 加满奖奖励情况

加满奖起奖值为各站点 2019 年 9 月 1 日—15 日的日均加满笔数，加满的标准为 92 号汽油 200 元、95 号/98 号汽油 300 元。加满笔数超出起奖值 200 笔的每笔奖励 3 元，奖励按日兑现。

竞赛结束后，7 座诊断站点均获得了加满奖励。奖励金额前三名为：C 加油站奖励金额 9972 元，G 加油站奖励金额 7443 元，A 加油站奖励 5100 元，F 加油站奖励金额 2607 元。

2. 新高奖奖励情况

新高奖指单日油品加满笔数创本组开赛以来日新高的站点，可获奖励 50 元/日，按日兑现。

第一组中，A 加油站 92 号汽油加满笔数从初期的 387 笔提升到了最大的 595 笔，提升了 54%；G 加油站 95 号汽油从初期的 65 笔提高到了最大的 197 笔，提升了 203%；第二组中，D 加油站 92 号汽油从初期的 145 笔提升到了最大的 218 笔，提升了 50%；B 加油站 95 号汽油从初期的 38 笔提升到了 87 笔，提升了 129%。

3. 挑战奖奖励情况

挑战奖指超出起奖值加满笔数的 1.15 倍的加油站点，均可获取奖金 2000 元，竞赛结束后兑现。最终，C加油站和G加油站赢得了超出起奖笔数1.15倍的挑战奖。其中，C加油站汽油加满笔数起奖点为316笔/天，在活动期间均值为423笔/天，增幅为34%；G加油站汽油加满笔数起奖点为232笔/天，在活动期间均值为310笔/天，增幅33%。

4. 先进奖奖励情况

先进奖指完成挑战奖的加油站，可获得卖油郎专题线下年会活动名额2个。最终根据挑战奖的结果，公司选派了C加油站和G加油站各1位经理赴天津参加了卖油郎年会活动。期间两位经理与全国优秀站点经理进行了深入沟通交流，并在天津大顺站进行了新一轮的全流程诊断及营销方案优化。

第六章 全流程诊断与优化体系未来发展

结合全流程诊断与优化体系的理论升级需求，和加油站点在新能源汽车行业兴起冲击下的转型需求，本章展望了全流程诊断体系在这两大领域的未来发展方向。理论方面，全流程诊断与优化体系的扩展与升级需要在时间性、空间性、功能性三个维度上协同发力，建立全流程三维工作法；行业动态发展方面，围绕新能源汽车补能、汽车后市场、车主生活补给并兼顾燃油车燃料加注等多方面需求，将现有加油站升级为综合能源服务站，是公司销售业务实现转型的最经济方式。

第一节 全流程三维工作法

一、概念解读

中国石油零售业务的进化与国内加油站行业的发展基本同步，同时更加体现了各类型发展的特征，即零售业务三个维度：时间性、空间性、功能性。概括地讲，时间性指的是加油站的生命周期，客户的管理周期，营销工作的实施周期；空间性指的是站级层面的单站与多站经营，以及管理层面的多个层级划分；功能性指的是在以零售为核心的导向下，零售业务运营与投资、工程、非油、信息、薪酬、营销等各个方面结合，从而实现零售业务的更大提升。

全流程诊断优化的扩展与升级需要三个维度的协同发力。时间上不但指客户站内服务周期，还包括站后的维护，以及单站建设前、投运前的规划与定位。空间上，不但指本站，还包括与周边站的关系，本站上级管理部门的应用。功能上，不但有本站运行，还包括上级管理运行，以及多种服务与产品的管理提升。因此，全流程诊断与优化的进一步升级，是建立基于时间维度、空间维度、功能维度的零售业务全流程三维工作法（图6-1）。时间维度上，往前向加油站商圈分析延伸，往后向基于客户和竞争对手分析的零售营销体系扩展；空间维度上，由加油站的零售运营管理拓展到区域零售运营管理、全国零售运营管理；功能维度上，将油品零售的运营与配送、投资、工程、信息、非油业务等进行有效融合。

零售业务的时间、空间、功能三维工作法，是解决某项零售工作的方法论与切入点，其应用方式主要遵循"时间—空间—功能"的先后顺序，对于具体的零售工作进行类型甄别及对应解决方法的确定。即某项零售工作应首先确定时间周期，界定属于哪个阶段的任

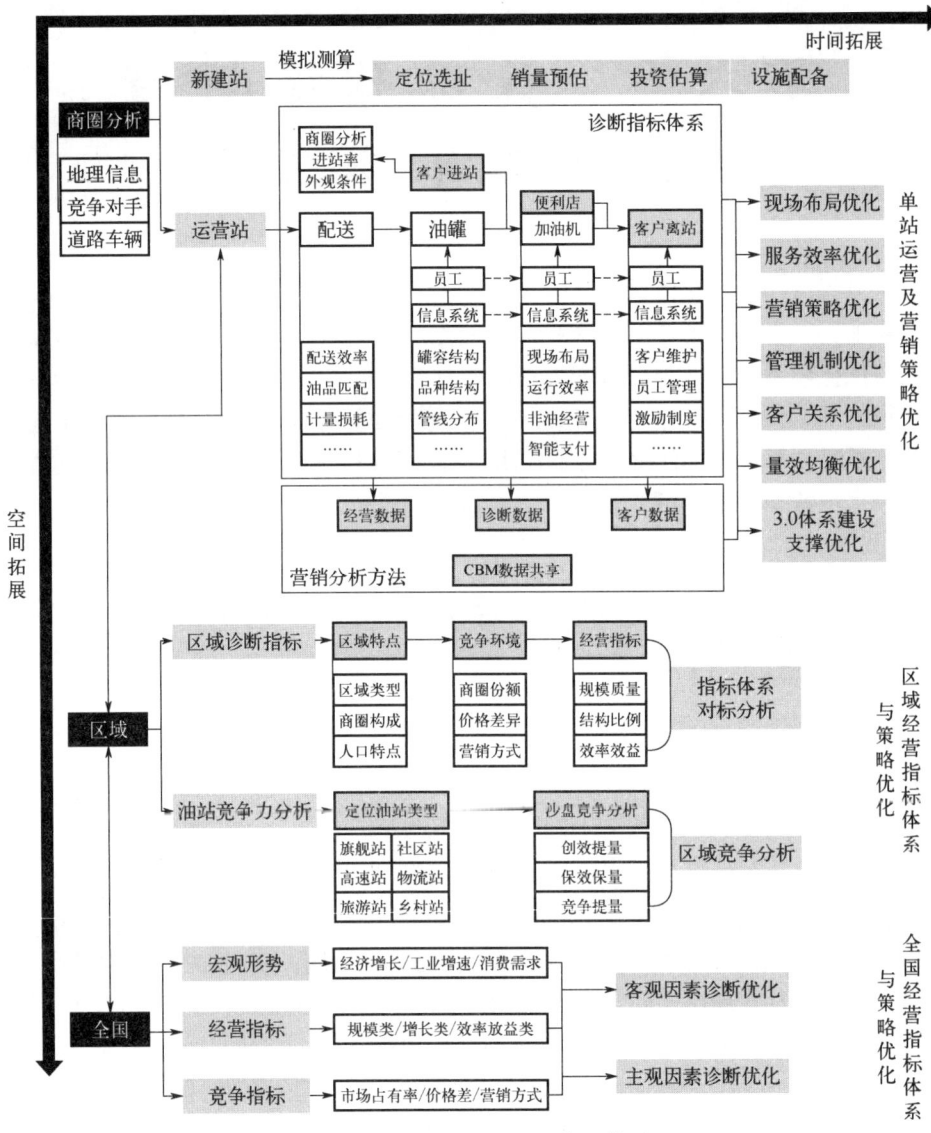

图 6-1　零售业务三维工作法体系

务；其次要扩展解决问题的空间维度，从更多的立体维度上综合寻找多个角度的解决方案，最好能够在更高的层次上看待问题，对于具体问题实现"降维打击"；最后，在各个空间维度上与零售业务相关的其他专业寻找内在联系，确保零售工作的问题得到解决方案的支持。零售业务三维体系的综合应用逻辑见图 6-2。

　　从理论演进路径来看，全流程"三维"诊断体系对于零售业务目前的现状需要以及未来发展趋势，均具有较好的应用前景。一是从设计依据来看，全流程"三维"诊断体系紧密围绕销售公司零售业务所覆盖的 17 个方面的管理职能，分门别类归集于不同的维度，提出了面对零散复杂的零售业务工作内容的抽象与提炼，便于建立体系化的工作认知与抓手。二是结合三个维度的划分，进一步细化每个维度的工作着力点，与中国石油零售业务近年来积累的各种工作经验、模型算法进行结合，将已经成型的成果嵌入零售业务工作的

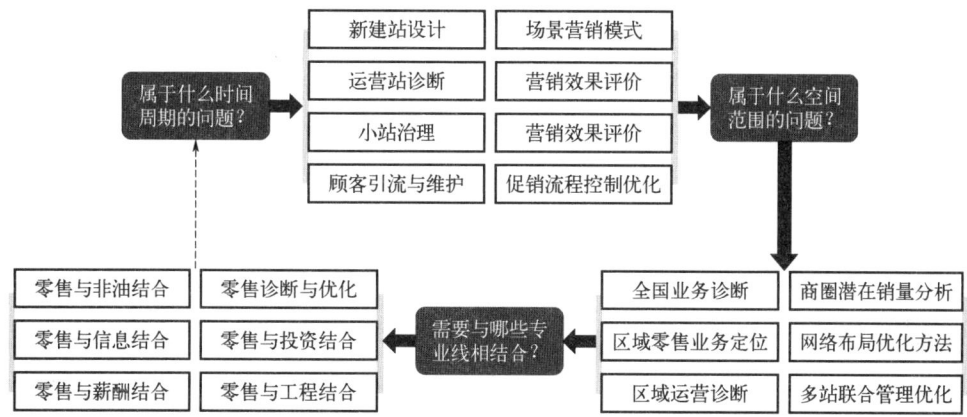

图 6-2　零售业务三维体系综合应用逻辑

各个方面，仍然有待研究的地方进一步开展理论探索，如此将有利于提高零售业务管理与决策的科学性。三是该体系也适合中国石油的企业特点以及行业未来发展趋势。四是三个维度的思考方式遵循了人们对世界基本和普遍问题进行研究的哲学方法论，面对日益复杂的中国成品油零售市场，能够以不变应万变，最终取得预期的目标。

二、时间维度诊断与优化

从时间维度来看，包括如下五个方面。

（一）加油站生命周期

对于加油站实体本身而言，包含从新建站点的选址设计、投资评估到投运后的运行及优化，以及因市场变化和内部管理等原因成为需要治理或处置的低销低效站，具备典型的时间属性。

（二）供应链管理周期

供应链管理周期对于保障油品供应的及时性至关重要，能够防止因供应链中断而导致的油品短缺，确保加油站正常运营。同时，通过精细管理供应链周期，加油站可以有效控制成本，减少不必要的费用支出，提高盈利能力。此外，高效的供应链管理还能提升运营效率，使加油站更快速地响应市场需求，提高客户满意度，并降低运营风险。

（三）客户开发周期

对于加油站服务的客户对象而言，从客户的引流、客户维护到成为忠诚客户，也需要经过时间的积累与沉淀。

（四）营销场景周期

对于加油站的营销场景而言，从各个触点的场景营销模式设计，到营销后的效果评估，以及促销流程的控制和优化，无不体现着时间维度的管理。

（五）促销流程周期

从营销策划设计、实施、评估三方面，打造优质零售促销方案。先后流程为，按照评估价值、锁定目标、确认形式、策划精巧的原则进行营销策划设计；按照宣传推广、过程督导、竞赛激励、据实微调的做法实施营销活动；依据平衡量效、同期对标、客户体验、氛围营造的原则进行活动效果评价。

时间维度内容范围如图6-3所示，诊断细化内容见表6-1。

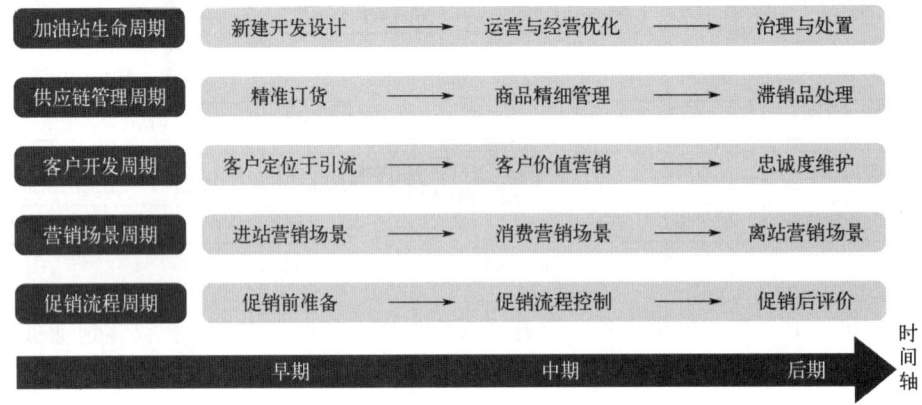

图6-3　时间维度内容范围

表6-1　时间维度诊断细化内容

序号	新建站诊断	小站发展潜力评估	运营站供应链管理	顾客引流与离站维护	场景营销模式设计	营销效果的后评价	促销流程控制与优化
1	考虑因素	范围界定	合理库存水平测算	目标顾客群体确定	营销客户的分类	营销方法评估体系	促销流程设计
2	选址方法	成因分析	油品库存补货优化	顾客引流方式设计	场景营销方式分类	单站评价方法	促销计划制定
3	关键参数	潜力测算	主动配送模式设计	顾客忠诚度影响因素	客户进站场景营销	多层级评价方法	促销活动准备
4	功能设计	优化原则	非油订货模式优化	客户忠诚度分级	客户消费场景营销	营销方式评价方法	促销活动实施
5	运营模拟	优化措施	非油滞销品处置优化	客户维护方式设计	客户离站场景营销	—	促销效果评估
6	—	处置方式	—	—	—	—	—

三、空间维度诊断与优化

从空间维度来看，按照区位大小，可以从全国下至省份、地市，直至站级商圈。包括如下五个方面。

（一）战略定位

全国层面体现在发展战略的制定，区域（含省份、地市）层面体现在市场主体的科学定位，站级商圈层面体现在市场容量及份额的测定。按照战略研究的经典理论和分析架构，首先从研究目标区位零售业务面临的外部环境入手，先后分析外部总体环境、行业环境、竞争环境以及国内外与业内外零售业态的比较，定位中国石油零售业务的发展阶段和面临问题；然后，进一步分析公司零售业务所具备的资源、能力、外包业务等内部环境，初步提出公司零售业务的核心竞争力，包括品牌价值、人力资源体系、基础管理、专项工作等。通过对内外部环境的研究，深入剖析公司零售业务的优势、劣势、机会、威胁，完成SWOT矩阵分析。基于上述分析，提出了中国石油零售业务发展的战略，以及实现零售战略目标需要实施的方案。当然，从全国到区域，再到站级商圈，战略的制定与执行应呈现自上而下的统一，即站级商圈的形势分析需要服务于经营主体在区域层面的市场定位，区域层面的市场定位也要考虑全国层面的零售业务战略导向。

（二）业务诊断

全国层面体现在典型业务指标的跟踪监测、与其他行业主体的对标分析，其目的是评估当前企业总体的零售业务发展是否健康，把握业务发展思路的正确性，找到与竞争对手的差距以及工作改进的总体方向。站级商圈层面体现在对于以客户消费体验为主线，围绕客户进站、站内消费、离站维护等方面设计诊断指标，发现加油站运营中的瓶颈问题；站级商圈的诊断可以是单座加油站的诊断，也可以是商圈内所有加油站的总体诊断，通过确定商圈内不同加油站的市场定位和各自特征，实施不同的优化策略，取得商圈内业务量效的最大化效应。区域层面的业务诊断则兼顾全国层面与站级商圈层面的特征，既关注宏观业务运行的情况，也关注站级的运营诊断；区域诊断重点关注不同地区之间诊断结果的对标对表，比如站点诊断率、单车加油量、进站率、非油客单价、人均劳效等，尤其是经济发展状况、人文地理环境相似的地区，其对比的结果更具有参考价值。

（三）网络优化

由于汽油、柴油客户的群体特征存在较大差异，全国层面的网络优化主要体现在柴油站方面，尤其是重点线路、重点站点的测试、选择与优化上；商圈层面的网络优化主要体现在汽油站方向；区域层面的网络优化可以兼顾汽油站和柴油站。综合各种形势判断，柴油市场已经完全市场化，资源过剩、网点过剩，加之非标油、无票油大量冲击，线上平台大举进入，国家放松流通监管，已经处于一个比完全市场化更加难以应对的经营局面。物流车辆续航里程超 1000km 将是普及性的，能源补给超 1000km 将会是常态，人员补给大概率在 500km，为跨区域运输车辆服务的柴油站点大型化、多功能化是趋势，站点过剩是现状，后续竞争将导致大批站点快速贬值。中国石油的区内市场需要进行站点资源重整优化，率先打破行业现有经营格局，同时为未来掌握线路份额和话语权下先手棋。站级商圈层面体现在各站点的量效定位以及营销策略的协同，这就需要研究商圈内各站的汽油客户类型，主要客户类型的消费偏好和痛点，结合加油站的软硬件条件，通过运营优化和营销策略的设计，取得商圈零售营销效果最优以及终端站点的选择与打造。区域（含省份、地市）层面的网络优化则体现在重点商圈的选择与营销资源投放，不再展开详述。

（四）管理创新与优化

全国层面的管理创新与优化主要体现在零售专项工作的提升、新业务的开拓、管理方式的精细化等方面，这些管理创新需要捕捉零售市场变化的新趋势，设计出适合未来发展方向的管理提升方法与目标。区域层面的管理模式优化应该是符合总部层级管理创新的总体部署，设计出一系列可以落地的管理创新模式并付诸实施，比如加油站特许经营模式、站级阿米巴经营模式、旗舰站标准与打造等。商圈层面的管理模式优化主要是实施区域层面管理模式的优化设计，在经营实践中检验管理创新与管理模式的应用效果，不断总结经验与教训，修正并提升原有的管理模式设计，形成中国石油零售业务特色的管理方法。

（五）竞争力评价

竞争力评价主要体现在全国层面和区域层面，主要是基于一定地域空间范围内的经济发展情况、自身及竞争对手的经营情况，做出对于自身竞争力的客观评价。其目的主要是确定中国石油全国层面的竞争力情况，找出差距，制定优化提升措施，同时从上而下观察分析各个区域的竞争力情况，区分出高效与低效市场，制定有针对性的经营策略。经营管理提升要坚持对标先行、精准对标，有的放矢研究实施提升措施，最大限度发挥对标价值和作用。竞争力指标上，重点围绕市场发展、业务运行、财务管理、风险管控、人力资源价值提升、信息化建设、新能源发展等方面，健全完善量化指标，以对标理念确定竞争力强弱。具体到对标维度上，坚持横向对标、纵向对标和内部对标相结合，横向对标要紧盯世界一流，关注行业标杆；纵向对标要关注本单位历史数据，明确劣势潜力，找准着力点；内部对标要关注同类兄弟单位先进指标，博采众长，完善提升。对标方式上，坚持问题导向、目标导向，注重引入对标工具和方法，确保对标措施可操作性、对标效果可量化、对标过程可检查、对标目标可实现。空间维度内容范围及诊断细化内容分别见图6-4和表6-2。

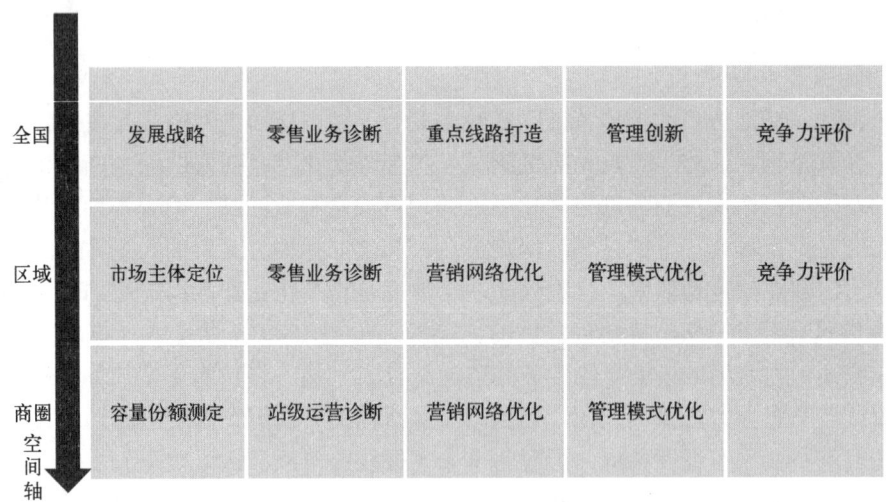

图6-4 空间维度内容范围

表6-2 空间维度诊断细化内容

序号	全国业务诊断方法	区域零售业务定位	区域运营诊断指标	商圈潜在销量分析	网络布局优化方法	多站联合管理优化
1	宏观行业指标	宏观行业指标	总体业务指标	市场分析法	单站价格敏感性分析	多站联合适用条件

续表

序号	全国业务诊断方法	区域零售业务定位	区域运营诊断指标	商圈潜在销量分析	网络布局优化方法	多站联合管理优化
2	竞争对手对标	区域市场分类	油品诊断指标	专家经验法	汽油重点站分析方法	站经理的选拔方式
3	发展战略分析	市场地位分析	非油诊断指标	网格调查法	柴油重点站评估方法	站经理的权责赋予
4	核心业务指标	重点方向确立	客户诊断指标	大数据分析法	网点优化流程与标准	绩效考核体系设计
5	重点线路打造	—	策略诊断指标	—	—	—
6	专项工作监测	—	—	—	—	—

四、功能维度诊断与优化

从功能维度来看，可以进一步深化原有全流程诊断与优化的深度，扩展诊断与优化的广度，由原来的重点针对加油站油品零售诊断拓展为零售与投资改造的联合诊断、零售与工程建设的联合诊断、零售与非油业务的联合诊断、零售与信息技术的联合诊断，以及零售与薪酬分配的联合诊断，真正实现以零售为核心的销售业务发展体系。

在近几年的加油站诊断中发现，一些诊断出来的问题单单依靠站在零售业务一条专业线的角度来看不一定合理，其优化措施仅仅依靠零售业务线也难以解决，必须发挥其他业务线的综合力量进行解决。因此，全流程诊断的功能维度上进一步将零售诊断拓展为零售与其他业务线的联合诊断。当然，这些结合并不是抛开零售业务去研究其他业务线的内容，而是从可能会对加油站油品零售业务运行有影响的方面，找到油品业务与其他业务线的结合点，或者从保障零售诊断发现的问题能够得到解决的角度出发，对于诊断所发现问题的优化措施提出一些工程、投资、信息、非油、直批、人力资源、薪酬等方面的综合优化建议。

功能维度诊断细化内容见表6-3。

表6-3　功能维度诊断细化内容

序号	已有诊断指标的升级	零售与投资效益诊断	零售与工程建设诊断	零售与非油业务诊断	零售与信息业务诊断	零售与薪酬分配诊断	站级营销策略诊断与设计
1	部分指标算法的优化	投资工作流程	加油站工程建设原则	非油业务在零售中的作用	加油站信息化发展背景与应用	多站联合适用条件	营销策略优劣势诊断
2	新增诊断指标的设计	投资改造关注的重点	新建加油站工程的前置条件	主要分油品业务	零售业务中存在的信息化问题	站经理的选拔方式	营销策略重点的确定
3	落后诊断指标的淘汰	投资改造效益测算	优化加油站工程的关联指标	非油业务关注的重点	信息业务诊断与优化方法设计	站经理的权责赋予	营销策略的调整优化

序号	已有诊断指标的升级	零售与投资效益诊断	零售与工程建设诊断	零售与非油业务诊断	零售与信息业务诊断	零售与薪酬分配诊断	站级营销策略诊断与设计
4	诊断体系逻辑的调整	诊断与优化方法设计	优化工程建设方法设计	非油诊断与优化方法设计	加油站信息化建设提升途径	绩效考核体系设计	营销策略的设计方法
5	—	投资改造风险评估	—	—	—	—	营销策略的效果预估

第二节　综合能源服务站

基于行业动态发展视角，随着新能源汽车产业进入加速阶段，汽柴油需求的下降将为加油站经营带来直接冲击。因此，围绕新能源汽车补能、汽车后市场、车主生活补给并兼顾燃油车燃料加注等多方面需求，将现有加油站升级为综合能源服务站，是公司销售业务实现转型的最经济方式。

综合能源服务站是一种新型交通能源供应站，集电能、天然气、氢能及清洁油品等两种或两种以上供给服务功能于一体，是以屋顶光伏、微风发电、智慧储能、智能微网为补充，兼具物流中转、旅游中继、新零售、文化印象等功能于一体的数字化智慧型绿色低碳公共基础服务设施。与相对独立的传统能源供应系统相比，综合能源服务站在规划、建设和运营等方面能够统一协调优化，从而有效简化能源链、减少用能和服务成本，以实现节能降耗、低碳绿色。为实现"双碳"目标，未来加油站也将朝着"综合能源服务站"演进，整合加油、加氢、加气、充电等能源服务与非油服务于一体，不断完善服务细节、提高服务质量、拓展服务范围、升级服务内容，其核心目的是让消费出行更高效、生活更便捷、消费更实惠。

这就对未来综合能源服务站运营体系提出了更高要求，要在建设前对能源商业模式、非油功能补充等进行选择诊断；还要针对综合能源服务站具体运营开展类似加油站的全流程诊断。

一、建设诊断

基于地理信息挖掘、商业模式匹配等大数据挖掘的商业分析技术，开展对加油站周边商业生态的准确识别与定位，为加油站打造适用的商业生态商品与服务组合提供诊断技术支持。

（一）地理信息聚类

新建、改建加油站针对站外的环境、客户、竞争业态等调研、分析目前大部分为定性、经验性的分析结论，缺少科学的、精准的工具，应针对此项内容开展相应的设计工作。商业分析体系、流程的搭建，将针对站外的客户需求情况进行全方位立体化展示，为客户需求与站内各项功能设计提供理论支撑，精准确定功能、规模及相应场景，为加油站建设提供合理决策。商业分析通过模板采集数据、通用分析、个性化分析、单项分析，按照"数据采集→自动生成结论→多维度分析→模型构架→数据库对标→精准生成"形成商业功能分析方案，达到加油站功能配置的目的并实现提量增效。商业模式分析研究方法与技术举例见表6-4。

表6-4　商业模式分析研究方法与技术举例

研究方法		研究技术	
研究方法	内容说明	研究技术	内容说明
多维度指标分析	根据不同维度，统一指标分析	多元统计分析	多元统计分析
实证研究法	自变量与某一个因变量的关系	分析模型构建	个性化管理模型创新
规范分析法	规定判别标准，制定判别指标	图像智能识别	人工智能图像识别
对标分析法	同类比较，对标参考	数据挖掘	大数据挖掘和梳理
归纳总结法	将规律或结论进行归纳总结	数据采集	网络数据采集
演绎法	通过总结的规律进行推理演绎	地理信息技术	地理信息技术数据应用等
踏勘调研法	实地勘测、测量、估算	图表自动生成	自动生成、匹配图表模块
问卷调研法	使用问卷调研方法	文字自动生成	自动生成文字报告
专家经验法	专家经验获取	自优化算法	自主优化数据和文字内容算法

以新能源功能测算为例，通过新能源选址模型的逻辑、规则及相关指标，对采集的相关数据进行数据判别，结合项目外部条件分析车辆需求，再结合项目内部条件形成与需求相匹配的功能选择结果，自动生成新能源功能表，见图6-5。

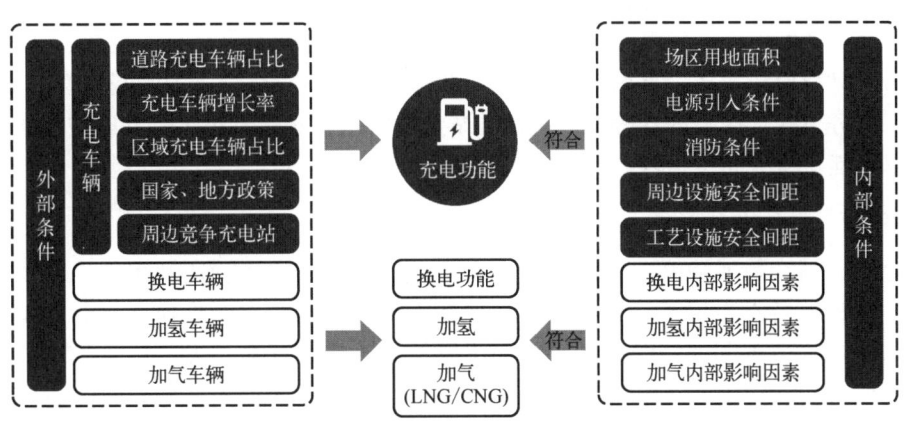

图6-5　新能源模式分析研究示意图

（二）经济性评估

考虑加油站进行商业功能的分析、转型、匹配需要结合投资工程情况进行测算分析，拟从投资经济性的角度对测算形成的方案进行评估诊断。

工程投资方面，根据总图平面布局、建筑平面布局、便利店平面布局，场景打造档次，设备设施匹配档次，将不同分类的站级分成多个档次，建立投资配置表，形成标准投资。同时，考虑时间系数和不同地区系数，根据材料价格走势，对比同类型站，合理分析，对偏离指标的单元，及时纠正，快速精准估算。

投资收益方面，根据工程投资、预测销量、基本参数、土地成本等完成成本测算，形成成果文件，完成现金流量表的汇总整理，计算出内部收益率和投资回收期。与标准测算成本对比，及时纠正，见图6-6。

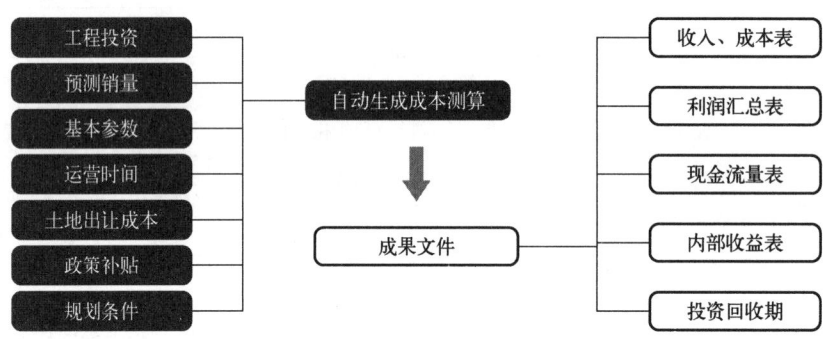

图6-6 经济性评估方法与输出示意图

二、运营诊断

传统油气供应商围绕交通出行革命性变革加快进军新能源供能业务，国内的综合能源服务站也逐步成型发展。随着综合能源服务站点数量的增长和业务转型的需求，综合能源服务站运营中存在的痛点也进一步显现，站点运营水平亟待提升。参考加油加气站已有的运营方式，综合能源服务站运营要囊括4个方面：一是功能或产品运营，包括多种能源种类、非油品业务和服务；二是基本的场地与安全管理，包括能源补充的现场、后台巡检、财务账务、计量应急等多个方面的业务流程和制度建设；三是对员工的基本管理和培训，包括员工服务方式、服务内容等规范；四是站点的营销方式、营销工具和客户维护等。基于此，综合能源服务站运营诊断的方向探讨如下。

（一）产品管理诊断

综合能源站产品或功能，包括光伏、充换电、加氢、加气、便利店等，以及人车相关服务。从运营特点看，产品或功能的管理并不是简单加总，而是独立运营的关系。对于车辆需求来说，不同的能源产品对应的车辆结构、特点存在较大差异；对于消费者来说，不同的客户群体对服务和非油商品的需求也存在差异。比如，从不同能源供需的角度来说，光伏是综合能源服务站节能低碳的重要方式，是站点运行中本身所需的能源，与消费者并不直接产生连接。而油气氢电非等产品则是加油站提供的主要产品和服务，消费者有明确需求和偏好，大到不同站点能源种类的分布，小到油品电力的价格、质量等，都是消费者关注的产品问题，也是站点在产品差异化和精细化方面需要细化管理的重点。

进一步来看，在单一能源产品管理的规范和精细化以外，综合能源站还需要额外考虑整体的产品管理。宏观角度，是指不同能源产品在不同区域、不同站点、不同时间节奏上的布局和周转，可能涉及资源、渠道、运输等一系列体系化的问题。比如，优先选择新能源汽车市场较为成熟的东部、南部区域，完成特定类型站（高速站、出租车场站、老旧社区周边站等）的充换电布局；光伏方面，优先支持光照资源丰富、电价合适区域的站点；氢能布局方面，主要考虑客户车辆情况，并紧密结合国家氢能发展策略、地方氢能发展规划及国家示范城市群建设，选择发展规划目标明确、支持力度大、配套政策落实的地区优先开展示范站建设。微观角度，则是在不同消费者群体中细化需求，增加产品附加值方面的精细化问题。汽柴油本身除了关注产品的数量、质量、计量等以外，需要站内将品号进行细致划分，以进一步区分消费者群体和其特点，进而与非油品、汽车服务等方面形成协同。同样的，充电方面要关注用户的特点和站点的场地情况，合理设置快充、慢充桩位，同时还要考虑大型车辆在站内的转弯运行等情况，结合车辆和人员休息需求与餐饮、服务等功能实现联动。换电、加氢的应用场景当前没有特别广泛，主要是针对企业和车队等用户，需要综合考虑车辆管理者的管理需求。

（二）现场与基础管理诊断

一般来说，综合能源站的现场与能源补给的种类有关。比如，油气合建、油氢合建，会存在加油现场和加气现场、加氢现场，主要是管线、设备、能源储存等方面的差异。不同现场既要考虑安全距离等要求，也要考虑充值、收银等"中台共用"。从基础管理来说，一般的安全、巡检、核算、信息系统等与加油站管理基本一致。

从充电来说，充电桩一般占地较小，按标准停车位测算，每个标准停车位 6m×2.7m（16.2m²），两个车位中间尾部安装一个充电桩（一桩两枪）服务两个车位的车辆。换电现场要求较高，一般面积要求在 200~300m²，加电设施要满足间距要求，车辆进出换电设施的动线设置等均受场地限制，且对人员操作要求较高。加油站便利店、员工宿舍等建筑的水泥平屋顶无遮挡，具有良好的承载力，满足安装光伏组件对场地的理论要求。在不超过承载能力的情况下，加油站罩棚也满足安装光伏组件对场地的基本要求，且加油站罩棚的面积一般比便利店、员工宿舍等建筑屋顶面积大，更容易形成规模效益。储能的要求更高，要考虑放置室外的防水隔热问题，放置室内的消防安全预防措施等问题。加氢站一般较为特殊，根据外供氢气、电解水制氢和天然气制氢等供氢方式不同和加注能力差异，加氢站占地面积不同，但多数加氢站占地面积在 1500~5000m²。

现场管理的复杂性还表现在对功能的区分和安全的预警等方面，比如油氢合建站需要实现功能区严格划分和相对隔离，确保合建站内加油、加氢安全。一般而言，将合建站分为加油设备区、加氢设备区、加油加注区、加氢加注区、商业区五个功能区域。根据合建站实际情况，功能区域可以灵活调整。加油区和加氢区地面设置隔离沟，或者加氢区地面略高于加油区，避免逸散的油气向加氢区扩散。

（三）员工管理诊断

员工的管理与一般加油站员工整体管理运营基本一致。主要差异是，员工对不同能源设备操作熟练程度和安全应急演练等专业方面的要求程度。因此，在一般的员工管理内容上，需要增加专业的技能培训设计，包括不同能源产品的操作方式、不同类型消费者的服务重点、站内安全合规管理、应急演练等。

综合能源服务站对员工管理的挑战在于，对员工技能的要求更高，需要对员工进行更为全面的培训。站内员工需要同时学习不同能源产品和设备的操作方式、安全防范、计量核算等要求，有时甚至是跨专业的技能学习，比如油气专业和电力专业等。一方面，技术上对综合能源服务复合型人才的需求更高，要求现场的技术人员在不同能源产品操作技能方面既有专长，又能够做到多能兼顾。另一方面，则对站内的管理和培训提出了更高的要求。管理人员在不同专业线方面的安全检查、经营管理要做到面面俱到，应对的政府管理、客户需求、员工类型也更加多样化，这需要较高的管理水平和职业能力；培训方面则需要针对性地、不同模块不同主题高频次开展，特别是在站点初步运营时期，培训是站内提高技术管理水平的重要内容。

宏观角度来看，员工管理的另一个重要主题是考核与激励的标准化。不同任务、不同操作技能的员工在市场中的薪酬本身就存在差异，但是在同一个站内需要按照统一的标准进行考核、量化、激励。这就对原有的加油站班组工作提出了新的挑战。对于不同任务班组的任务分解、量效考核、薪酬测算等，需要站内、上级公司进行合理的测算并形成相应的制度，保证公平合理并有效调动员工的积极性。比如，产品的考核指标包括哪些，不同指标水平代表的劳动量和薪酬兑付情况如何，站整体的任务如何分解到班组和个人，如何平衡不同技能员工之间的工作导向等，都是需要重点考虑和解决的问题。同时，综合能源服务站不同能源产品的"峰谷"规律差异，为实现站点总效益和效率的提升，对站内的管理提出了更高的要求。

（四）营销与客户管理诊断

这需要在原有基础上进一步加强和明确。一方面，要基于消费者需求变化和支付方式、线上渠道等，分析客户特征和可能的营销需求。另一方面，要尽可能应用加油站已有的营销数据模型，对其他能源需求的客户开展营销。

比如，加气车辆一般是公交车、出租车，以及长途物流车辆等，可以按照单位用户、高频用户及柴油物流车主管理，通过客户维护、优惠促销、专项方案等开展；加氢车辆一般是大的单位客户，与当地的政策性相关联，营销重点是做好现场服务和管理；一般的充换电车辆，结合其充电时间需求、非油品及服务需求，可以开展针对性营销，如餐饮、娱乐；重卡换电，重点是做好与车辆企业的沟通合作，加强员工操作培训。整体而言，要建好客户数据库，充分利用智能化手段，做好精准营销分析和客户开发。

从营销角度来看，综合能源服务站虽然在能源供给种类方面有所增加，但是作为直面消费者的终端网点，其根本价值是通过满足消费者的需求来实现本身效益的提升，对已有的客流价值进行充分挖掘，这一点与传统的加油站是一致的。因此，综合能源服务站的营销角色依然是以网络为基础的消费连接，实现对核心客户、潜在客户、流动客户等不同需求的挖掘，最终实现顾客的让渡价值。一是需求匹配。将现场与客户互动形成的生活数据，按照不同能源应用将消费者需求集中起来，形成规模优势，进一步吸引相应的商家，扮演客户"中介"，为相互有业务需求的客户搭建平台、匹配资源。二是功能优化。因地制宜形成各具特色的服务项目，社区站主打便民服务，商务区站主打定制服务，国省道站主打驿站服务，等待时间较长的充电站提供餐饮服务等。三是场景连接。将不同的消费场景装入加油站，为客户提供省时间、省成本的就近消费。打造提货场景，与当地商户比如"盒马鲜生"合作，客户线上下单、油站取货；与快递物流比如"丰巢云柜"合作，开展快递收发业务。打造线上营销场景，通过直播互动，销售非油商品。打造主题场景，通过健康、军旅、变形金刚等场景创设，唤起客户的记忆元素和美好向往，实现从经营商品向经营客户转变，从单站竞争向价值链竞争转变。

习题

一、**单项选择题**（每题4个选项，只有1个是正确的，将正确的选项号填入括号内）

1. 全流程诊断的理论依据是（　　）。
   A. 全生命周期管理理论　　　　　　　　B. 全面质量管理的六西格玛理论
   C. 平衡计分卡理论　　　　　　　　　　D. SWOT分析方法

2. 枪位匹配比例小于0.8说明（　　）。
   A. 加油枪数量较车位数量冗余　　　　　B. 加油枪数量与车位数量较为匹配
   C. 加油枪数量较车位数量偏少　　　　　D. 加油枪数量与车位数量无关

3. 人枪匹配比例大于1说明（　　）。
   A. 需要增加高峰期当班人数　　　　　　B. 高峰期当班人数有冗余
   C. 加油站员工偏多　　　　　　　　　　D. 加油站员工偏少

4. 以下哪个指标不是站内体验（非油）的指标（　　）。
   A. 吨油非油收入　　　　　　　　　　　B. 站点品效指数
   C. 促销指数　　　　　　　　　　　　　D. 商品贡献率

5. 客户回头率在系统中是以什么指标体现的（　　）。
   A. 油品潜在销量　　　　　　　　　　　B. 单车加油量
   C. 客户净推荐值　　　　　　　　　　　D. 油品卡销比

6. 下列诊断指标中，一般作为对目标加油站诊断切入点的指标是（　　）。
   A. 商圈类型　　　　　　　　　　　　　B. 进站率
   C. 流程标准（平均）时间　　　　　　　D. 油品潜在销量

7. 非高速站点在测算潜在销量时一般选择（　　）km半径内的站点进行销量测算。
   A. 1　　　　　　　B. 2　　　　　　　C. 3　　　　　　　D. 5

8. 人枪匹配比例小于（　　）时，需增加高峰期当班人数。
   A. 1　　　　　　　B. 1.5　　　　　　C. 2　　　　　　　D. 3

9. 客户净推荐值在（　　）以上可视为情况较好可继续保持。
   A. 0.3　　　　　　B. 0.35　　　　　　C. 0.4　　　　　　D. 0.5

10. 加油站外观条件指标中，非高速站能见度的标准值为（　　）m。
    A. 300
    C. 1000
    B. 500
    D. 1500

11. 加油站外观条件指标中，高速站能见度的标准值为（　　）m。
    A. 300　　　　　　B. 500　　　　　　C. 1000　　　　　　D. 1500

12. 若总单车加油量处于上升态势，则说明该站的（　　）不断提升。
    A. 进站率　　　　　　　　　　　　　　B. 加满率
    C. 油非转化率　　　　　　　　　　　　D. 客户满意度

13. 未动销商品一般是指过去（　　）d 以上没有销量的商品。

    A. 14　　　　　　　　B. 30　　　　　　　　C. 60　　　　　　　　D. 90

14. 月消费频次在（　　）次及以上的客户一般被认为是固定客户。

    A. 5　　　　　　　　B. 4　　　　　　　　C. 3　　　　　　　　D. 2

15. 某站点上游有一座竞争站点，站前无隔离带，这个站点潜在销量中位置系数是（　　）。

    A. 0.9　　　　　　　B. 1　　　　　　　　C. 1.1　　　　　　　D. 1.6

16. 加油站外观条件指标中，进出口宽度的标准值为（　　）m。

    A. 10　　　　　　　　B. 12　　　　　　　　C. 15　　　　　　　　D. 20

17. 某站期初加油区内车辆数 10 辆，平均服务周期内出站车辆数 3 辆，本站拥堵情况是（　　）。

    A. 顺畅　　　　　　　　　　　　　　B. 轻度拥堵

    C. 中度拥堵　　　　　　　　　　　　D. 重度拥堵

18. 某品号枪位匹配比例大于（　　）时，说明该品号加油枪数量较车位数量偏少，应增加该品号加油枪。

    A. 0.8　　　　　　　B. 1　　　　　　　　C. 1.2　　　　　　　D. 1.5

19. 某站实际车道数为 4 条，加油机两排，采用普通布局，则此站的通行顺畅率为（　　）。

    A. 0.33　　　　　　B. 0.57　　　　　　C. 0.66　　　　　　D. 1.5

20. 员工激励指数大于（　　）说明本站员工激励到位，应保持现有分配方式。

    A. 50　　　　　　　　B. 60　　　　　　　　C. 70　　　　　　　　D. 80

21. 某站单车加油量 62L，则在合理用工数量指标中，人均日提枪目标为（　　）。

    A. 90　　　　　　　　B. 80　　　　　　　　C. 70　　　　　　　　D. 60

22. 某站目前用工人数 20 人，当前人均提枪次数 69 次，单车加油量 38L，店销毛利 4 万元，则此站的建议用工总数为（　　）。

    A. 15　　　　　　　　B. 19　　　　　　　　C. 23　　　　　　　　D. 25

23. 现行的全流程诊断与优化方法的指标数量为（　　）个。

    A. 8　　　　　　　　B. 28　　　　　　　　C. 35　　　　　　　　D. 41

24. 一般拥堵指数大于（　　）时，认为本时段内整体效率偏低，应进一步优化。

    A. 1　　　　　　　　B. 1.5　　　　　　　C. 2　　　　　　　　D. 2.5

25. 某站上月非油销售收入 60000 元，加油站面积 600m^2，其中便利店面积 100m^2，罩棚面积 400m^2，则本站的平效指数是（　　）。

    A. 100　　　　　　　B. 120　　　　　　　C. 150　　　　　　　D. 600

二、多项选择题（每题有若干个选项，至少有 2 个是正确的，将正确的选项号填入括号内）

1. 流程标准（平均）时间比采集数据时一般分为哪些阶段（　　）？

    A. 进站阶段　　　　　　　　　　　B. 停车阶段

    C. 沟通阶段　　　　　　　　　　　D. 加油阶段

    E. 消费、付款、开票阶段　　　　　F. 离站阶段

2. 以下属于加油站外观条件指标的有（　　　）。

A. 进出口宽度　　　　　　　　　　　B. 服装整洁性

C. 店面整洁性　　　　　　　　　　　D. 地面破损程度

E. 夜间亮化程度　　　　　　　　　　F. 立柱广告覆盖度

3. 加油站全流程诊断与优化遵循基本优化原则有（　　　）。

A. 顶层设计　　　　　　　　　　　　B. 指标全面

C. 实施科学　　　　　　　　　　　　D. 评价真实

E. 增量创效

4. 全流程诊断与优化方法力求实现（　　）的提升。

A. 进站率　　　　　　　　　　　　　B. 加满率

C. 油非转化率　　　　　　　　　　　D. 客户满意率

E. 回头率　　　　　　　　　　　　　F. 通行率

5. 全流程诊断与优化方法围绕（　　）阶段设计诊断和优化体系。

A. 线上推广　　　　　　　　　　　　B. 客户进站

C. 客户消费　　　　　　　　　　　　D. 客户离站

E. 客户回访

6. 以下哪些数据与测算潜在销量有关（　　　）？

A. 一定半径范围内总日销量　　　　　B. 加油站数量

C. 品牌系数　　　　　　　　　　　　D. 位置系数

E. 商户数量　　　　　　　　　　　　F. 商圈车流量

7. 下列诊断指标属于客户进站环节需要诊断的指标有（　　　）。

A. 油品销售高峰期　　　　　　　　　B. 商圈类型

C. 合理排班人数　　　　　　　　　　D. 油站外观条件

E. 进站率　　　　　　　　　　　　　F. 潜在销量

8. 以下（　　）指标与小时最大服务能力有关。

A. 油枪数量　　　　　　　　　　　　B. 油枪最大流速

C. 有效小时加油时间　　　　　　　　D. 枪位匹配系数

E. 人枪匹配系数　　　　　　　　　　F. 通行顺畅率

9. 以下哪个商品的陈列可维持现状或进一步加大陈列面积（　　　）？

商品品类代码	商品品类	销售金额	销售贡献	陈列长度，m	陈列长度占比	商品陈列效率
2001	香烟	30479	0.15	2	0.08	1.9
2002	包装饮料	70899	0.34	4	0.16	2.1
2004	奶类	1004	0	1	0.04	0.0
2005	酒类	3265	0.02	1	0.04	0.5
2006	糖果	2138	0.01	1	0.04	0.3
2007	零食	5107	0.02	1	0.04	0.5
2008	家庭食品	8598	0.04	1	0.04	1.0

A. 香烟   B. 包装饮料

C. 酒类   D. 糖果

E. 零食   F. 家庭食品

10. 以下哪些指标与合理用工数量的测算有关（　　）？

A. 人均提枪次数   B. 单车加油量

C. 月均店销毛利   D. 加油站面积

E. 便利店面积

11. 下列诊断指标属于客户离站环节需要诊断的指标有（　　）？

A. 通行顺畅率   B. 促销指数

C. 支付结构   D. 油品卡销比

E. 商品贡献率

12. 人均油非量效关联指数和以下哪些数据有关（　　）？

A. 总用工人数   B. 分时段人均提枪次数

C. 分时段客单价   D. 分时段当班人数

E. 分时段油非转化率

13. 某站存在加油效率明显低于平均水平的加油枪，通常可采用哪些方式实现优化（　　）？

A. 扩大罩棚面积   B. 调整品号配置

C. 加强现场引导   D. 优化车位设计

E. 设计营销策略

14. 人枪匹配比例的测算公式中需要的数据有（　　）？

A. 加油机平均枪数   B. 站点用工总数

C. 高峰期当班人数   D. 罩棚面积

E. 加油枪数量

15. 员工激励指数和以下哪些数据有关（　　）？

A. 本站员工平均年收入   B. 竞争油站员工年收入

C. 本站员工平均月收入   D. 二次分配占员工收入的比例

E. 所在地社会人均年收入参考值

三、判断题（对的画"√"，错的画"×"）

1. （　　）加油站全流程诊断与优化的全部诊断指标均适用所有类型的站点。

2. （　　）汽柴枪量匹配比例=（汽油销量/汽油枪最大流速）/（柴油销量/柴油枪最大流速）。

3. （　　）所有站点通行顺畅率的计算公式是一致的。

4. （　　）站内非油潜在销售能力=油品潜在销量/全天平均单车加油量×区域平均油非转化率×区域平均客单价。

5. （　　）品类陈列效率大于1，表明该品类利用较少的陈列面积（数量）贡献了较大毛利，可以进一步加大陈列面积（数量）或增加店内宣传和购物位引导，并尽量安排在便利店黄金位置陈列。

6. （　　　） 品效指数＝便利店销售收入/销售商品数量/经营天数。

7. （　　　） 客户净推荐值必须达到70%才视为情况良好，可继续保持。

8. （　　　） 所有指标均需达到标准值或者全国平均值才可视作良好，无须优化。

9. （　　　） 商品陈列效率中陈列长度必须严格以标准货架面积为基本单元。

10. （　　　） 一般将销量分时段曲线图上明显的波峰时段认定为加油高峰期。

四、问答题

1. 某城区站点能见度仅为50m（站前由于建筑、树木等原因遮挡较为明显），使得该站的进站率明显低于其他站点，如果您是该站的经理，您将采取哪些措施来处理这个问题（提出不少于3条措施）。

2. 某站点的油品销售高峰期集中在上午7：00—9：00，下午5：00—6：00，但是对应时段的油非转化率低于全天平均水平，您认为造成此情况的原因是什么，以及可以采取哪些措施应对这类问题（原因不少于2条、措施不少于3条）。

参考答案

一、单项选择题

1. B	2. A	3. B	4. C	5. D
6. D	7. C	8. A	9. E	10. A
11. C	12. B	13. B	14. D	15. B
16. A	17. D	18. C	19. B	20. D
21. C	22. B	23. C	24. B	25. D

二、多项选择题

1. ABCDEF	2. ADE	3. ABCDE	4. ABCDE	5. BCD
6. ABCD	7. BDEF	8. ABCDEF	9. ABE	10. ABC
11. CD	12. BCE	13. BCD	14. CE	15. ABDE

三、判断题

1. ×	2. √	3. ×	4. ×	5. √
6. √	7. ×	8. ×	9. ×	10. √

四、问答题

略。

参 考 文 献

［1］ Ebtehal Alomar. Dynamic Resources Allocation for Business Process Improv-ement ［D］. Washington，D. C.：The George Washington University，2018.

［2］ Hammer M，Champy J. Reengineering the corporation：A Manifesto for business revolution ［M］. London：Nicholas Brealey Publishing Limited，2009.

［3］ 曹锦晖，罗挺，许强唯. 市级供电企业业扩项目物资供应管理的优化措施探讨 ［J］. 企业改革与管理，2023（24）：165-167.

［4］ 楼玲玲. 制造型企业的全流程成本费用管理模式探讨 ［J］. 中国产经，2023（20）：134-136.

［5］ 弗雷德里克·泰勒. 科学管理原理 ［M］. 马凤才，译. 北京：机械工业出版社，2007.

［6］ 岳澎，郑立明，郑峰. 流程管理的定义、本质和战略目标 ［J］. 商业研究，2006（9）：45-49.

［7］ 张蕾，张栋，丁少恒. 加油站拥堵指数研究——基于北京市三座加油站的实证分析 ［J］. 国际石油经济，2015（11）：95-98.

［8］ 张蕾，刘永杰，齐超. 加油站潜在销售能力的理论测算 ［J］. 石油库与加油站，2018（1）：36-41.

［9］ 魏勇，付斌，段海涛，等. 加油站全流程诊断与优化管理创新实践 ［J］. 中国石油企业，2021（10）：51-57.

［10］ 张建敏. 加油站管理指标体系设计初探 ［J］. 中国石油和化工经济分析，2014（7）：55-57.

［11］ 魏敏. 中油碧辟 GZ 分公司绩效指标体系诊断与设计 ［D］. 广州：华南理工大学，2010.

［12］ 万方. 加油站零售业务电子商务的标准体系建设 ［J］. 石油工业技术监督，2016（8）：38-41.